資本主義はどこまできたか

脱資本主義性と国際公共性

21世紀理論研究会［編］

［執筆者］
神山義治
大西　広
小栗崇資
小林　豊
長島　隆
細居俊明
山田定市
伊藤恭彦

日本経済評論社

まえがき

私たちは言うまでもなく、資本主義という経済システムの真只中に存在している。その資本主義はすでに長い歴史的経緯をたどり様々に変貌を遂げてきた。とくに政治や社会のシステムの変遷をたどればまさに激動の歴史であったということができる。二〇世紀にかぎってみれば、それは戦争と革命の時代であり、抑圧と自由との、専制と民主主義との葛藤の世紀であった。その二〇世紀は最後の十数年にさらに大きな転換を経過してきた。ソ連邦を中心とする「社会主義」体制の崩壊であり、それと密接にからんだ資本主義のかつてないグローバル化である。今や世界は資本主義のシステムに覆いつくされているといっても過言ではない。二一世紀はそのような二〇世紀の転換のもとに生まれたグローバルな世界資本主義が展開する世紀となりつつある。二一世紀社会の展望は、資本主義がどのように変容するかという点に深く関わっていると言わねばならない。

本書は、「資本主義はどこまできたか」という表題の通り、資本主義が今日どのような到達点にあるかを明らかにしようとしたものである。本書はきわめてクリティカルな資本主義分析の研究書であるが、これまでの批判的研究にありがちな反資本主義や反グローバリゼーションの立場に立つものではない。副題にある脱資本主義性と国際公共性という二つの概念こそ資本主義の到達点を表すものとして本書が明らかにしようとした問題である。

本書はマルクスの理論にもとづく資本主義研究であるが、その理論的立場はこれまでの多くの通説的マルクス研究とは異なったものである。これまでのマルクス研究は何らかの形でスターリニズムの影響を受け、政治運動にも翻弄されながら、結局、資本主義を打倒すべきものと捉え、それに対する異なったシステムとしての「社会主義」を対置する議論を展開してきた。その多くは資本主義のもたらす悲惨に目を奪われるあまり資本の進歩性を見落とし、資本主義によって人間に対する支配がますます高度化するという悲観的論議を展開するものであった。結局、資本主義内部には資本主義を超える契機を見出すことができず、資本主義の外部からの変革を説く認識主義（革命的認識に依存するロマン的理論）に陥る理論展開となった。本書はこのような通説的な理論を批判し、二一世紀にふさわしいマルクス理解に立った新たな理論を展開するものである。

それは、資本主義における悲惨のなかの進歩性を承認し、進歩性と対立性を統一的に理解しようとする理論である。そして資本主義への外在的批判ではなく、資本主義自身の自己変革性を捉え、新しい社会への通過点としての資本主義を巨視的に把握しようとする理論である。本書はこのような「資本の自己否定」論とも言うべき理論について展開している。資本の自己否定とは言い換えれば、資本における脱資本であり、資本主義の脱資本主義的な展開を意味する。また資本主義の自己否定性は、私的所有の正当性の破綻をもたらし、社会化したあらゆるシステムの制御（管理）のあり方を問いかける。それは企業や市場の公共性問題として露出し、今日のグローバリゼーションのなかでは国際的公共性となって現れる。本書の資本主義の到達点をめぐる議論は、この脱資本主義性と国際公共性という二つのキーワードによって端的に表すことができる。

「資本の自己否定」論は、資本主義の自動崩壊論ではない。資本の自己否定性を顕在化させていくのは人間の力である。たとえば自己否定性は労働力管理の公共性の問題としても現れるが、「工場法」はその顕在化の原型ともなる例である。資本による労働力の破壊的使用を防ぎ労働環境を監督する「工場法」は、労働者の度重なる運動とそれを背景とした議会での激しい論議から実現したものである。「工場法」は直接的生産過程内部に人類が加えた最初の社会的規制であり理性的な管理である。しかしそれは個別資本の抵抗があったとしても資本総体の発展にとっての資本自身の要求でもある。「工場法」はその後の資本主義を発展させる革命でもあった。資本は自己の発展のために自己を制約する。このように資本の自己否定は、資本の運動に即しながら、そこに現れた公共性をどのように社会的に制御し共同（協同）管理するかという人間の自覚的活動によって進むのである。

資本主義においては、人間の共同性は人格的関係から脱落し、資本の物象的な関係のなかで社会的生産において実現される。社会的生産は資本の指揮と強制のもとに生まれた共同性である。その最高度に発達した株式会社は資本家を不要とする社会的生産として労働者によって事実上、管理されている。私的所有の空洞化から生まれた株式会社では、社会的生産の共同性が企業の公共性問題として現れるのである。そうした資本の物象的なシステムは、共同性を喪失することと引き換えに自由な（孤立した）諸個人となった人格を社会的に陶冶することになる。自由な諸個人は、資本のシステムのなかで鍛えられ、資本の力に対立して資本が露わにした公共性を制御し、協同して管理しようと苦闘するのである。そうした公共性の制御・管理は民主主義の発展となって現れる。民主主義とは、自由な諸個人による共同的公共的利益の自覚的協同管理の運動であり、そこから生まれる制度である。資本の自己否定はまさに民主主義の発展によって顕在化するといっても過言ではない。

ここで示したのは本書での理論展開の一端にすぎないが、このような「資本の自己否定」論の新たな観点から見れば、「資本主義はどこまできたか」は「資本主義はどこまで資本主義でなくなったか」であり「資本主義のなかでどのように新しいシステムが生まれているか」でもあるのである。

本書は研究書としてかなり難解な文章を含んでいるが、それは資本主義の矛盾した自己否定的な性格を理論的に把握することを重視したためである。通読いただければ、通説とは異なる多くの興味ある論点や議論を読み取っていただけるものと確信している。本書の各論文は共通の理論的立場から書かれているが、その細部においてはそれぞれの筆者の個性的議論が豊かに展開されており、あえて調整することはしていない。

以下では簡単に各章の論点をまとめておきたい。

序章は、本書全体を貫く「資本の自己否定」論の理論的骨格を展開したものであり、本書の基本的論点をここで問題提起している。資本の矛盾における資本の自己否定性の徹底が、「現代」を形成し脱資本主義性と国際公共性となって現れることを明らかにしている。

序章以下は第1部と第2部に分けて各章を配置してある。第1部では、脱資本主義性と公共性について企業、市場、労働、人格の問題に関わらせて検討した論文を集約している。第2部では、国際公共性についてグローバリゼーション、地域、国家、人権の問題に関わらせて論じた論文をまとめている。

第1部は第1章から第5章までである。第1章は、日本型企業社会の特質を批判的に分析し、その改革がどのように展開されるかを示しつつ、真に「公共的」な企業とは何かを明らかにしている。擬似共同体的な日本型企業主義の問題点を指摘し諸個人の会社からの自立を論じている。第2章は、証券市場の自己否定性を明らかにしたうえで、証券市場の公共性をめぐる対立とそれを制御し共同管理へと進む今日の段階について検討している。その中でディスクロージャーの重要性を分析し、会計を素材にグローバルスタンダードの問題を論じている。第3章は、現代消費者問題の到達点を示し、消費の場面においても資本の正当性が問われ公共性が問題となっていることを論じている。生産に従属する消費の段階から、市場が公共性を担って生産を規制するような段階になりつつあることを明らかにしている。第4章は、資本主義の根底をなす労働の場面において、労働過程で人格の承認と労働の社会的正当性が問われ、労働市場の公共性が問われていることなど、労働の陶冶が進展していることを明らかにしている。第5章は、近代社会を構成する論理を労働と相互承認に求め、陶冶論としての人格論が確立する根拠を明らかにしている。そうした人格陶冶論からアレントやハーバーマスを批判し公共性を論じている。

第2部は第6章から第9章までである。第6章は、グローバリゼーションを資本主義的社会化の最高の段階にあるものとして帝国主義論の枠組みから論じている。グローバリゼーションの矛盾を検討し、アメリカの覇権消失から新しい国際的秩序に向かう発展の見通しを明らかにしている。グローバリゼーションが示す国際公共性の場面を検討し、現段階の位置と意味を明らかにしている。そのなかで、貿易・資本自由化とともに進むWTOなどにおける国際的共同管理の展開と東アジアFTAなどの地域統合の動きを分析している。第8章は、グローバリゼーションのなかでの地域経済について検討したものである。地域をめぐっては農業問題、都市・農村問題、資源・環境問題、中小企業問題、生活過程問題など重層的な問題が存在することを明らかにし、地域の協同性・公共性にもとづく地域社会の変革を論じている。第9章は、国際的政治構造における国民国家システムの行方を分析しつつ、グローバル・ガヴァナンスのあり方をめぐるグローバルな公共性の理念や規範についての論議を検討している。そこでは暴力と人権の複雑な関係が解かれるべきことが問題提起されている。

本書は、二一世紀理論研究会における共同研究の成果として生まれたものである。二一世紀理論研究会は、コープかながわ、コープしずおか、かながわ生協労働組合、医療生協を出資者とするCRI（協同組合総合研究所）のプロジェクト研究の一環として誕生した研究会である。メンバーは若干異なるが、第一次の研究会の研究成果として『現代生協改革の展望――古い協同から新しい協同へ――』（大月書店、二〇〇〇年）をすでに上梓している。この研究会は生協のあり方を研究する生協理論研究会であったが、生協の存在根拠を明らかにするために資本主義論にまで立ち返って研究することが求められるなかで、とくにその後の第二次研究会は現代資本主義論に関する研究会として組織された（本書刊行に際しては二一世紀理論研究会の名称としている）。経済学、経営学、会計学、哲学、政治学などの異なる分野からの研究者によって構成され、さらに他分野の研究者をゲストスピーカーに招くなどして数年にわたる共同研究が展開された。毎回、それぞれの学問の枠にとらわれることなく自由闊達で突っ込んだ討論が行われたが、研究会メンバーにとっては非常に刺激的で啓発的な論議であったと思われる。

本書の表題の主タイトル「資本主義はどこまできたか」は、故・山口正之教授の同名の著作としてすでに刊行されている。本書は山口教授の問題意識を継承する意味も込めて、同じ題名を使わせていただいている。

本書を編むに当たっては、学界研究にありがちなあまり細々としたミクロな論証にこだわらず、あくまでも「資本主義はどこまできたか」という大きな問題意識に答えるべく論文を執筆することとした。限られた紙幅のなかで荒削りではあるが、基本的な問題意識を貫くものとなったのではないかと考えている。なお十分な解明に至っていない点や論証不足の点、相互の論理に不一致な点もあるかもしれないが、本書の意図した目的には達しているのではないかと確信している。本書が、これまで必ずしも活発でなかった議論に一石を投じ、論争を呼び起こすものとなれば幸いである。

なお、われわれの研究の母胎となったＣＲＩはこの研究成果の公表をもって約二〇年にわたる歴史の幕を閉じることとなる。生協のシンクタンクの一つとして様々な戦略的で実践的な研究成果をあげてきたこの研究所がなくなるのは大変残念なことである。また再びこのような異なった分野の研究者が一堂に会して現実の問題と格闘するようなクリエイティブな研究の場が生まれることを期待したい。なお、ＣＲＩはＣＲＩライブラリーとして、蓄積した資料の公開や研究活動に対する支援を行う予定になっている。

本書の出版をお引き受けいただいた日本経済評論社社長の栗原哲也氏と編集の労をおとりいただいた出版部の谷口京延氏に心よりお礼申し上げたい。

二〇〇五年三月二一日

二一世紀理論研究会座長　小栗　崇資

目次

序章　成熟する資本のシステムと脱資本主義性

神山義治

「資本主義はどこまできたのか」という本書を貫く問いは、資本の運動を、自らの狭い前提を分解しながら〈自由な人間社会〉の諸条件を生成する「通過点」として捉えている。資本の矛盾の徹底が資本の自己否定性の徹底である。「現代」は矛盾の展開であり、矛盾に示される、人間社会を産みだす歴史過程としての性格を見失ってはならない。矛盾において、諸個人は、その普遍的な本質を諸個人自身のものではない威力としてつくりだし、これと対することによって自らの個性と協同性を開発する。

不断の自己否定の運動として資本の展開は脱資本主義的である。本章では、まず(1)《生産力》概念において資本の人類史上の存在理由をつかみ、(2)次に資本という生産に内在する矛盾を捉え、(3)さらに「株式会社」「信用」などの諸形態において「現代」の通過点性を確認し、(4)最後に資本の発展の頂点における民主的協同管理の要請として「現代」を捉えかえし、資本のシステムの成熟における資本の自己批判性を描きだす。

1　資本の使命としての生産力発展

1　自己否定性としての現代の革命性

進歩とは敵対的な発展である。労働する諸個人による自然の変革と社会の形成は、その直接的なあり方においては、諸個人とその自然的・社会的な環境に対立する発展として、敵対性を孕んだ発展としてすすむ。それ以前の歴史を資本主義は一つの敵対関係に収斂することにより一つの人類社会を準備する。信仰や王権の姿をとった共同体の力という、諸個人に制御されない、彼らに帰属しない威力として発展した社会的生産から、資本主義は、神秘的・身分制的な人格的な装いを剥ぎとり、この社会的生産を、自己増殖する貨幣という物象的な運動にまで純化する。この物象的編成は、人類史の敵対性を完成する頂点であることによって、この敵対性そのものを廃棄する土台をつくりだす。

この土台が労働の社会的生産力にほかならない。敵対性そのものを不要とする発展した生産力を資本は敵対性の徹底により生みだす。労働する大衆が自由に発展するための普遍的な条件は、資本の過酷な破壊運動がもたらす生産力であって、資本はこの運動によって、不断にすすむ革命の過程として、通過点として定義されている。

「社会的労働の生産力の発展が、資本の歴史的な使命であり権利付け〔正当性〕である」（『資本論』第三部、MEGA, II/4. 2, S. 333）(1)。

「この生産様式では、自由で妨げられることのない、累進的な、普遍的な生産諸力の発展そのものが、社会の前提を、したがってまたその再生産の前提をなし、そこでは、出発点を超え出ることが唯一の前提である。この傾向は――資本がもつ傾向であるが、同時に一つの局限された生産形態としての資本自身に矛盾し、それゆえまた自身の解消へと資本を駆り立てていく傾向であり――、先行するあらゆる生産様式から資本を区別するとともに、資本が単なる通過点として措定されているのだ、ということをうちに含んでいる」(『経済学批判要綱』MEGA, II/1. 1-2, S. 438)。

生産力の絶えざる発展によって存立することにより、資本は局限された生産としての自分自身を解消する要求であり、単なる経過点にすぎない。この否定の運動として資本は自由な人間社会を産みおとすための「産みの苦しみの時代」である。

2　通過点としての敵対的な生産力発展

「生産力発展は自然環境や伝統的共同体・伝統文化を解体し、労働者に対する搾取を強化するのであるから、反生産力こそ人間的である」とする疑問がここでありうる。しかし、こうした批判は、資本の対立性を指摘する局所的な正当性をもつとしても、一般化するならば、資本の過渡的本性に対して目を塞ぐ欺瞞として働くだろう。というのも、協同性・人間性を解体する反動として資本を一面化して捉えるならば、現実を矛盾において捉えることができず、資本という避けられない敵対関係のなかに、諸個人の自然的・精神的(社会的)諸力の発展が準備されていることを見出せないからである。また、こうした対抗論では、資本の外に未来をつくる立脚点が想定されるため、その批判的な意図に反して、資本それ自体に対しては永続性が承認されることになってしまう。

諸個人に対して資本の力として破壊的に現れる社会的労働の生産力が、資本に先行する抑圧的で畜群的な諸々の小宇宙を解体し、不断の革新によって成長し、諸個人自身の自由な発展の普遍的な基礎をつくりだす。矛盾を孕んだこの現実を統一的に捉えない反生産力論が行き着くところは、縮小する陣地からの敗北する批判になってしまうとすら言いうるであろう。資本の矛盾がその延長線上に資本の没落を指し示す。この現実による現実の批判を聞きとることが根源的な批判であって、反資本の領域が小さな形で完成していることを想定するならば、この想定は、資本の自己否定性を見えなくする遮蔽幕として働く。反資本の制度を拠点として想定することは、諸々の制度がすべて資本の力に転換するという運動を理解せず、批判していたはずの市場主義と折衷されてしまうはずである。矛盾の展開として現代の通過点性を捉えるマルクスの把握は、既存の共同体を守るための資本主義批判や、資本の外に対抗拠点を想定する社会主義論を批判しているといってよい(2)。

「生産がそれ自体としては目的ではないと主張しようとするとすれば、その人は、生産のための生産が、人間自身の生産力の発展、つまり自己目的としての、人間の自然の豊かな富の発展以外には何も意味しないことを忘れているのである」(「一八六一～一八六三年草稿」MEGA, II/3. 3, S. 768)。

「自己目的としての生産」「生産のための生産」「蓄積のための蓄積」「貨幣のための貨幣」は、諸個人に敵対するとともに、諸個人自身による産出行為であり、この顚倒がなければ諸個人は自らの発展の基盤を築くことはできない。生産発展は無慈悲で容赦のない敵対性を通りぬけて、諸個人が自由に豊かに発展する普遍的環境になる(3)。

さらに言えば、「生産のための生産」は、諸個人の普遍的土台である生産力を形成するとともに、これを社会的に承認されない裸の敵対的な力として解き放つ。世界的生産・交通諸連関において富を無自覚に形成することだけではなく、この敵対性こそが諸個人に自らの普遍性を自覚させ、社会的協同管理の試みを鍛えあげていくのである。このことをも含めて、「生産のための生産」は、諸個人の共同的実体・普遍的環境をつくりだし諸個人を不断に陶冶しつ

づける「巨大な進歩」をなすというべきであろう。(4)

2　資本蓄積の自己否定性

1　資本のシステムの革命性――矛盾の徹底としての現代――

労働する個人は、社会を完成していない直接的な様式にあるうちは、自己の自然的・人間的な普遍性を、自己ではないものに属する力として客体化して、それに服するというしかたで存立する。この対立的な普遍性は、資本に先行して、宗教的・政治的な共同体という局所的システムの形をとる。この諸々の共同体を突破して現れた資本において、諸個人に対して彼らの普遍性が疎遠に形成される運動が完成している。貨幣の姿をとって社会的生産関係が成長する資本のシステムは、編成主体である産業資本における矛盾をその原動力としている。

第一に、労働そのもの・労働の客体的諸条件・労働の結合という労働の契機がすべて、この生きた貨幣の力として、他人の所有物である資本として実現されるという労働の矛盾である。〈疎外された労働のシステム〉を土俵として現代社会は編成されている。

第二に、資本のもろもろの姿をくりひろげていく物象の矛盾である。疎外された労働は資本を生みだす産業労働であるが、この労働は商品の私的生産者の労働という形をとって妥当する。商品という、資本が前提する形態に含まれる矛盾が資本のもろもろの系列を展開する。商品は相互に異なる有用物としての実現と、無差別な人間労働という費用に規定される無差別な交換可能性としての実現という排除しあう性格を一般的等価物の媒介によって解決し、貨幣はこの特殊性と一般性との矛盾を資本として拡大し媒介し、資本は諸資本の共同の形態を産出して媒介される、というように。

第三に、「取得法則の転回」として現れる人格（社会的意思を介した人間）と物象の矛盾である。商品交換における自由な私的所有者としての相互承認を前提して、資本のシステムは直接には自由な法的人格の合意によって正統化される近代的システムとして現れる。しかし他方、商品生産においては、生産の連関は人格性の否定態である物象において編成され、孤立しあう諸主体の人格的共同連関から脱落して社会的生産が物象によって媒介されている。このように物象化された生産関係は、直接には商品生産者にとって自由に支配する物（私的所有物）という姿にとどまって現れる。生産関係が脱人格化し生産の統一運動（共同体性 Gemeinwesn）が物象として媒介されるこの商品のシステムは[5]、再生産過程を捉えることにより資本のシステムとして転回し、物象的な連関にある社会的生産が、法的人格に対して敵対して露出する、という矛盾となって実現される。私的所有において現れた自由な人格性が、私的所有という基と対立的な、他人労働を無償に取得する権利という、生産の物象的状態の承認に転回する運動は、私的所有という基本的正当化を脱して社会的生産力が発展する「現代」そのものである。「現代」とはこの自由な人格と物象的な社会的生産力との矛盾の拡大であって、社会的生産力のこの敵対的な露出が自由な諸人格を鍛えるのである。「現代」とはすぐれた意味において人格と物象との矛盾による自由な人格の陶冶の展開である。諸人格に制御されない資本という物象による敵対的な生産発展を切り抜けなければ、自由な諸個人の普遍的な基盤はけっして形成されない[6]。

2　資本を展開する矛盾——私的労働と社会的労働——

社会的労働が私的諸労働へと解体されている商品生産を資本は自分の形態としており、この商品生産において労働の私的孤立性から排除される社会的連続性が商品という物象において媒介され、この商品の排他的個別性と連続的普遍性との矛盾が資本を展開する。

「等価物としては、商品のあらゆる自然的属性が消失している。……諸商品の自然的差異性はそれらの経済的な等価性と矛盾せざるをえず、両者は、商品が二重の存在を獲得し、自然的な存在と並んで純粋に経済的な存在を獲得することによってのみ相並んで存立できる……」(『要綱』S. 76)。

一個の商品は、生産物の一つとしての特殊的性質と、費用としての労働の同等性を示す無差別な交換可能性、一般的性質という排除しあう性質を含んでおり、この相反する二性質は、特殊性が商品そのものに、一般性が貨幣にそれぞれ形態化されることによって媒介される。相並んで実在する諸商品の媒介は、一般的等価物の実在によって形態を得る。私的諸商品の一般性を代表する貨幣によって矛盾の運動形態が得られるが、しかしそこで運動が安定し矛盾が解消するのではなく、矛盾は高度化する。社会的労働の結晶である貨幣は私的に自己目的化する増殖運動において存立し、この存立は流通という価値無増殖の運動が剰余価値生産を捉えることによって実現される。貨幣は産業資本として社会を編成する。価値増殖がまた、合目的的な素材転換過程である労働を、機械制大工業という計画的で自覚的な共同的生産に発展させることにより、私的労働という前提におさまらない、労働者と生産手段が直接編成された社会的労働が実態的につくりだされ矛盾が展開される。

「資本主義的生産の二つの主要事実：生産手段の集中……、……労働そのものの組織……。この両面から、資本主義的生産は私的所有および私的労働を、なお対立的諸形態においてであるとはいえ止揚する」(「一八六一～一八六三年草稿」MEGA, II/3. 5, S. 1857)。

資本のシステムは、私的労働という前提に疎遠な社会的労働をもたらし、この社会的労働を孤立的諸前提によって制限し、労働の社会的生産力の発展がその私的諸形式と衝突しつづける。労働の私的性格と社会的性格との振動が、資本の諸々の形態を生み、これを資本を批判する諸条件に不断に転回する。機械制大工業においては、私的所有によって分断されて社会的制御を排除している個別諸資本の直接的生産過程の内部に社会的労働がつくりだされるが、さらにこの社会的労働が、私的諸主体（労働者・個別資本）の共同的な計画性である国家において、また株式会社や信用のような私的所有の集中した社会的な姿において媒介され、これらが資本のシステムに対して否定的な条件に転回する。

「私的独立性はいわゆる世界市場への完全な依存性を生みだし、分散した交換の諸行為は銀行と信用のシステムを生みだすのであり……交換価値に立脚したブルジョア社会の内部でつくりだされる生産・交通諸関係こそは、同時にまた、それらとちょうど同数の、ブルジョア社会自身を爆破するための爆弾ともなる」（『要綱』S. 92）。

3　大工業による革命

諸個人の能力開発や、技術と組織の絶えざる廃棄と創出を、諸資本に対しその死活条件として強制し、大工業は生産の不断の変革をもたらす。現代のテクノロジーにおける大工業の発展は、科学としての対象の承認を介して対象の姿を新たにする労働の発展であり、労働を自覚的で計画的な協働に組織する〈協業〉の発展形態であり、人間と自然の普遍的な開発（搾取）の体系である。「地球の全面的な探究、したがって自然科学の最高度までの発展」（『要綱』S. 321-322）をとりこむ巨大産業は、労働する諸個人による自然変革を普遍的全面的に実現する労働の組織化であり、社会的に組織された労働と、社会的に創出・利用される生産諸手段とからなる精緻な体系をうみだす。科学的で普遍的な、組織的で計画的な社会的生産が開花し「生産諸力の発展、諸欲求の拡大、生産の多様性、自然的・精神的諸力の開発」(『要綱』S. 322) が実現するが、この開発自体が労働する諸個人に対して「他人の所有」における「物」の消費過程として隔てられ、外的で、偶然的な、物象的な過程として対立する。

しかしまた、この過程の対立性によって、大工業は社会による制御をもたらす。大工業の発達は、その内部において自然的・精神的・人間的諸力の全面な開発として一定の自覚された、制御された生産を実現しているだけではなく、社会による外部からの生産過程への制御を要請する。生産過程は「物」の私的な消費過程であるが、このなかに、労働の社会的結合によって諸人格の社会空間が発生している。この公共的性格を認知して、過程の対立性に対して彼らの社会による総意が発動する。

「工場立法、社会がその生産過程の自然発生的な姿に加えた最初の自覚的な計画的な反作用、それは……綿糸や自動機械や電信と同様に、大工業の一つの必然的な産物である」(『資本論』第一部 S. 504-505)。
「工場立法の一般化が不可避になってきたとすれば、それは……矮小な規模の分散した労働過程から、巨大な社会的な規模に結合された労働過程への転化を、したがって資本の集積と、工場体系の単独支配とを、一般化し加速する」(『資本論』第一部 S. 525-526)。

社会的労働の自覚された姿を資本自らが要求するという、自分の前提を解体して前進する資本の自己否定性を工場立法に示される理性的制御にみなければならない。また、この自己否定性が資本を発展させることも重要である。個別諸資本に対する同一の条件での容赦のない全体的制御が、労働者の生活条件になるとともに、労働力の公共的確保という点で、資本にとっても新たな存立条件となり、労働者からの生産手段の剝奪と資本による資本の収奪という革命が促進されるのである。

4　蓄積における自己否定性としての脱資本主義性

産業資本は商品生産と労働力商品という条件を蓄積の過程の結果としてもたらすが、この運動において矛盾として現れている。商品交換において相対する商品所持者が、相互に、自己労働にもとづき対象を取得し自由な意思によってそれを処分する私的所有者として承認しあうことによって、資本は正当化された取得として媒介されるが、物象的生産の反復は、資本を、他人労働の無償の取得による産物として、正当化されない関係として露出してしまう。交換に由来する自由な私的所有者という法関係を前提しながら、生産過程の反復は、この私的所有を、それ自身が認めないはずの搾取する権利として作動させることによって、物象化された敵対的な社会的生産としての資本の本性を曝露する。

この「取得法則の転回」運動から「資本主義の歴史的位置」が析出される。資本は、歴史上小経営を内容とする私的所有を解体して現れるが、私的所有の形式的な自由そのものは残しながら、労働の客体的諸条件（生産手段）を労働する諸個人から剥奪し彼らを搾取することにより成り立つ。資本家の手中に客体的諸条件を集中するこの否定運動は、即座に、個々の資本家から客体的諸条件を剥奪する資本による資本の収奪にまで進む。この過程によって社会的生産があらゆる個人の手から離れて発展する(7)。しかし、この社会的生産に対して、私的所有に現れた自由という形態がそれを批判しており、自由な諸人格と敵対的な社会的生産との分裂を解消することが現実によって求められている。

小生産者のような労働者とその客体との「癒着にもとづく私的所有」では、労働が人格的であり「自由な個性の発展の条件」をなす反面、労働の「生産諸力の自由な発展」は労働の分散によって「排除」されている。「資本主義的私的所有」においては、労働者とその客体とが分断される反面、労働の分散が否定され生産諸力が発展する。この発展が資本主義的私的所有そのものを突破すれば、個人的な私的所有に現れた自由な人格性が復権するとともに、資本の成果である発展した生産諸力という土台がその内容として獲得されている。(8)

3　資本のシステム総体としての現代

1　自己産出するシステムの《現代》的諸形態——矛盾の止揚されない展開が資本を批判する——

資本のシステムの産業資本としての一般的運動をつくった矛盾は、商業資本や株式会社など産業資本のとる具体的諸形態にも現れる。こうした形態もまた矛盾の媒介でありながら、矛盾を媒介しきれずに拡大する形態にほかならない。

商業資本や利子生み資本自体は、資本のシステムの成長としての労働発展に先行して現れる抽象的な関係であるが、こうした関係を、資本のシステムがその自己産出において、総体の諸姿態として位置づけていく。(9)「現代」の諸形態は資本のシステムの自己形態となる制約を受けて再生されている。実在する諸々の資本による相互否定が、資本の増殖本性を外的法則として諸資本に強制する競争によって、利潤率の一般利潤率へのたえざる均等化が現れ、剰余価値が諸資本に共同的に分配される。さらに、資本のシステムは、商業資本や貨幣取扱い資本を分化するにとどまらず、自らを利子生み資本として規定し、利子生み資本の共同的管理による共同資本の形成と諸資本へのその分配を、その形態にする。国家における公共性の諸形態や、世界市場としての資本の現代的発展も、資本のシステムによる形態包摂の展開である。

資本のシステムを媒介する現代の諸姿態は、すべて資本のシステムを批判する諸条件に転回しながら存立する。たとえば、資本を媒介する私的所有としての株式会社が、社会的生産発展による私的資本家の排除という資本の自己批判に転回し、世界市場にまで展開される自由競争が、諸資本に対する理性的制御の試みを要請し矛盾を表す、というように。

「資本の生産は、絶えず克服されながらまた同様に絶えず措定される矛盾のなかで運動する」（『要綱』S. 323）。

矛盾の拡大による矛盾の解決が資本の運動原理である。資本は矛盾の媒介によって媒介されざる矛盾を表出する。資本による資本の否定は、資本という矛盾が存続するかぎり完遂されることなくつづけられる。諸々に姿態を展開する資本の自己媒介は、資本の矛盾を再び解決不能な姿で表し、資本の限界を示し、それを超出する課題を告知しつづける。資本の自己否定の徹底こそが、諸個人とその普遍的環境とを陶冶し、資本のシステムを越える社会状態を産出する。以下では、株式会社の所有現象、信用の発展など資本のシステムの頂点にある形態を、矛盾の解決における矛盾の拡大として捉え、資本のシステムの脱資本主義的性格を確認しよう。

2　矛盾の徹底としての現代所有現象——矛盾の公開としての株式会社における正当性問題——

株式会社も、資本の私的性格と社会的性格との矛盾が運動する形態である。私的所有という資本の前提と、資本の社会的生産をふくんだ増殖との衝突を、私的所有を最高度の形態に発展させて調停する形態である。

労働する個人が生産手段と癒着している私的所有では、私的所有者と労働の担い手とは同じ生きた個人であり、労働を形式的に包摂するにすぎない個人資本家の私的所有にあっても、資本家が自ら指揮・監督を行いえたのであった。これに対して、協業においては、私的所有者の行為として効力をもつ指揮・監督という労働を資本家自身ではなく賃銀労働者が担う技術的地盤がうまれる。私的所有者と指揮・監督の担い手とにそれぞれ別の人格を割当てるこの分離を必然化した私的所有が株式会社である。所有と機能を分離して、一人の私的所有のうちに未分化であった性格を分けて形態化した、完成された私的所有、私的所有の生産からの分離を完成した私的所有が株式会社である。私的所有の排他性一般は株主によって、労働者を排除する生産手段の統一は会社によって、資本増殖の実質的な活動は経営者によって担われる。資本の必然的な媒介の諸環としての私的所有の諸性格が分解され、飽くなき蓄積運動である資本と、狭隘な私的所有とが両立している。

この〈所有と機能の分離〉という解決形態において、矛盾が高度に噴出するのである。

「どんな権限によっても資本を占有していない単なるマネジャーが、機能資本家としての機能資本家に属するすべての実質的な機能を行うことによって、残るのはただ機能者だけになり、資本家は余計な人格として生産過程から消えてしまう」（『資本論』MEGA, II/4. 2, S. 459）。

私的所有と資本を調停する株式会社形態において噴出するのは、まさにそれが解決しようとした矛盾そのものであって、私的所有を突破する資本の増殖、取得法則の転回である。私的所有は、株主の不労所得として、結合労働の搾取を露出する。「所有、自由および平等そのものが折あるごとにそれらの反対物に転回する」（「経済学批判。原初稿」S. 61）。

資本の物象的な力としての社会的生産が、私的所有者の意思・株主の総意を内容的に必要としないばかりか、自由な個人を排除する政治献金主体のような企業の制御されざる力として現れ、自由な私的所有者による制御という自らの正当化に疎遠に現れる。資本は、自由な私的所有による統治という建前（正当性）をことごとく打ち壊しておきながら、同時に、私的所有を自分の必然的な媒介環としている以上、廃棄することもできない。私的所有の自由が社会的生産の実態を批判するとともに、社会的生産が私的所有の欺瞞性を批判する。

株式会社における資本のこの正当性破綻は、社会的生産が「誰のものか」を問う管理問題として常識において妥当する。私的所有が廃棄されないと同時に、社会的生産のありとあらゆる活動から資本家が排除され、その不要性が徹底して明かされ、労働する諸個人による社会的生産の普遍性が実地に証明されているからである。また、「マネジャーから最下級の賃労働者にいたるまでのすべてを含む現実の生産者に対して生産手段が他人の所有として疎外され対立すること」（『資本論』MEGA, II/4. 2, S. 502）が公開され、あらゆる諸個人に対してその社会的・自然的諸力の発現が資本の力として対立し、自由な諸個人による社会的生産の制御が問題となるからである。

生産は対立的に、社会的意識・正当性を分裂させて進歩する。商品交換において自由な私的所有の客体にすぎなかった資本が、株式会社という私的所有の頂点において、私的所有による制御という正当化を脱して敵対的な社会的生産過程として露出し、他方では、生産の公共性を承認する正当化を積みあげていくが、これは私的所有から分離したままである。資本のシステムが強制する社会的生産発展という進歩は、私的所有という基礎的正当性を脱却し、正当性破綻を提示しつづけるという進歩をもたらし、生産にもとづく事実上の正当性を承認させながら、解決されない矛盾を正当性問題として露出しつづける。矛盾が矛盾の止揚を要求する。株式会社の矛盾には、社会的生産過程に対する自由な諸個人による民主的協同管理の要求[10]という資本の矛盾そのものの止揚という課題が示されつづけている[11]。現代株式会社の所有現象においても、私的所有の否定の運動が実現し、「資本主義的蓄積」が示すのとおなじ通過点性が再現する。

「資本主義的生産が最高に発展してもたらしたこの結果〔所有と機能の分離〕こそは、資本が……連合した生産者としてのかれらによる所有としての所有に……再転化するための必然的な通過点である」(『資本論』MEGA, II/4. 2, S. 502)。

3　信用システムにおける資本の自己否定性

社会的生産の力が制御されずに問題化する形で、人格と物象の矛盾が現れているのが「現代」である。資本の自己問題化ともいうべきこの矛盾によって、諸個人が解決を強いられ、その解決の限界として、資本のシステムを超えるべき方向性が示される。恐慌の可能性が国際金融の連鎖にまですすみ、投機マネーによる国民経済の撹乱が問題化するのも、利子生み資本の「信用」における展開において、矛盾が暴力的に発現するからであるが、この問題公開において資本は、社会的生産過程に対する民主的協同管理という課題を露出している。自らの終焉を告知する資本の自己批判は、地球を瞬時に移動する現代の「マネー」にまですすむ、貨幣資本の社会的集中・分配運動においても現れている。

資本のシステムを前提すれば、貨幣は、増殖しうる能力をもった潜在的資本であり、利子を価格とする独特の商品となる。この資本という商品の交換によって、貨幣が機能資本家の意思のもとに産業資本として充用され、生産された剰余価値の一部が分割され利子として貨幣資本家に支払われる。この遊休貨幣の資本化も、資本の増殖欲求に対する私的所有の制限を解除する媒介であり、この解決形態において矛盾が露呈する。

利子生み資本は銀行制度において社会的に管理されることによってさらにこの制限を乗り越える。銀行に集中されて諸資本に再分配される貨幣資本 monied capital は、諸資本から分離した姿をとった一般的資本である[12]。信用制度における貨幣資本は、「特殊的な実在諸資本そのものから区別される資本一般」(『要綱』S. 359)、所有者の手から切り離されて集中され分配される共同資本・社会的資本であり、資本の限界のなかで私的所有の孤立性を廃棄する。

「個別諸資本の無秩序な衝突……は、諸資本の一般的資本としての措定と、個別的諸資本の外見的独立性と自立的存続との止揚となる。この止揚がさらに著しく生じるのは、信用においてである」（『要綱』S. 541）。「資本にもとづく生産にとっては……生産の全過程を構成するさまざまの過程の連続性がつくりだされるかどうかが、偶然的なこととして現れる。資本そのものによるこの偶然性の止揚が信用である」（『要綱』S. 434）。「資本の必然的傾向は流通時間のない流通であり、この傾向は信用……の基礎規定である。他方ではさらに信用は、……自分の量的制限から区別された資本としての個別的資本を措定しようとするさいに資本がとる形態でもある。この方向で資本が成り上がる最高の結果は、一方では、架空資本であって、他方では、信用は、ただ集中の、すなわち集中していく個別的諸資本において諸資本を撲滅していくことの新たな要素としてのみ現れる」（『要綱』S. 543）。

信用における一般的資本の形成は、個別諸資本の量的制限を突破する資本の増殖であるが、この実現において、私的諸労働の孤立性とそれらの連続性の偶然的性格という、資本が前提するものを資本自らが否定してしまっている。社会的過程を自覚的・計画的に媒介することによって、資本はその制限を超えるのであるが、このことは同時に、資本が自らの狭隘な前提を自ら不要と宣言することにほかならない。

孤立しあう生産の過程の偶然的性格という前提が、この社会的工夫のうえでさらに大きな規模で現れるとしても、この矛盾の爆発がまた、矛盾の止揚を、社会的生産過程の制御という課題を人々に自覚させる。株式のような剰余価値の請求権が架空資本（擬制資本を含む）として蓄積し、架空資本の諸々の形態が投機的に商品として売買される

「マネー」という形にまで、社会的生産が発展し、ここに金融危機のように全体の偶然的な物象的な力が作用するが、この作用自体が、生産の社会的体系の公共性をかえって明らかにしていく契機となる。(13)

4　無政府性の部分的止揚が資本の解体を告知する

資本のシステムがもたらす社会的生産は、公開された共同性であり、公共的な基盤であり、生産の私的排除性と対立する。発展した国家（生産共同体）にまで括り上げられた公共性は、公共的空間として承認された生産の社会性であり、生産の私的性格と社会的性格との対立を調停する様式である。生産のありとあらゆる局面に成長する社会的性格が共同体・国家の総意によって、制御を受ける。労働環境に対する規制、労働力の保全、公共土木事業などの共同的生産条件の整備、競争政策をはじめとする市場の制御された利用などの形で、公共的な制御が発展する。これらの制御の束は、制御されない生産の運動という前提を、資本が自ら、社会の理性による制御において部分的に止揚する形態である。

「資本は、自己自身を発展の制限と感じ、そのように意識しはじめるとすぐに、自由な競争を抑制することによって資本の支配を完成するようにみえる諸形態に逃道を見いだすのであるが、そのことによって同時に、これらの形態は、資本の解消の、また資本に立脚する生産様式の解消の告知者でもあるのである」（『要綱』S. 534）。

資本は無政府的生産という前提を抑制することによって生き延びるが、まさにこのことは、制限された生産としての自分自身の死亡証明を資本自らが発行していることを意味する。

もちろん、国家という形態によって資本が終息すると考えることはできない。国家が資本の自己形態であるかぎり、これは「疎外それ自身の地盤のうえでこの疎外を止揚しようとする試み」（「要綱 S. 93」）の一つのすがたであって、資本のシステムに内在する諸矛盾がここで止揚されてしまうのではなく、新たな形で表出されていくのだからである。資本のシステムは、理性的制御を逃道にすることによって、かえって、制御がないという限界を、問題として提示せざるをえないのである。諸資本の衝突を止揚するこの制御に対して、諸資本が織りなす物象的な総体的連関は、この制御の局所性、偶然性、限界性として現れ、同時に、制御されざる物象的連関も、制御の限界として露呈する。自由な私的所有と物象的な社会的生産とが批判しあう運動と同様の関係をここにもみることができる。

この物象的な連関は、現在、国民ごとに総括された公共的なものを制限し浸食する世界的生産連関の力として現れている。物象的に媒介される社会的生産発展という進歩が、国民的制御を脱却して無政府的本性を示し、止揚されるべき矛盾を地球規模で表出する。

資本の世界的関連の姿が、他方で資本を媒介してきた国民的管理能力をいわば空洞化し、統治の諸活動を企業競争に転移する新自由主義的な志向を生みだしたが、この世界的連関自体が公共的な基盤をつくりだし、その敵対性において、超国民的な制御を要求している。地球規模での生産過程をめぐる統一的で自覚的な協同管理に対する要求がこうして実在化してくる。

5　地球規模で矛盾を拡大する資本のシステム

生産の世界的過程は資本の総体において無政府的に形成されざるをえず、資本のシステムの〈世界市場〉としての発展は、一つの人間社会が生みだされるために必要な「通過点」をなす。世界市場は資本のシステムの条件でもあり、結果でもあって、自由な人間社会形成の前提となる。資本のシステムは、商品交換という、共同体を想定しない社会的分業を展開することによって、諸々の生産を世界に連結する。資本のシステムは、科学を応用した自然および人間の普遍的発展である大工業の地球的性格にもとづいて、利潤追求を介して、剰余価値を創造する産業労働を普遍化し、局地的共同体を廃絶して世界的生産に同化する。情報・交通諸手段の発展に促された資本移動や、「アメリカナイゼーション」「グローバリゼーション」、途上国の工業化、資本の帝国主義的発動形態、国際管理システムの形成など歴史的諸条件を捉えて、労働の「世界」的連関が生みだされている。

この連関は、物象化された発展であり、労働する諸個人の普遍性が、彼ら自身に対立して客体化されたすがたである。彼らは、自分に疎遠な、物象の連関として自分たちの自然的・社会的環境を創出する。この環境形成の頂点において、資本のシステムの敵対性が拡大されて表出されることによって、社会的生産過程に対する理性的な制御が課題としてみえてくる。

「自由貿易が一国の内部に発生させるいっさいの破壊的現象は、もっと巨大な規模で全世界の市場に再現する」（「自由貿易問題についての演説」MEW. Bd. 4, S. 456）。

飢餓と過剰生産の同時性や内戦、難民発生、国連とアメリカの対立、戦争、経済のインフォーマル化、労働の国際規制の困難など様々な形をとって富の蓄積が貧困の蓄積である「資本主義的蓄積の一般的法則」が地球規模で貫かれている。地球規模での社会的再生産体系を資本のシステムはつくりだすが、この体系に対する諸個人による自覚的・計画的な制御が要求されながらも、それは部分的にしか実現されず、制御の実現が制限されることがまた制御の要求を示しつづける。

国際社会が成り立ち、人権が国際的に認められ、超国家的な公共諸機構がつくられるとともに、他方、こうした国際的な管理の試みに対して、資本の物象的な世界的生産の連関は、これを震動させて敵対的に存立しつづけ、管理の有効性を損傷している。国際的な管理をまねきながらも、同時に、資本のシステムは、諸個人から生産手段を容赦なく剝奪し、諸個人を生産力発展に駆り立て、諸個人に服属しない生産の物象的な連関を世界大で作用させ、世界的な敵対としてその矛盾を噴き出す。この敵対を前提する敵対の止揚、敵対の部分廃棄をつかむ敵対という現代の矛盾において、資本のシステムを超え出る民主的な協同管理が現実の課題となってくる。

4　労働する諸個人の全面的な陶冶へ

1　〈資本の文明化作用〉の諸々の発現

社会の一切を、自由な商品交換と、剰余価値を生む産業労働に包みこんで成長する資本のシステムは、先行する諸々の孤立した生産を、自然崇拝と、共同体への諸個人の隷属とを破壊し、諸個人を自由な諸個人へと解体し、社会を、自由な個人をその正当化の唯一の原理として認める近代的なすがたに変え、科学と教育を諸個人に押しつけ、諸々の社会を一つの生産に組み入れ、断片的発展を一つの発展に統合していく。要するに資本のシステムは、諸個人とその社会に文明化を容赦することなく強制する。この破壊的で革命的な作用は、資本のシステムの矛盾が発展する現在においても貫かれる。

「〔資本のシステムにおける交換と生産の普遍化、自然の普遍的取得と市民社会の形成から〕資本の偉大な文明化作用、資本による一つの社会段階の生産が生じる。この社会段階に比べれば、それ以前のすべての段階は、人類の局地的諸発展として、自然崇拝として現れるにすぎない。……資本は……もろもろの民族的な制限および偏見を乗り越え……古い生活様式の再生産とを乗り越えて突き進む。資本は、これら一切に対して破壊的であり、絶えず革命をもたらす……」（『要綱』S. 322）。

「イギリスの〔インドに対する〕干渉は……小さな半野蛮、半文明の共同体の経済的基礎を爆破してこれらの共同体を解体させ、こうすることによって、アジアでかつて見られた最大の、じつは唯一の社会革命を生みだした」（「イギリスのインド支配」MEW. Bd. 9, S. 132）。

あらゆる諸個人から労働の客体的諸条件を剝奪し資本のもとに集中し敵対的に社会化するという革命を国際的に遂行する資本の文明化作用は、単に経済的な集中として発現するにとどまらず、その敵対性によって国際諸機関を陶冶しつつも、この陶冶の到達点においてさえ軍事的・暴力的に発現しうる。断片的に成長する諸々の生産を暴力的に統合する革命は、徹底して敵対的であり、この敵対性は、歴史的偶然的な条件を捉えて軍事的にすら現れうる。大量殺戮は矛盾のもっとも過酷な噴出であるが、これもまた、人格の陶冶を強制する過程の一環に含まれうる。直接の人命破壊もまた、生産の連関の一定の世界的な形成を前提して起きているのであれば、そこにはこの連関の公共的な性格が現れ、理性的秩序の国際的形成が要求される契機となる。たとえば、軍事力の国際公共性という主題が戦争によって自覚させられるようにである。

資本による国際化がもたらす破壊性は、狭隘な共同体的な隷属と差別を打ち壊す社会革命であり、民族的国民的に断片化された保護と特権の秩序を破壊し一つの世界に統合する革命であり、先行する諸々の敵対関係を資本の一つの敵対関係に収束して、この敵対関係を極限にまで拡大する矛盾の噴出として、諸個人を陶冶する社会革命である。

「一般的に、今日では、保護貿易体制は保守的であり、これに対して自由貿易体制は破壊的である。それはこれまでの国民性を解消し、ブルジョアジーとプロレタリアートのあいだの敵対関係をその頂点にまでおしすすめる。一言でいえば、通商自由の体制は社会革命を促進する。この革命的意義においてのみ、諸君、私は自由貿易に賛成するのである」（「自由貿易問題についての演説」S. 457-458）。

2　世界革命の内実の形成

こうした資本による破壊的な統合の最前線において、社会的生産と自由な個人とが分裂して対立する労働発展のあり方を解消するシステムが、言いかえれば一つの自由な人間社会が生みだされることが求められている。世界的にまで発展した社会的生産過程の諸連関を、物象的連関の形態から、自由な諸個人の普遍的な存立基盤へと転換すること、社会的生産という社会的諸形態を編成する中心を、物象的に成長する過程から、自由な諸個人による民主的協同管理による生産へと変えることが現実の方向として見えかくれする。

類としての人間が解決すべき現代の問題系列、たとえば、人権の国際的制限、民主主義に疎遠な資本蓄積の敵対性、生態系の損傷と気候変動リスクの脅威、成長の配分の国際的不平等、経済的相互依存の拡大と不安定化、新たなテクノロジーに伴う先進国での労働の新たな災害、経済のインフォーマル化などは、すべて、自由な諸個人に対して敵対して現れた彼ら自身の力である。地球規模での問題群は、資本のシステムの陶冶的本性の展開であり、自由な諸個人による生産奪還という実在的な目的を示す、解決されざる矛盾の現れにほかならない。

《現代》は、資本のシステムそのものを、諸個人とその自然的・社会的環境に対する限界としてあらわにし、資本のシステムを展開する矛盾を、限界問題として表す。自由な諸人格による協同的制御と、物象的な社会的生産の総体連関とが、その部分的な調停の試みにおいて、まさに解決されざる敵対性として噴出し、諸人格と彼らの対象化された普遍性とが媒介されて統一されることが要求されている。

資本という社会的生産は、相互承認、自然との物質代謝、生産と消費の流れ、という社会システムの諸層に対して、衝突し、資本の限界問題として現れる。すなわち、資本は、自由な諸個人の人権に対しては、それと敵対する政治献金を行う企業という形で、生産による自然と人間との物質の循環においては、自然を収奪し生態システムを破壊する力として、直接的生産過程と消費過程との循環においては、長時間労働を強制する生産のための生産として、非合理な消費を強制する生産として現れてくる。生きた個人の民主主義的参加を空洞化させる企業の貨幣の力として、物質代謝の自然発生的状態の攪乱と破壊（『資本論』第一部 S. 528）として、労働搾取の強化と労働者の破壊として、社会的生産の諸力が敵対的に実現されている。諸個人の自由で豊かな発展を創出する源泉である生産諸力の発展が、人権、自然、労働と消費を浸食する力として実現されるのである。(14) しかし、こうした敵対性が敵対性の克服を、社会的生産の諸力の体系的な制御を強制せざるをえず、この克服の試みの根底的な制限として、資本の限界が超えるべき限界として露呈する。

資本の矛盾の最前線が求める統一は、システム総体の自己否定なのであって、資本という生産のあり方の止揚であり、資本の連関の力となっている社会的生産を、自由な諸個人が協同に制御する豊かな発展の普遍的な条件へと転換することである。

変革は一国国有化によってもたらされるのではない。一国国有化主義の登場は、資本のシステム総体が成長する過程で現れた経過点である。自由な個人を主体とせず、資本の豊かな果実を受け継がない「社会主義」は、一つの人類社会を準備する資本によって容赦なく解体されるほかはない。所有の変革は資本のシステムを超えず、ブルジョア的所有の異なった色合をもたらすにすぎない。

同様にまた、福祉国家がそれ自体で資本のシステムの終焉を展望させることもありえない。福祉国家であれ、市場であれ、貨幣であれ、銀行であれ、信用であれ、協同組合であれ、私的所有に疎遠な「組織化」「社会化」であれ、資本のシステムのおよそありとあらゆる形態は資本の自己形態であるかぎり、資本の矛盾を廃棄してしまう形態ではないのである。こうした形態によって矛盾は運動するのであるから、たとえば企業内の組織化もまた、資本の力に転換するのであって、「組織化が進んだので社会主義が小さく完成している」と説くことは、無批判でしかない。現代の諸形態はシステム総体の分肢にほかならず、この分肢によって総体は書き換えられることはないのであるから、こうした形態を守るべき社会主義の実在であるかのように想定したり、この形態の変革によって社会変革を説いたりするのは幻想にすぎない。統一的な矛盾の理解、労働に即した総体把握が真に批判的な把握である。

環境保全と貧困削減、労働における自己実現、民主主義の徹底の形成といった、解決に地球規模にまでいたる調和を要する問題群は、資本のシステムがひらいた課題、すなわち、労働する諸個人が、自由な諸個人として、自分たちの労働が対立的に産みだした人間的・自然的・社会的諸力と対立し、この対立を通して社会をつくりだすという課題が発展したすがたにほかならない。自由な個人と社会的生産との対立を通じて両者の媒介が要求されるという資本の自己否定の線上に、「世界革命」の内実がますます発展する。世界的連関において資本が対象化した諸個人の普遍性を、諸個人の自由な発展の基盤として獲得する変革の問われる時代に入っている。二一世紀的問題は、対立的に形成した社会的生産の民主的協同管理を問う。労働する個人は自由な個人であり、自由な権利主体として問題諸系列と対決する。問題として現れた世界的生産諸連関が、労働する諸個人の国際連帯という形態を要求している。

（1）マルクスからの引用は、『マルクス＝エンゲルス全集』による場合は、MEW（Karl Marx-Friedrich Engels Werke, Diez Verlag）のページを、資本論草稿集翻訳委員会訳『マルクス資本論草稿集』（大月書店）および『資本論』第三部第一稿による場合は、MEGA（Karl Marx-Friedrich Engels Gesamtausgabe）のページを、本文中に付記する。なお訳文は邦訳書に必ずしも従うことなく本章の文脈にあわせ若干変更していることをお断りしておく。原文の強調は省略し、傍点は引用者による。……は引用者による中略を、〔 〕は補足を示す。

（2）　資本という敵対的な社会的労働が「世界市場」にまで成長した「現代」において、マルクスの世界像が復権している。資本の成長の最先端において、資本の自己批判の理論的契機としてこの批判的把握が活かされる。所有を起点とする社会認識や、一国的枠組み、主観的運動論、資本の支配完成論といった幻想は、二〇世紀「社会主義」国家を正当化した社会関係であったが、現在の資本の成熟はこうした幻想を批判する生産関係であり、世界革命に帰結するマルクスの現代認識を再受容させる環境である。また、資本主義の古典的段階を想定しそこから「現代」を分離して捉える構造認識は、資本のシステムの運動からその諸姿態を切り離し、資本の自己否定運動による人間社会の敵対的産出過程から「現代」を切り離す現状追認であるといわねばならない。註（6）参照。

（3）「人間という類 Gattung の能力の発展が、たとえ最初は多数の人間諸個人や人間階級全体さえも犠牲にしてなされるにしても、結局はこの敵対関係を切り抜けて個々の個人の発展と一致すること……個人 Individulität のより高い発展は個人が犠牲にされる歴史的過程を通じてのみ達せられること……」（「一八六一～一八六三年草稿」S. 768）。

（4）「資本主義の『不安定』こそ、社会的発展を促進し……彼らに社会生活の体制について熟考させ、彼らに自分で『自分の幸福をきたえる』ようにさせるところの巨大な進歩的要因である」（レーニン「経済学的ロマン主義の特徴づけによせて」『レーニン全集』第二巻、大月書店、二〇五ページ）。

（5）「社会的関連が、独立しあう諸個人の衝突によって現れ、同時に物象的な必然性として……諸個人に対立して現れる。……共同体 Gemeinwesen も、彼等に対立して、独立した、外的な、偶然的な、物象的なものとして存在する」（「経済学批判。原初稿」MEGA. II/2, S. 54）。「社会的連関の物象化 Versachlichung」「物象化された諸人格 Person 相互の関係」（『要綱』S. 93）。

（6）　抽象的・非歴史的構造論を批判し、マルクスの労働論、矛盾論的システム把握を復元する有井行夫『マルクスの社会システム理論』有斐閣、一九八七年、「所有＝生産関係の基礎」説と意識の「物象化」論という対象外在的な認識を批判し人格・物象・労働の三層システム論、「転回」による人格の陶冶論を展開する同『株式会社の正当性と所有理論』青木書店、一九九一年を踏まえて、本章では、資本主義を表す術語として〈資本のシステム〉という用語を採用し、資本の矛盾論的展開原理、資本の無自覚的で敵対的な社会的生産発展にひそむ進歩性、物象的依存関係の時代の意味、自由な個人の発展、資本の過渡期性という諸論点を明確にしたい。「資本賃労働関係」という旧来の用語法では不十分なのである。

(7)「労働過程の協業的形態、科学の意識的な技術的適用、土地の計画的利用、共同的にしか使えない労働手段への労働手段の転化、結合的社会的労働の生産手段としての使用によるすべての生産の節約、世界市場の網のなかへの世界各国民の組入れ……資本主義的体制の国際的性格」が発展し、「生産手段の集中も労働の社会化も、それがその資本主義的な外皮とは調和できなくなる一点に到達する」(『資本論』第一部 S. 790)。

(8) 資本主義的生産の自己否定は「私的所有を再建しはしないが、資本主義時代の成果を基礎とする個人的所有をつくりだす」(同上 S. 791)。

(9)「地代は、資本がなければ理解することができない。しかし資本は地代がなくても充分理解できる。資本は一切を支配する市民社会の経済な力である。それは出発点とも終結点ともならなければならず、そして土地所有に先立って展開されなければならない。……近代ブルジョア社会の内部でのそれらの諸関係の編成こそが問題なのである。……商業資本または貨幣資本としての資本は、資本がまだ諸社会の支配的要素になっていないところで、まさにこのような抽象性において現れる」(『要綱』S. 42)。所有論・資本の自己批判論は前掲有井『所有理論』。

(10) 本章では、「共同」は意識性を問わない社会的結合として、「協同」は自覚的管理として使い分ける。意識的であれ無意識的であれ人々が形成する社会的紐帯およびその形態化である制度は「共同」性である。資本に先行する生産組織だけではなく、貨幣がつくりだす生産の社会的紐帯も「共同」性である。諸主体の孤立化は共同性の疎外である。資本も労働力を組織し対立的な共同体を生みだす。人権外在的な公共性も敵対的な共同性である。これに対して、「協同」は、意識的な協力というその語感を利用し、社会行為の自覚性を強調する文脈でもちいる。もちろん自覚的な結合すら資本のシステムの形態に転換されて存立するのであるとはいえ、自らの社会的生産との敵対によって陶冶を強いられる自由な個人の民主的管理や、物象化された社会的生産を奪還する管理には、「協同」という表現をもちいる。資本によって無自覚に進歩する疎外された共同性が強制する〈人格の陶冶〉の線上にこの「協同」は開花する(この意味での「協同」は山口正之『社会経済学　なにを再生するか』青木書店、一九九四年における「民主的な共同的統制」「民主主義的管理」を包摂している)。したがって「協同管理」と表しても、協同組合を反資本主義として美化し、道徳によって諸個人を動員する主観的な「協同」主義とは一線を劃す。

(11) 人格の陶冶を強要する私的所有と資本の矛盾（「正当性」問題）としての株式会社の以上のマルクス的把握は、前掲有井『所有理論』。
(12) 大谷禎之介「『資本論』の著述プランと利子・信用論」法政大学『経済志林』第六八巻第一号、二〇〇〇年参照。
(13) 「資本主義の発展は、たとえ商品生産が従来どおり『支配』しており、全経済の基礎であるとみなされているにしても、しかし実際にはそれはすでにこわされ、主要な利潤は金融的術策の『天才』の手にはいるところまできている……。これらの術策と詐欺の基礎には生産の社会化があるが、このような社会化にまでこぎつけた人類の巨大な進歩は、投機屋まで利するようになっているのである」（レーニン『帝国主義論』聴濤弘訳、新日本出版社、一九九九年、四五ページ）。
(14) システムの三層の区別に現れる資本の限界問題は、有井行夫「『物象化』と現代社会――マルクスの問題提起を考える――」静岡大学『法経論集』第三〇号、一九九四年三月。

第1部　資本主義の脱資本主義性・公共性

第1章　真に「公共的」な企業と日本の企業システム改革

大西　広

資本主義の発展はそれ自身次代の条件の形成でもなければならない。そして、その意味で社会の生産システムがどのように転換をするのか、あるいは社会構成員の精神的風貌がどのように変化するのか。このようなことが問題とされねばならず、それを本書全体が課題としている。本章はその中でも、日本的企業主義と関わる範囲でこうした諸問題を論ずる。

1　前提＝「労働の社会化」による個人の生成

1　稲作共同体社会から都市的市場社会へ

ところで、社会構成員の精神的風貌の変化とは「生産システム（企業制度）の転換」によって初めて生じるのではない。そもそも社会が共同体の紐帯を断ち切ったその瞬間から人々の生活の目的関数は転換をせざるをえず、それが人々の思考様式を根本的に転換する。戦後直後にはまだ優に過半数を超えていた農村住民は高度成長期に続々と都市に移住し、農民を含む自営業者は今や社会の少数派に転落をした。人々は共同体から供給される様々な業務を自身の生活のために当てにできないばかりでなく、賃金労働者として獲得することになった現金収入によって市場で得ることが可能となった。共同体社会では情報の交換、仕事の世話、嫁の紹介といった様々なサービスは共同体の共同業務として無料で供給されたが、今では有料で各人が獲得せねばならなくなった。このことは人々を賃金労働者に駆り立てると同時に、まさにそのことによって共同体からの自由を人々に与える。いかなる他者にも依存しない、したがって自立（self reliant）した個人が成立したのはこれを待ってである。

明治以来一九四五年に至るまでの資本主義の発展は大多数の日本人を封建的生産関係から解放したが、それはまだ農業における直接的生産関係の封建から半封建への転換にすぎなかった。共同体としての農村は強く残存し、したがってそのレベルでの諸個人の共同体への人格的依存は解消されることがなかったのである。戦後社会の出発時点における戦前社会に対する進歩性とともに、未解決な問題の主要な部分はここにあった。この課題の達成＝農村における共同体への人格的依存の解消は、戦後の高度成長による農業人口と農村人口の劇的減少を待たねばならなかったのである。

しかし、ここで同時に見ておかなければならないことは、戦後の出発点におけるこのような共同体的農村が高度成長過程で急速に衰弱をした一方、農村出身の労働者が新たに都市において企業を「擬似共同体」として再生産することとなったということである。日本型企業社会といわれる世界的にも特殊な資本主義の「型」がそれであるが、とはいえ問題はそれがどの意味で「共同体的」であり、どの意味でそれが「擬似的」でしかなかったのか。詳細は後に述べるとしてそのポイントは、個人主義的、個人合理的にも労働者には「協調的」であることの社会的根拠があったことであろう。高度成長以前には人口の大多数は農村に住み共同体的な心性に支配されていた。しかし、それは高度成長の過程で徐々に崩壊する。がしかし、農村から離脱し個々に一人立ちしなければならなくなった労働者は、その新社会＝企業社会でも「共同体的」に企業構成員と接することで再び安定した生活を確保することができた。「利己的」な観点からも「協調的」になる意味があった。その意味でこれはもはや「共同体」ではないとも言いうるが、しかしとはいえ企業内での人間関係は「共同体的」であった。高度成長の終了時点にはこうした到達点に達していた。

したがって、この時にさらに完全な非共同体的諸個人の生成＝自立の完成を見るために必要なことは、もうあと少しという状況に至っていたということができる。労働者の大多数がもはや農村・農業の出身者ではなくなり、市場化の波が世界を覆い、商業は個人商店からスーパーへと変身し、コンビニで生活に必要なすべての商品が揃うような時代。買う物の大多数が外国製品となり、毎年数千万人が海外に出かけるような時代。そのような時代に至ることのみが待たれていた。九〇年代はこの過程の完成期であり、それがために今、日本型企業社会はようやく最終的な崩壊過程へと突入しようとしているのである。

2　市場社会における諸個人の自立と自律

それではなぜ、こうした市場化が個人の自立を促すのだろうか。この問いへの回答の一部はすでに挙げた貨幣所得の獲得である。個々の労働者が自己の労働によって獲得した貨幣によって生きることができるようにならない限り共同体の紐帯からは離脱することはできない。これは前提のまた前提である。がしかし、より深く分析すると、「自立性（self-reliance）」とともに、市場が可能としまた強制をする消費者の選択可能性＝「自律性（autonomy）」がここでのキー・ワードとして重要であることがわかる。

というのはまず第一に、「自立」が「自律」の条件となっているからである。たとえば現代の若者は共同体の紹介業務を経ずに「嫁」を探すことのできるということをもって初めて自分の好みを押しとおすことができる。共同体の紹介業務に依存している限り鼻が低いの目が小さいのと言うことはできない。が、それに依存せずに彼女を婚約までに辿りつかせることができる限り、その個人意思に対する共同体（その直近のものが家族）の介入権を排除することができる。このことは共同体が弱体化し、紹介業務の遂行能力を失うにつれてより確実なものとなる。「自立」する個人はこうして自分に関わる諸問題を自分で律することができる＝他者の介入を拒否することができるという意味で独立し「自律」した個人となることができる。

他方、この逆も言える。というのは、「自律」が当然であるとの社会観念が一般化するに従って、共同体は介入する権利と意欲を失い、したがって人々はその分だけ「自立」する必要性に駆られる。「自立」と「自律」は相互に強め合う関係となっている。

さらに、もう一つ「個性」というものも考えてみたい。というのは、市場における消費者の自己決定性＝「自律」性は人々をして自分独自の選択のあり方を問うてくる。たとえば、どのような髪型にするか、どのようなファッションを装うか、これが自由となった瞬間、人々は自分流＝個性を探す旅を強制される。この旅に疲れて「自由」から「逃走」し流行に身を任せる場合も多いが、ともかくそのような「苦しみ」を経由して初めて「個性」というものは磨かれることができる。はじめから人民服と決められている状況のもとでは「個性」を自分に問うこともなくなるからである。「市場」が人々にもたらす「自律性」がこうして人々をより「個性」的な存在にする。

しかしまた、先と同じように逆の関係も言える。というのは、「個性」を確立した諸個人にとってみれば、「自律」を阻害する諸要因はまったく不合理なものと観念される。このように「自律」は「個性」との間でも相互に強め合う関係にある。(1)

3　「労働の社会化」の二つの形態と個人の生成

ところで、このような問題はマルクス経済学の中では「資本主義の文明化作用」論あるいは「人間発達論」としていくつかの議論が提出されていたところのものである。

具体的には、まずその代表として芝田進午氏の『人間性と人格の理論』（青木書店、一九六一年）における先駆的な「人間発達論」の提起があげられよう。芝田氏の発達論は大工業が生み出した社会化された「労働過程」に着目したもので、それは本来人間発達促進的であるが、その「価値増殖過程」としての性格が人間発達を阻害する、という主張となっている。山口正之氏が『現代社会と知識労働』で強調した管理労働の本源的規定と歴史的規定との関係にほぼ照応し、したがってこの両者を「労働の社会化」文脈の発達論と理解することができよう。

もう一つの代表は基礎経済科学研究所で主に展開されてきたもので、それは国家の規制ないし公務労働が資本制的生産関係による労働者の発達阻害を抑止するというものであった。住民運動ないし「国家の民主的変革」が発達のために必要であるとの運動論的観点から歓迎された議論であるが、論理的に評価した場合、「工場法」と公務労働による教育ないし国家の施策を待たなければ労働者は発達できないとする議論に傾きがちで、そのぶん資本自身が「そう意図してではなくいわば不本意に」労働者の全面的発達を自身の「生死の条件とする」という必然性の理解に弱さがあった。時には、人間発達の前に発達要求の階級闘争がある（ということは階級闘争はまだ未発達の労働者によって担われる）というような議論も存在する(2)。変革の条件を土台から生じるものとして理解できない生産関係主義の一つと評価することができる。

ただし、筆者自身もこの基礎経済科学研究所の運動を担ってきたものとして、以上のような否定的評価はやや酷かもしれない。それ以前の「貧困化革命論」を率先して脱したこと、公務によって担われる教育も人間発達論として重要なことは正確に評価をしておく必要があろう。また、レーニンの「文明化作用」への言及から社会的分業の発展＝市場化の進展からも発達を説く議論(3)も一部にはあったことを指摘しておきたい。冒頭に述べた市場化の中での諸個人の自立の問題である。個性的な諸個人、したがって創造性を備えた諸個人の生成という発達課題を考えた時、そこでは上からの「教育」や「陶冶」ではなく下からの「自由」こそが重要になることは言うまでもない。

この点をここでとくに強調しておきたいのは、こうした「市場化」もまた「労働の社会化」の一部を構成していることである。孤立的労働が社会的労働になるというのは、一方で「工場内分業」の進展を意味するが、それと同時に「社会的分業」すなわち、経営体と経営体との間の分業が進展することを意味する。自動車産業労働者は個々の自動車企業の中で「社会的労働」をするだけではない。鉄道労働者と異なる社会的機能を担っているという意味でも「社会的分業」に組み込まれているのであって、そうした社会的分業は市場経済の発展に伴って進展したものである。つまり、要するに、「労働の社会化」から人間発達＝労働者の精神的風貌の変革を説く場合、上述の芝田説のような文脈だけではなく、筆者が述べた市場化の進展の文脈もまた重要である。ちなみに筆者自身はこの視角を山口正之氏から学んだ。その意味で山口氏の「労働の社会化」論は二重の体系性を持っていると評価されねばならない(4)。

ただし、急いで付言しておかなければならないことが一つある。それは、この市場化が競争社会の成立でもあるという意味でその厳しさをも正しく理解しなければならないということである。実際、現在のような市場が支配的な社会においては、その競争社会としての性格により、労働者間の（時には企業間の競争さえ）競争は労働条件の切り下げに利用され、また弱小資本や自営業者はこの市場競争の中で没落する。一般に社会的弱者にとってこうした市場競争はその社会的地位を低くし、よってその限りで発達の可能性を小さくする。労働者の「自立」はそうした厳しさを伴わなければ獲得されないものだということを忘れてはならない。

4　企業社会解体の前提としての人格的自立の完成

しかし、ともかく、高度成長過程を通じて完成された個人のこうした生成は、企業社会に持ち込まれた古い人格的依存関係の解体を課題とする最終段階に入っている。長年の間、「労使協調主義」と非難されまた現実にもそうであった同盟→連合の諸組合も今や有事法制やイラク派兵の反対運動の一翼を担うようになるとともに、正規男子労働者中心の運動を脱却してパートの組織化に乗り出してきている。これらすべての変化は経営に協調して正規労働者の利益のみを守ろうとするそうした志向性からの脱却を意味する。

実際、「勤続」による自動的な賃金の上昇が見込まれなくなり、それ以上にいつリストラに合うかもしれない。いかに「忠実」な労働者であってもそのような危険性を伴う。そのような状況のもとではいかに連合といえども一方的「協調」のみを掲げるわけにはいかない。これが日本型企業社会の現局面である。しかし問題はそのように「協調」が彼らの自己利益と矛盾すると労働者が自覚するためにも、その前提に彼らの個人主義的な、「生活保守的な」目的関数の変化が完成していなければならなかった。人格的依存から労働者が完全に離脱しているのでなければ、労働者はいかに不利な状況でも「会社離れ」を起こすことはない。一〇年ほど前には会社に忠実な人事部の社員がリストラ目標の達成のために自分の首を切るといった話を聞いたが、これなぞは人格的依存の典型である。自己利益のために協調するのではなく、協調のために協調する。こうした心性からの離脱には労働者の側の精神的あり様、人格の変革が徹底してなされていなければならなかった。戦後の高度成長による社会の基底的構造の変革が前提とならなければならなかったのである。

2　日本型企業社会の構造と成果

1　日本型企業社会の構造(5)

したがって、日本の企業社会の解体は人格的に自由な新世代の青年から始まっている。一時の「新人類現象」という言葉はこの変化へのはしりを意味し、今では一方では「起業家」となることが、他方ではフリーターとなることがより自分らしい道だと感じる若者が急増をしている。変化はさらに進んでいる。

しかし、この現在の変化は一〇年ごと、二〇年ごとの資本主義の発達によって漸次的に進められてきたものであるから、先に見たような意味で、高度成長に入って以降の企業社会は戦後直後の企業社会と異なり、それはそれである一定の労働者の自立をも許容しながら、それでもなお「会社」を「擬似共同体」化させる。そのようなメカニズムを持っていた。その基軸となる制度的システムは年功序列の賃金体系であった。

図1-1　賃金および労働能力

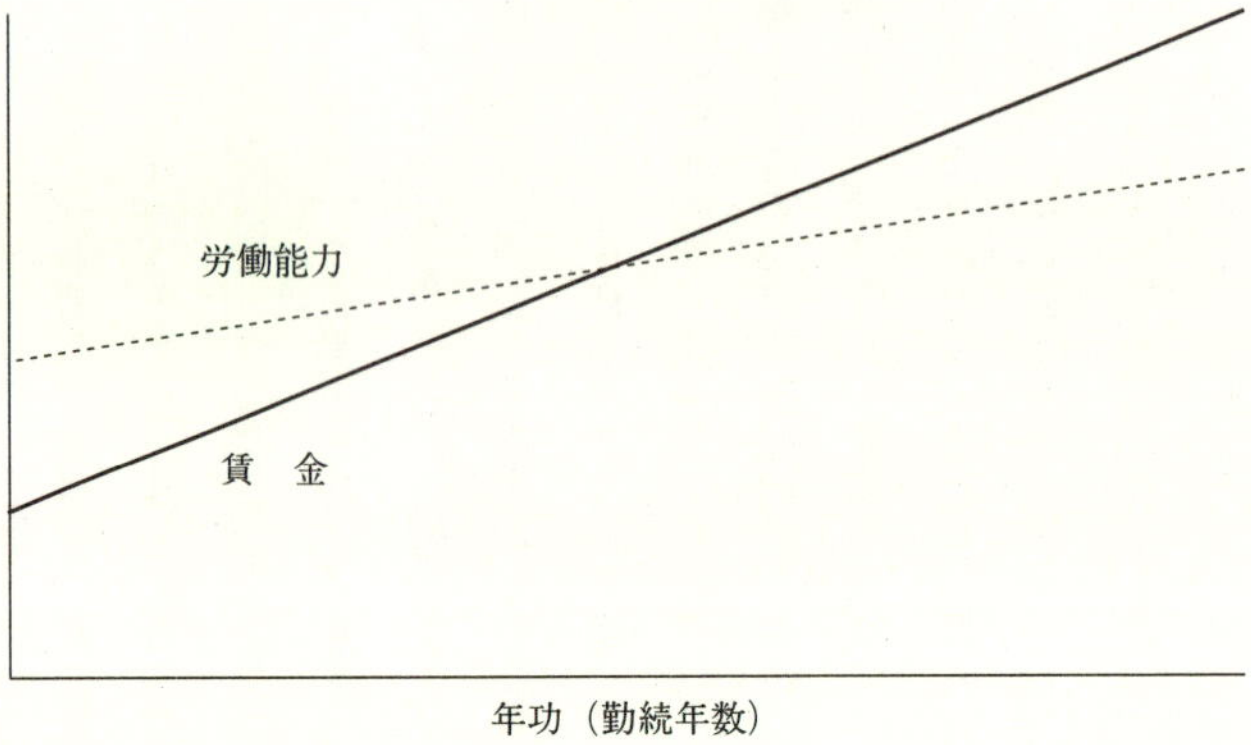

というのはこういうことである。年功序列賃金というのは、図1-1にあるように「就社」初期の賃金はその労働能力に比べて低く抑えられるものの転社をせず勤続をし続けるならその「年功」に従って上昇をし、そのため最終的には（一般的な「搾取」問題を捨象すれば）生涯所得として「とり戻すことができる」というシステムである。東條

由紀彦氏はこの関係を象徴的に「若年世代は〃供託金〃をとられているようなもの。定年まで勤めなければ〃供託金没収〃の目にあう」という言葉で表現している。したがって、ここでは各労働者が自由に企業を渡り歩かないこと＝いったん勤めた企業には一生勤めきることが「利己的」にも「合理的」な選択となるような構造が成立している。各労働者が企業業績をあげることでいずれは自分の賃金や昇進にも良き影響があると考え「カイシャのため」にサービス残業をしてきたこともこのような意味で「定年まで続く利益共同体」として会社を捉えることができたためである。「擬似共同体」はこのような構造で成立していた。

したがって、理論的に言うならば、企業間労働移動率（転職率）の低さ[6]＝社会システムとしての終身雇用制はこうした賃金体系を前提にしておりその逆ではなかったということになる。会社が労働者を首切りできないというだけでは社会システムとしての終身雇用制は成立しない。企業側がそうできないだけではなく労働者の側から見ても転職を不利と考える、そうした制度が「社会システムとしての終身雇用制」には必要だったのであり、この逆ではない。

なお、このような企業主義形成の基礎には上記の年功賃金制（年功昇進制を含む）を基本としつつもそれを補完する制度ももちろんあった。「年功」に強く依存する退職金や企業内福利制度、それに国家的には企業ごとの保険制度など労働移動率を引き下げる様々な制度が存在していた。さらに言えば、正規労働者が上記のように「協調」して長時間労働をし続けるための社会的条件としての女性の家庭への束縛は専業主婦優遇の税制や扶養家族手当てなどの制度として確立された。女性の家庭への束縛と矛盾しない労働動員としてのパート制の普及もこの文脈で理解することができる。

ところで、こうした年功制がどの程度労働者の協調的態度の基礎となっているかについては実証的に示すこともできる。筆者が生協労連の長期戦略に関する諮問委員をする中で得た資料には、たとえば、「生協に展望があるかないか」との質問と「生協に今後も勤めるかどうか」との質問の集計結果をクロスさせたものがあるが、表1-1に見る

表1－1　生協正規労働者における「展望の有無」と「仕事継続の有無」の意識の相関

	仕事継続する	仕事継続しない
展望あり	17	3
展望なし	35	15

生協パート労働者における「展望の有無」と「仕事継続の有無」の意識の相関

	仕事継続する	仕事継続しない
展望あり	24	2
展望なし	48	4

とおり正規労働者とパート労働者の間に顕著な差が見られた。すなわち、わかりやすいパート労働者の方から見れば、この表が意味しているのは「展望のあるなし」が「仕事を継続するしない」の判断に一切影響していないということである。つまり、所属経営体の将来が自分の賃金水準に影響をしない以上、「現在」の労働条件のみが問題となる。「将来」は関係なしという判断が示されているのである。

しかし、面白いのは正規労働者ではそうなっていないことである。「展望のあるなし」が「仕事を継続するしない」の判断に直接影響を及ぼしている。所属経営体の利益と自らの利益が「擬似共同体」として一体化していると理解されているのである。もちろん、このような正規／パート間の意識の相違はその賃金体系に依存している。将来の賃金が企業業績に鋭く依存する労働者階層とそうでない労働者階層の間に当然生じる意識の相違であり、逆に言えば年功制が労働者の協調的姿勢の根拠となっているのはこの意味で理解可能となる。

2　日本的経営の成果

しかし、ここで理論的なレベルで誤解されてならないことは、これらの「擬似共同体」＝労働者の「協調」的態度も、それらが「間違っていた」というのではなく、それがなぜある一定期間安定的に存在したのかという理由がまず深く理解されなければならないということである。年功制が労働者をして「合理的」に協調的にさせたことを理解することはもちろん、さらに進んでこうした協調行動の結果としての日本経済の高度成長を理解しなければならない。こうした労働者の態度＝一つの強蓄積システムがこの時代の生産力を飛躍的に発展させ、よってその分け前としての労働者生活の上昇がマクロのレベルでもあったからである。史的唯物論が言う「生産力発展に寄与するシステムはその限りで歴史的合理性を持つ」という意味においてである。

このことはもう少し具体的なレベルでも展開することができる。たとえば、まず第一にこのような終身雇用制は各企業による労働者教育の促進をもたらした。このことは企業の側からした場合、いつ他社に移るかもしれない労働者に教育訓練をする気にならないことを考えればすぐわかる。日本的な終身雇用は企業内の教育訓練を促進し、日本の労働者全体（といっても正規労働者が主）の技能水準を飛躍的に引き上げた。この点がまず第一のポイントである。

また、この「技能」の内容についても特徴的なことが言える。日本の企業社会に正規従業員として入社すると、ほぼ間違いなく最初は「営業」に回され、次は「経理」に、そして「生産管理」に、または「人事に」と各部署を定期的に配属替えされる。あるいは、こうした職務上の配置転換だけではなく、鹿児島の営業所から北海道の事業所まで、また時には海外勤務も含めて回されることになる。ジョブ・ローテーションというシステムであるが、実はこれによって初めてこれらの労働者は当該企業の隅々までを知ることができ、もしこれがたとえば「東芝」という会社での出来事であれば、入社から三〇年も経った労働者には「東芝」の全社が手に取るようにわかるようになるだろう。東芝しか知らない、しかし東芝のことならすべて知っている、という形で実は「会社人間」一般ではなく、すぐれて特殊的な「東芝人間」がこうして作り上げられるのである。

これはもちろんある種の一面的な人間の形成にほかならないが、他方で見ておかなければならないことは、このような特定企業のみで通用する知識の蓄積（企業特殊的技能という）もまた時には非常に重要な生産力となるということである。たとえば、こうして訓練されたある労働者が入社三〇年目にして昇進をし、ある海外工場の立ち上げの命を受けたとしよう。その時、この人物は「経理なら鹿児島の彼を取りたい」「品質管理なら京都の誰々だ」「営業は横浜の彼しかいない」と全国の東芝事業所から良き人材を集めることができ、よってその命を成功的に達成するであろう。このような意味で優秀な人材は長期にわたるジョブ・ローテーションなしには形成することはできない。逆に言うと、このような意味でも日本的経営システムはミクロの企業成長とマクロの経済成長に決定的に寄与した。こうした「日本的経営の成果」を正しく認識することが前提である。

なお、蛇足であるが補足しておきたいことは、こうした企業特殊的技能の形成は封建制的熟練形成に非常に似たところがあることである。封建的熟練はたとえば刀職人の熟練のように何十年と同じ作業を繰り返すことによって形成される。そして、そのために作業年数の差は直接に熟練度の差をもたらし、したがって年長者が一般に工房を支配する徒弟制度が形成される。年長者がより多くの賃金と高い地位を獲得する日本的経営はこの意味で封建制的人間関係を引きずっている。「擬似共同体」たる日本的企業社会の前近代性はここに起源を持っている。

3　日本的企業システムの解体

1　日本的経営の限界

しかし、こうした社会システムもその賞味期限は無限ではない。ある社会的条件が変化をするとその有効性は制約性に逆転する。そして、その一つは今述べた技能の企業特殊的性格がグローバリゼーションのもとで急速に時代遅れのものになってきていることと関わっている。

というのはこういうことである。以上に述べたような技能の企業特殊的性格は経営のあり方が企業ごとに異なっているということを意味する。これは封建的熟練では工房ごとにその製品の作り方が異なっていたことと同じである。東芝の経営とソニーの経営方式は根本的に異なる。それは確かにその面もあるが、それまで日産を一切知らなかったゴーンが日産を再建し、マツダもまた外国人が社長となっている。このような変化は「経営」というものが企業特殊的なものから脱却し一般的な経営のあり方に従うことの方がより重要になってきたことを意味する（この変化は「標準化」と呼ばれる）。たとえば、各種経営指標の見方は今や大学院のMBAコースで一般的に学ぶことができる。従来の日本的経営＝日本的経営者養成制度はそうした一般的な知識はなくとも当該の企業をよく知ってさえいればできるというような経営方式を選択してきた。これは間違っていたのではない。その時代には十分通用し、また経済成長に大きく寄与した。が、そうした経営者としての資質より一般的な知識の方が重要となってきた。経営危機の際にはどのようにするか、財務指標改善の定石とは何か、などなどは一般的に理論化されたやり方があるのであって、それさえ知っていれば当該企業の特殊な状況を知らずとも、あるいはまた大学院の新卒者でも経営者になることができる。この変化は大学院のMBAコース出身でなければ経営者になれないという変化でもあるという意味で、誰もが経営者層へ上昇することができた社会の終焉を意味する。がしかし、それは必ずしも歴史逆行的な変化ではない。誰もが大学教授になる必要がないのと同様、誰もが経営者になれることが必要なのではなく、失敗しない経営をしてくれることが労働者にとってはまず何よりも重要だからである。そしてまた、その経営者も今や「経営の支配者」ではなく失敗に対しては多額の賠償金を払わされる、そうしたリスク・テイカーとしての責任を免れなくなってきている。経営者が企業の支配者ではなく、一つの「職種」となるとき、この時初めて企業内従業員の平等は完成する。その意味で、一つの進歩的な変化であると筆者は理解している。なお、こうした経営の標準化がグローバリゼーションの圧力によって加速されていることは第2章の小栗論文を参照されたい(7)。

また、この変化についてはそれが製造業過程で果たした消極的な作用が議論されることがあるが、それもまた過大評価されてはならないと思う。製造業もそれが「手工業的」な性格を脱しきれない場合、そこでは「手の熟練」がより重要となり、したがってただ黙々と働く「擬似徒弟制」が成立する。日本の場合、それは当初はアパレル系の繊維産業であり、後には電機・自動車などの組み立て加工産業であった。そして、これらは日本がとくに競争力を持っていた／いる産業であることは言うまでもない。上述のような「経営」に関するものではないが、ある種「擬似徒弟制」的な技能形成が大いに役立った分野である。

が、しかしこの分野が日本の中心産業であった時代もそろそろ終わりを迎えている。繊維産業は言うまでもなく、家電産業も韓国や中国の追い上げが激しく、自動車に至っても製造拠点の中国への移転が始まり出している。追いつき型工業化の課題を終えた日本経済はさらに次の段階に進まなければならず、こうした従来産業ではなくベンチャーやバイオやＩＴやソフトウェアなどの新産業でどう勝つかが試される時代に至っている。ただ黙々と働くこと（ジョブ・ローテーションで各部署を回るのもこれと同じ）ではなく、新たな展開をいつも考える、そのような高度知識社会に対応した仕事のあり方こそが模索されなければならない時代に至っているのである。産業構造の大局的な変化もまた、旧来的なシステムの転換を迫ってきている。

2　制約条件としてのゼロ成長への転換

さらにもう一つ、上記の日本型企業システムが時代に合わなくなってきている理由として、そもそものマクロ的な経済成長率の低下が認識されなければならないだろう。というのは、少し考えればわかるように、各企業で年功制が持続できるためには、年を経るにしたがって（天下り先の下請け企業分を含めて）高位のポスト数が増大しなければならない。がしかし、これがこれまで可能であったのは、とりも直さず各企業が平均して高い成長率を実現できたこと＝マクロ的な高度成長があったからである。あるいは、戦後六割を占めた農業人口がこの過程中に資本主義部門に移動し、したがって資本主義部門全体のキャパシティが拡大したことが企業における高位ポストのマクロ的な増大を保証したとも言える。ともかく、問題はそうした条件がここに来て消失してしまったことである。ゼロ成長経済への転換はこの意味でこうした以前の制度をどうしても続けられなくしているのである。

また、この新しい制約条件を個々の企業のレベルで見るとこのようになる。つまり、高度成長過程に企業としても成長をした時に大量採用した従業員が徐々に中高年化し、それによって年功賃金制が大きな負担となってきている。「賃金制度の見直し」が叫ばれるのはこうした事情によっている。労働者の立場から見た時、さてこれからが「供託金の回収」と思った矢先の「賃金制度の見直し」は一種の詐欺である。がしかし、日本経済を客観的に見た際こうした年齢構造の変化によって、年功賃金制が継続できなくなってきていることもまた確かである。

したがって、問題はこの大局的な変化をわれわれが社会科学としてどのように客観的に理解するかという問題となる。もちろん、個々の労働者は労働者としてそうした「詐欺」に抗議し、少しでも不利益がないように闘わねばならない。がしかし、社会のこの変化を評価するという大局的な課題からはこうして登場する新しい社会制度が歴史的な意味で進歩的なのかどうか、その判断が優先しなければならない。筆者は上述の意味で、また以下に述べる意味でそれを進歩的と評価している。

3　女性の能力拡大・進出意欲との関係

なお、本稿の問題意識が労働者の精神的風貌の変化＝自立した諸個人の生成にあるという意味で、もう一つ言及しておきたい問題がある。それは、日本的企業主義と女性差別の問題であるが、実はこの前者が「企業丸抱え」する対象は「大卒男子」を典型とする基幹労働者に限られ、すべての労働者ではなかったという問題である。あるいは同じことであるが、パート労働者を典型とする「非正規」の女性労働は年功序列をその基礎的特徴とする日本型企業主義

図1－2　「年功賃金度」とパート／正規賃金格差との逆相関関係

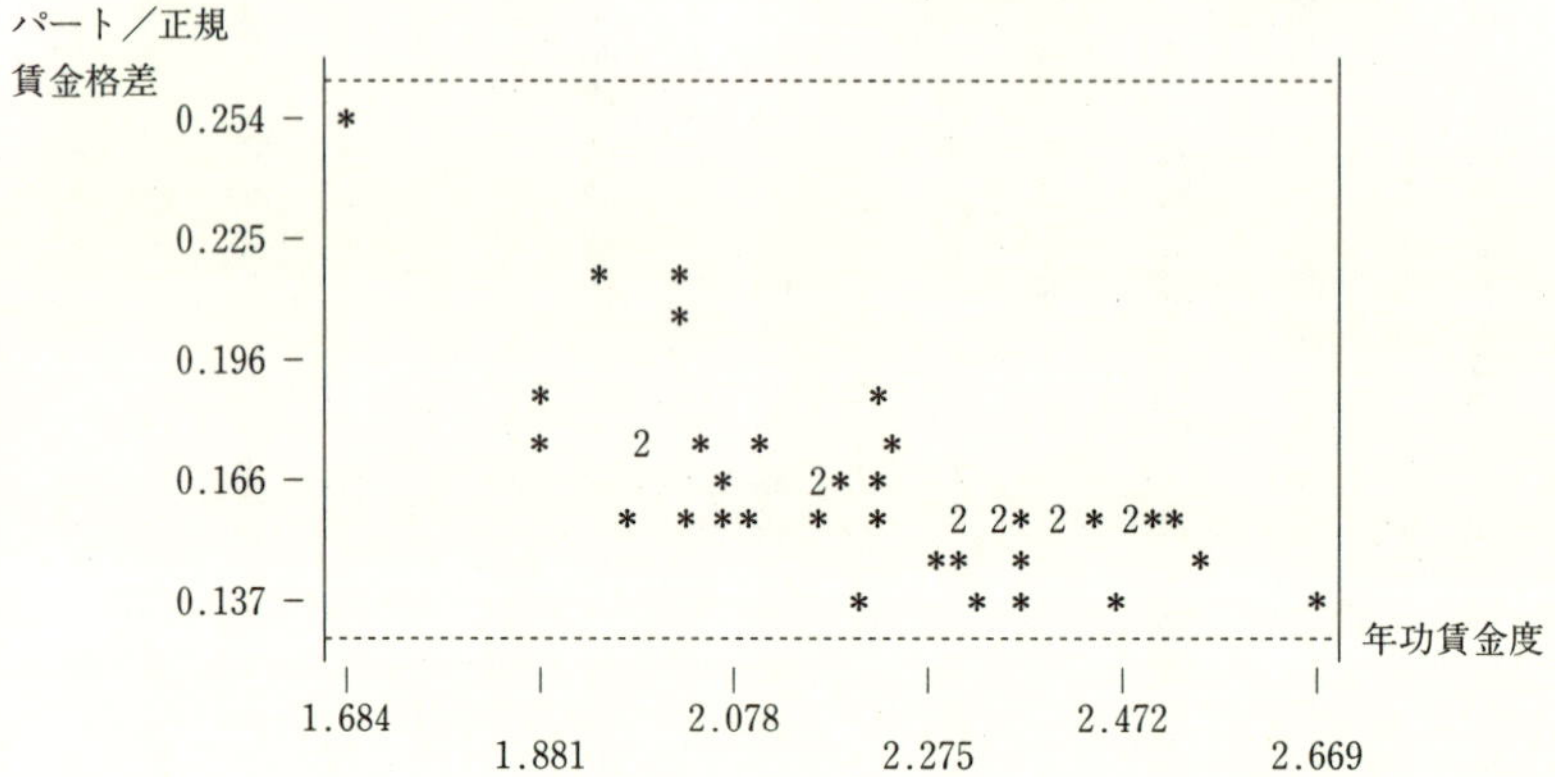

が強まれば強まるほどその労働条件が悪化するという問題である。先に見た生協労連の別の労働条件調査を統計解析すると驚くほど綺麗な次の図1-2のような関係が析出された。横軸は二二歳から四五歳に至る正規労働者の月間賃金の上昇スピードで「年功賃金度」を表現、縦軸はパートの標準賃金を四五歳の正規労働者標準賃金で割った賃金格差である。日本的企業経営がされている経営ほど差別的であることがわかる。

全労働者が自立するためには当然男女が同等に扱われる社会が来なければならない。パート労働者はこうした年功的な賃金体系の外にあったがゆえに前述のように企業から精神的には自由ではあったが、とはいえその低賃金が放置されている限りにおいては家庭内において男性と対等の地位を確保することはできない。そして、その意味でこうした男女同権の問題もまた日本的企業主義の解体を要求していることが明らかとなったのである。戦後長く達成できなかったこの課題が今ようやく歴史的課題としてわれわれの前に遅れて現れてきているのである。

4　諸個人の企業からの自立とその役割

1　閉鎖社会と開放社会

ところで、こうした日本型企業社会の解体が社会と諸個人の発達において重要だと認識されねばならないもう一つの重大な問題に企業の閉鎖性の問題がある。日本社会において克服されなければならない事柄は多いが、少なくともその一つが企業不祥事の問題であり、それは本質的には企業社会の閉鎖性の問題として理解することができる。たとえば今、雪印の諸事件を思い出してみよう。この事件では雪印の幹部は深く深く頭を下げたが、実のところあれだけ長く続いた牛乳の詰め替えは一部の社員だけが知っていたのではなくほぼ全社員が知っていたと考えるほかはない。とすると、これは彼らもが共犯というか、少なくとも内部の臭い話を外部にはもらさないという、そうした利益共同体意識がなければならなかった。つまり、この事件の本質は企業幹部がそう命じたというところにあるのではなく、その労働者もが企業を一つの閉鎖社会としたというところにある。この問題は古くはカール・ポパーが『開かれた社会とその敵』で提起した問題であるが、その視点から見る時、日本の企業社会ほど問題の多い社会はなかったということになる。

実際、雪印や三菱自動車などといった不祥事に限らず、日本社会の癌であるところの相次ぐ汚職事件のほとんどは企業との癒着によるものであり、その意味でこれもまた内部告発のなさが決定的な条件となっている。日本の企業社会では上に見たように、労働者は一生同じ企業に属し、もし他社に移動しようものならまた低い「年功」賃金から始めなければならない。そのため企業内の臭い話を外部に漏らすことはご法度である。また、そこまでの悩みを持つことなく、ただ企業の利益が自分の利益と理解されるために企業にとって不利となる話を外部に漏らしていないのだと言うこともできる。ともかく、年功序列賃金によって形成された終身雇用制度の閉鎖性が原因となっているわけである。

したがって、こうした企業不祥事、そして相次ぐ汚職は日本型企業社会の解体なしに根本的に解消されることはない。そのことは、「反省後」の雪印が何度も不祥事をくり返したことでも明らかである。「反省」が必要なのではなく、企業システムそれ自身の根本的な転換が求められている。この意味で、現在進行中の日本型企業社会の解体は全面的に社会的進歩と理解することができるのである。

2　政治的解放としての側面について

さらに言って、こうした閉鎖社会の解消が必要なのは、それが労働者の政治的解放にも重要となっているからである。言うまでもなく、戦後の後半期、とくに農村人口の減少後も長期の保守政治が続けられた背景には民間企業における労働者の労使協調主義が決定的な役割を果たしている。その意味で、当然、以上のような企業社会の閉鎖性の解消は政治的解放にとって絶対不可欠の条件であった。個々の企業における不祥事隠蔽の体質は個々の企業における政治的な意味での「資本からの独立」を主張する勢力の陰険な排除の体質でもあった。先の雪印でも「アカすりの会」というのがあって「アカ狩り」をしていたというのはその良い例である。

しかし、この意味は上記に止まらない。というのは、戦後自民党の絶対多数維持の政治行政システムそれ自身と上記の日本型企業主義はこれもまた深く関わっているからである。日本の政治システムはよくヨーロッパに典型的な「コーポラティズム」と対照的に論じられるが、そのコーポラティズムは社会階級・社会階層がそれぞれに利益代表たる政党を有し、それが議会に進出をしてその議会内のバランスが政策方向を決するというものである。が、しかし

図１－３　国民１人当たりの建設投資額と対GNP比の国際比較（1989年）

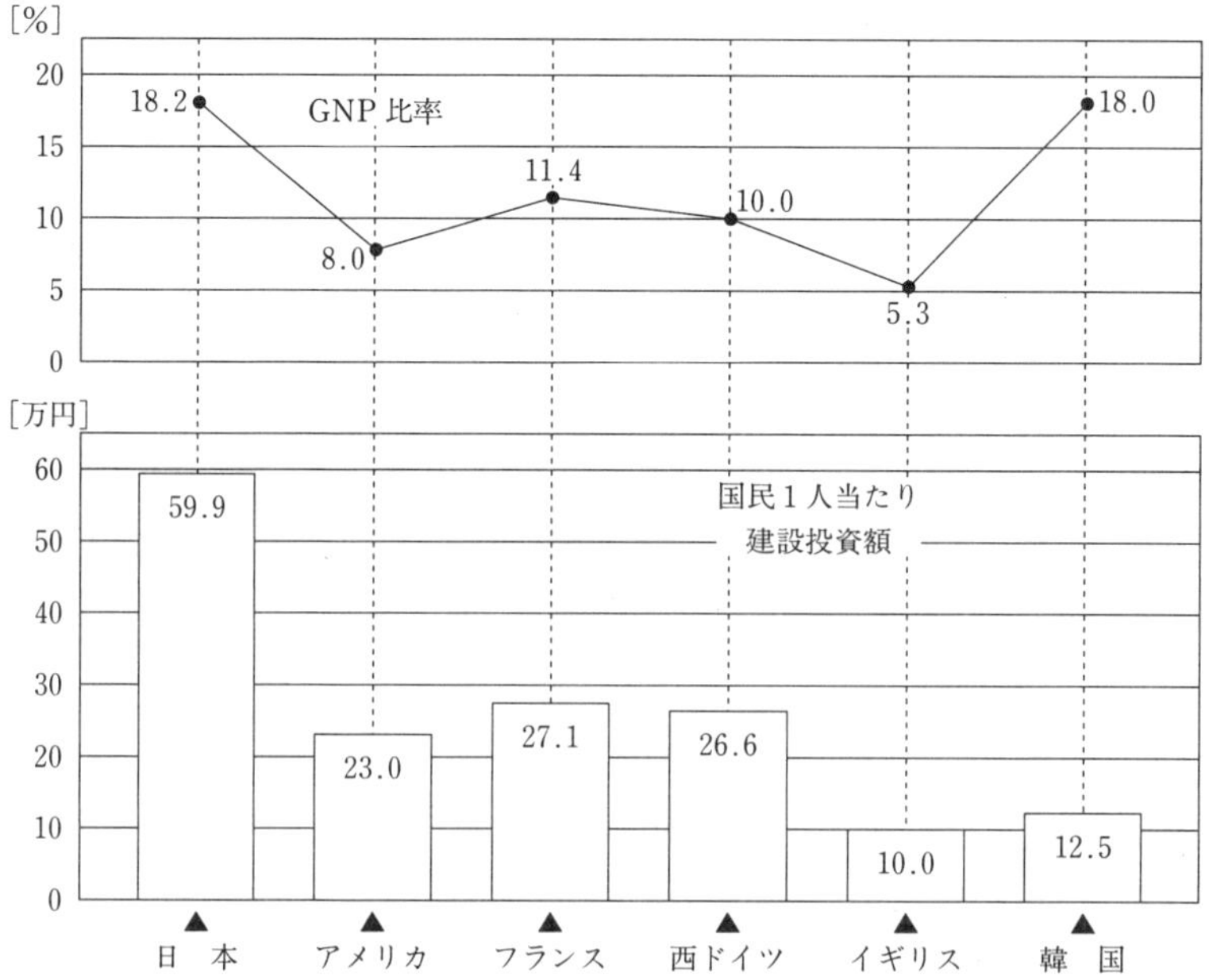

出所：河宮信郎・青木秀和「日本土建国家論――政・建複合体制と財政破綻」『中京大学教養論叢』第35巻第１号、45ページ。

この意味では自民党は一部社会階級・社会階層の利益代表としての性格が薄く、それよりもある種の「包括政党」としての性格を強く持っていたと理解される。そして、その根本的な基礎は、各企業における企業主義によって資本と労働との対立＝利害不一致の自覚がなされなかったことによる。あるいは、もう少し具体的に述べれば、各企業での労資の一体化は各業界での労使の一体化を招来し、それを基礎に各業界は今度は各担当省庁＝各族議員と一体化をすることとなった。「族議員」が活躍し、省庁＝官僚主導の「縦割り」の政治行政システムとしての特徴によって日本の政治行政が理解されているのはそのためである。

　この政治行政システムは先に見たような企業内の問題と同様、マクロ的なレベルでも日本経済に大きな歪みをもたらしてきた。その一つは、「ゼネコン政治」「ゼネコン行政」として呼ばれるようになった財政支出の建設支出への余りにも大きな片寄りである。実際、図1-3に見るように日本の一人当たり建設支出は米国の三倍近く、これは年間の総建設支出が二倍の人口を持つ米国より多いことを意味する。明らかに片寄った財政支出の割り振りがなされていたのである。「ゼネコン政治批判」が求められた所以であり、またそれからの脱却が政府自民党にできなかった所以も上記のことから理解できる。こうした建設支出中心の財政配分は社会資本不足の戦後日本には確かに必要なことであったが（たとえば日本で最初の高速道路はやっと一九六五年になって出来たが、ドイツのアウトバーンは戦前段階のものであった）、高速道路が張りめぐらされ、空港がどの県にもあるような時代になるとその役割は減少する。徳島や長野といった地方からも公共投資中心行政への批判が出る今日の時代には戦後の「ゼネコン政治」はもはや時代遅れとなった。政府自民党はその時代の要請に応えられず、逆に企業主義からもっとも遠い存在であった共産党がもっとも先駆的にこの「ゼネコン政治批判」を展開した。政治の民主化にも法則がある。

以上のように、政治の世界で今争われている主要な問題は業界・省庁・族議員の癒着構造である。そして、その構造の基礎に企業単位での企業主義（労使の一体化）があった以上、その追及の先頭に立てるのは資本から真に独立した政治勢力だけである。あるいは逆に言って、そうした資本から真に独立した政治勢力が社会の支持を受けるには、企業単位での企業主義が弱体化し、またそれによって人々が業界・省庁・族議員の呪縛から逃れられるようにならなければならなかった。企業主義からの脱却はこの意味で政治的変革と深く関わっている。

3　株式会社の発展としての「公共的」企業

真に「公共的」な企業を考えるうえで、自立した諸個人の市民社会における生成がこの株式会社の発展と意外なルートで関わっていることを述べておきたい。自立した諸個人が企業の内部から諸企業を制約するようになる、すなわち資本から自立していくとともに、株式保有者として関与するようになる。この問題は企業の「所有者支配」の再建であるという意味で否定的な事柄なのであろうか。

もちろん、マルクス主義の基本的な考え方は一般に、①所有者としての支配に対し働く者の支配権が重要、②「国有」ないし「社会的所有」が解決の道、と理解されているから、ここでの筆者の提起とどう連続するかについての説明がなければならないだろう。その点で、筆者が考えていることは従来の視角と相当に異なっている。まずは筆者の考える「所有者支配の再建」の具体的なイメージを伝えたい。

筆者の具体的なイメージはこうである。最近、株主オンブズマンなどが活躍をして、「企業の市民的監視」が一つの運動として取り組まれるようになったが、この運動は株主総会や株主代表訴訟という形で企業所有者の権限を基礎にしている。これも一つの積極的な運動であろう。がしかし、運動がなければ十全に機能しないというのでは社会システムとして完全ではないから、この運動の「思想」を社会システムレベルに換言して再度鍛え直すことが必要になる。そして、その筆者による「換言」は、ガラス張りの透明な企業システムを構築すること、このことが社会に存在する市民一般を潜在的な株主として扱うことを意味しているというものである。「上場」という形で株式が市場に出回るようになった瞬間、それらの企業は有価証券報告書の提出を求められるようになり、結果として社会の監視を受けることとなる。この企業の公開性の水準は従来日本社会では不充分であったが、グローバリゼーションとその結果としての企業システムの「標準化」を経て有価証券報告書の提出だけでは済まされなくなってきている。また、不当な偽装工作・粉飾決算に対する処罰はアメリカ社会ではかなりなもので、その影響を日本社会も受けつつある。そして、これらすべての変化の背景に流れる「思想」は人々の誰もが潜在的に株主所有者であることであり、企業から見ればそうした全住民に常に株を販売し続けている以上、その商品価値を常に正しく表示する義務があるということになる。こうして株式市場での正常な取引条件の整備＝株式所有者権限の強化がここでは企業に対する制約条件として機能することとなっている。もちろん、ここでは一般労働者の生活水準の全般的上昇とそれによる大衆株主の出現＝

株式所有の大衆化が条件となっていることは言うまでもない(8)。

したがって、この筆者のイメージは「所有者権限の再建」であるかもしれないが、実は考えてみれば、マルクスの場合も彼が問題としたのは「所有」であり、その所有を「社会的」なものにすることを問題解決の道とした。筆者のイメージは「国有化」による「社会化」ではないが、所有者が「社会的」に広がる、潜在的にはすべての社会的生産手段がすべての人民の所有となることを問題としている限りにおいて非常に近いイメージであるとも言える。「労働の社会化は工場内分業だけではなく商品市場の発展による社会的分業を含む」と本章前段で述べた意味と同様に「所有の社会化は国有化だけではなく株式市場による社会的所有の発展」とまとめることも出来よう(9)。

4 「協同組合主義」からの脱却を

そこで本章を閉じるに当たって最後に株式会社組織に対抗する「民主的」な組織と考えられてきた協同組合組織の評価にも及んでおこう。上記の意味での株式会社組織の発展と比べた時、多くの点で弱点が目につくからである。

その一つは、問題の「開放性」ないし「公開性」である。これはもちろん、「総代会への報告義務」という意味で協同組合組織では制度が確立されているように見えるがそうではない。先に見たように真に企業の活動が開放的となるには、従業員が経営から独立をしていなければならず、その意味では労働組合は経営にもっと非協調的でなければならない。これは単に賃金や労働条件についてのみ言うべき問題ではなく、たとえば不祥事が生じた際の対応にも関係しよう。関西地域で問題になったいずみ市民生協の不祥事事件では労組は内部告発者を排除する側に立っていた。また、それに限らず一般的に不祥事が絶えないのは、前述の意味で「内部の臭い話に蓋をする」という意識が協同組合労働者に人一倍強いことを想像させる。ついでに言うと、先のいずみの例では「総代会」さえ内部告発者の排除に手を貸している。これが第一に問題である。

また、協同組合組織における経営責任の取り方にも問題がある。まずは非常勤理事は専門家でないから責任がとれない。このように原理的に責任能力のない者が経営者として座っていることも問題であるが、それに止まらずこのために理事会内で一部の専門家集団の引き回しを止められないことも問題である。そして、もし不祥事でも生じた場合には、理事会の一員としてその立場の正当化のために非常勤理事も隠蔽に手を貸すことになる。

さらに第三に、法的な制度として先に見たような株主代表訴訟ができなくなっていることもその問題を大きくしている。株式会社では株主が会社経営者の責任を損害賠償請求という形で法的に追及できるようになっているが、協同組合組織では総代会で充分との建前からそれが不可能となっている。ただし、問題の総代会に経営者責任追及の実際上の力はない。生協経営者だけが各種の経営組織の中でもっとも責任の追及されない経営者となっているのである。(10)

もちろん、筆者はこう言うからといって従来の協同組合組織の果たした積極的役割を否定するものではない。安全・安心の食品供給を社会的に広めたこと、協同購入という無店舗販売の業態を開拓したこと、平和運動など地域コミュニティで果たした役割等々である。がしかし、一方で協同組合組織が社会に存在する諸企業の大多数を占めると想定できない限り、全社会的な意味での未来的な経営組織形態は何であるかといった問題が独自に考察されなければならず、その時には発展する株式会社組織の可能性をどこまで見極めるかということが中心的課題になるであろう。そして、その問題に関する筆者の回答は基本的に肯定的なものであった。協同組合組織に見られる経営技術・経営戦略的な未熟さもまたそうした文脈から理解できるのではないだろうか。株式会社論に関わって問題提起しておきたい。

（1）　本項の詳細は大西広『「政策科学」と統計的認識論』昭和堂、一九八九年、第三章で展開されている。
（2）　たとえば、藤岡惇「『剰余価値の生産』をめぐる二・三の問題」『経済科学通信』第二八号、一九八〇年。
（3）　島恭彦監修『講座現代経済学第Ⅰ巻　経済学入門』青木書店、一九七八年の第七章池上惇論文は「社会論的発達論」

	OECD資料		ハシモト・レイシアン資料	
	日　本	アメリカ	日　本	アメリカ
年齢集団(歳)	(1977年)	(1981年)	(1977年)	(1981年)
16-19	0.54	1.07	0.72	2.00
20-24	1.19	2.54	2.06	4.40
25-29	1.54	3.69	2.71	6.15
30-34	1.75	4.57	3.11	7.40
35-39	1.92	5.35	3.46	8.30
40-44	2.05	5.98	4.21	10.25
45-49	2.15	6.45	4.91	10.95
50-54	2.26	6.90	-	11.15
55-64	2.62	7.50	-	11.16

出所：*OECD Employment Outlook*, September 1984, p. 63, Masanori Hashimoto and John Raisian, "Employment Tenure and Earning Profiles in Japan and the United States," *American Economic Review*, 75 (September 1985), p. 724、ともにシーモア・リプセット『アメリカ例外論』明石書店、1999年、347ページより引用。

「集団論的発達論」「公務労働論的な発達論」とともに「商品・貨幣論的な発達論」を挙げている。また、『経済科学通信』第五〇号、一九八六年掲載の座談会ではこの視点の重要性を述べた筆者の発言に対し、支持の発言もあった。ただし反発も多く、基礎経済科学研究所の主流的見解とはならなかった。

(4) たとえば、本書の第6章冒頭ではレーニンと山口正之氏の言葉を使って諸民族の統合が諸民族の「全面的な交通とその全面的な相互依存関係」によってもたらされることを述べたが、この「全面的な相互依存関係」は帝国主義をイメージしているのであるから、もちろん全世界が一つの工場になるというものではない。つまり国際的な市場的分業を意味しているのであって、これが氏の言う「労働の社会化」である。作業場内分業だけではなく、市場的分業関係の発展とそれによる社会諸構成員の発達が「労働の社会化」論の本質である。

(5) 日本的企業社会と後に述べる日本型政治行政システム(総じて「日本型戦後体制」)の全般的な説明は、碓井敏正・大西広編『ポスト戦後体制の政治経済学』大月書店、二〇〇一年、第一章および第二章を参照。

(6) 上記の表に日米両国の男子労働者の一生の転職回数の違いを見ることができる。

(7) 論文としては、小栗崇資「会計ビッグバンとグローバリズム」『土地制度史学』第一七五号、二〇〇二年、がある。

(8) ここで想起されたいのは、グラムシがイタリア社会の社会主義化にはその前段階として経済的および社会的な「アメリカ化」が必要だと主張していたことである。また、マルクス=エンゲルスもアメリカ社会の先進性を主張していた。アメリカの競争社会を否定的なものとしか見ない昨今の左翼理論と大違いである。なお、この点は、シーモア・リプセット（上坂昇・金重紘訳）『アメリカ例外論』明石書店、一九九九年、四三四～四三五ページなど参照。

(9) このようなものとして所有の「社会性」を再解釈することは、次のようなものとして「公共性」を再解釈することに通ずる。というのは、少なくとも経済学上の「公共財」では非排除性がその一つの定義的内容とされており、それは〝openness（公開性）〟の概念に近い。ここでの「公共性」は「共同所有」である前に「アカウンタビリティ」が前提となっている。この問題については、筆者の『唯物論研究年誌』第五号、二〇〇一年、掲載の論文「開かれた社会とその敵―― openness としての公共性」および本書第5章の長島論文参照。

(10) 以上、協同組合組織の株式会社組織に対する遅れた側面の指摘は、大西広「『資本からの独立』と経営改革――労働組合と組合員が本当にしなければならないこと――」『季刊生協労連』二〇〇二年秋号、同「〝NPO主義とその問題点〟」碓井・大西編前掲書所収参照。

第2章　証券市場の共同管理とディスクロージャー規制

小栗崇資

資本主義の変革とは単純化を恐れず言えば、私的性格の外皮のもとでの社会的な実体の成長を公共性として認識し、自由な諸個人の共同の力によるコントロールを通じて自覚的な制御を資本に加えることにある。資本主義は、貨幣の不断の自己増殖過程を通じて社会的生産を生み出すが、この社会的生産は自由な諸個人に対立的な資本の力として現われる。こうした社会的生産は対立的でありながら、労働の社会化を促進し、労働者による管理を必要とする。社会的生産の拡大は、企業内外に管理の領域を拡大し、管理のあり方を陶冶する。それが管理の社会化である。(1)

管理の社会化は共同（協同）管理の進展として現れる。(2) 自由な諸個人と切り離され対立的に展開する社会的生産は、本質的に共同性を有することから無政府的な状態にとどまることはできず、対立的ではあるが共同管理を呼びこまざるをえない。(3) この対立的形態の共同管理が個人の自由を一方では抽象的なものにし、また他方では社会的生産の形態を労働者の力としてではなく資本の力として物象化する。しかしそうした社会的生産は次第に公共的実体として露出し、公共性の自覚化を通じて自由な諸個人の共同的・公共的な管理を陶冶せざるをえない。企業と市場は価値増殖運動の場であるとともに、共同管理のあり方を問う場ともならざるをえない。資本主義の発展のなかで新しいシステムの準備が進み、資本主義の内部に新しい社会システムが対立的ではあるがすでに孕まれ、実在化するのである。資本主義は労働の社会化を起動力として自己否定的に共同管理の諸形態を形成し鍛えているといってよい。

新しい社会システム移行のメルクマールは、共同管理がどのレベルでどのように実現したか、共同管理の形態が対立的なものから意識的・民主的なものにどう発展したか、国際的な共同管理がどこまで進展したかという点にある。そうした共同管理の展開が資本主義の実体転換を進め、資本主義の死滅をもたらすのである。対立的な共同管理を意識的で民主的な協同管理に転換していくことが新しい社会システムへの移行を意味する。資本主義はどこまできたかを問うことは、共同管理がどこまできたかに答えることでもある。

本章では共同管理の進展を証券市場とディスクロージャー（主として会計）のグローバル化の過程において検証することを主眼としている。

1　株式会社と証券市場の自己否定性

1　株式会社の自己否定性

資本主義の自己解体的性格についてすでに序章でも述べられているが、今日のグローバルな資本主義の到達点を見るうえで、特に証券市場の有する自己否定性は重要である。

『資本論』第三部第五篇「利子生み資本」第二七章「資本主義的生産における信用の役割」はマルクスのこうした観点を明確に示している。

『資本論』第二七章は四つの部分から構成されている。1は必然的な信用制度の形成、2は流通費の節減、3は株式会社の形成、4は株式制度、という順に「資本主義的生産における信用の役割」が述べられている。特に4の「株式制度」に注目したい。

まず「株式制度」について「それは資本主義体制そのものの基礎の上での資本主義的な私的産業の廃止であって、それが拡大されて新たな生産部面をとらえて行くのにつれて私的産業をなくして行くのである」(『資本論』大月書店版、第三巻、五五九ページ)と規定されている。これはその前段の「株式会社の形成」で述べたことを再規定したものである。

株式会社は次のように規定されていた。

「それ自体として社会的生産様式の上に立っていて生産手段や労働力の社会的集積を前提としている資本が、ここでは直接に、個人資本に対立する社会的資本(直接に結合した諸個人の資本)の形態をとっており、このような資本の企業は個人企業に対立する社会的企業として現われる。それは、資本主義的生産様式そのものの限界の中での私的所有としての資本の廃止である」(同上、五五六～五五七ページ)。

「株式会社では、機能は資本所有から分離されており、したがってまた、労働も生産手段と剰余労働との所有からまったく分離されている。このような、資本主義的生産の最高の発展の結果こそは、資本が生産者たちの所有に、といってももはや個々別々の生産者たちの所有としてのではなく、結合された生産者である彼らの所有としての、直接的な社会的所有としての所有に、再転化するための必然的な通過点なのである。それは、他面では、これまではまだ資本所有と結びついている再生産過程上のいっさいの機能が結合生産者たちの単なる機能に、社会的機能に、再転化するための通過点なのである」(同上、五五七ページ)。

マルクスの規定は、株式会社が、すでに事実上、私的所有としての資本の廃止であり、社会的所有への通過点にあることを示している。また直接の社会的所有は、結合生産者たち、すなわち労働者たちが資本所有から離れてその社会的機能（管理人という機能）に徹することによって実現することを示している。社会的機能とは、生産者（労働者）による共同管理であり管理の社会化であると言い換えることができる。すなわち、株式会社は管理の社会化を通じて社会的所有の実現過程にある存在ということができる。(4)

しかし、こうした通過点的性格を有する株式会社は資本主義的生産様式の限界のなかでの矛盾に満ちた存在でもある。

「これは、資本主義的生産様式そのもののなかでの資本主義的生産様式の廃止であり、したがってまた自分自身を解消する矛盾であって、この矛盾は一見して明らかに、新たな生産形態への単なる過渡点として現われるのである。このような矛盾として、それはまた現象にも現われる。それはいくつかの部面では独占を出現させ、したがってまた国家の干渉を呼び起こす。それは、新しい金融貴族を再生産し、企画屋や発起人や名目だけの役員の姿をとった新しい種類の寄生虫を再生産し、会社の創立や株式発行や株式取引についての思惑と詐欺との全制度を再生産する。それは私的所有による制御のない私的生産である」（同上、五五九ページ）。

このようにマルクスは株式会社における社会的所有の実現が本質的には管理の社会化の進展によることを明示しつつ、社会全体では株式会社をめぐる寄生的な階層の創出や詐欺的な（投機的な）株式制度の拡大が生じることを論じ、株式会社が私的所有にもとづく制御のない私的生産の性格を有することを規定している。

すなわち社会的所有の実現に向けては、株式会社が本質的に生み出す社会的実体と私的所有にもとづく寄生的制度との矛盾が立ちはだかることをマルクスは示している。このような矛盾は株式会社のあり方をめぐって会社とは何かを問うことになる。かつての工場法が自覚的・理性的な制御を資本に加えたように、ここから株式会社の社会性・公共性をめぐる制度的規制の課題が導き出される。したがって管理の社会化は個別企業レベルの問題だけではなく、社会全体での株式会社の制御の問題であるということができる。

2　証券市場の自己否定性

そうした株式会社の規定を確認したうえで、マルクスの「株式制度」(今日的に言えば証券市場)についての分析に戻って検討してみたい。

マルクスは株式制度をめぐる記述のなかでは、株式会社の株式を「社会的所有」と呼んでいる。実質的に社会的所有となっている株式会社の株式をめぐって私的所有にもとづく投機が行われるのが株式制度である。その際の株式は「社会的所有」を表象していると考えられる。株式は形式的には私的所有権限の証書であるが、生産手段に対する指揮権などを含む全一的な私的所有の権能をほとんど備えていない。したがって私的所有としての実質を半ば喪失しており、主として利益配当請求権を表すのみである。すなわち株式は、実質的には株式会社という社会的資本に関する所有権限の証書となっているのである。そうした点からマルクスは「投機をやる卸売商人〔今日的に言えば投資家・投株家――引用者、以下〔 〕内同様〕が賭けるものは、社会的所有であって、自分の所有ではない」(同上、五六〇ページ)と述べるのである。

マルクスによればこうした株式制度(信用制度も含む)は収奪をもたらし、結果的に社会的生産と社会的所有を拡大することになる。

「〔投機の〕成功も失敗も、ここではその結果は同時に諸資本の集中になり、したがってまた最大の規模での収奪になる。収奪はここでは直接生産者から小中の資本家そのものにまで及ぶ。この収奪は資本主義的生産様式の出発点である。この収奪の実行はこの生産様式の目標であり、しかも結局はすべての個人からの生産手段の収奪である。すなわち、これらの生産手段は、社会的生産の発展につれて、私的生産の手段でも私的生産の生産物でもなくなるのであって、それは、それが結合生産者たちの社会的生産物であるのと同様に、彼らの手にある生産手段、したがって彼らの社会的な所有でしかありえないのである」（同上、五六〇ページ）。

すなわち、信用取引や株式取引をめぐる収奪を通じて資本の集中（買収や合併）が飛躍的に進行し、私的生産を排除し社会的生産および社会的所有を実現するのである。したがって、株式制度（証券市場）は社会的生産と社会的所有をもたらすものとなる。

しかし、株式会社の規定と同様にそれは矛盾に満ちた過程でもある。マルクスは先の記述に続けてこう述べている。

「ところが、この収奪は、資本主義体制そのもののなかでは、反対の姿をとって、少数者による社会的所有の取得として現われる。そして信用はこれらの少数者にますます純粋な山師の性格を与える。所有はここでは株式の形で存在するのだから、その運動や移転はまったくただ取引所投機の結果になるのであって、そこでは小魚は鮫に呑みこまれ、羊は取引所狼に呑みこまれてしまうのである」（同上、五六〇ページ）。

マルクスは、証券取引所では社会的所有をめぐって少数の山師（鮫や狼）による投機が行われるというのである。

このマルクスの記述について、エンゲルスは『資本論』第三部への補遺」で次のように述べている。

「第三巻第五篇、特に第二七章からは、資本主義的生産一般のなかで証券取引所がどんな地位を占めるかということが明らかになる。ところが、この本が書かれた一八六五年以来一つの変化が生じて、それが今日では証券取引所に著しく高められた役割を与えており、しかもその役割はますます大きくなりつつある」（同上、一一五八ページ）。

エンゲルスによればマルクスの『資本論』執筆時には証券取引所は未発達であったという。「当時はまだ、証券取引所は、資本家たちが彼らの蓄積した資本を互いに奪い合う場所だったのであり、それが労働者に直接に関係があったのは、ただ資本主義経済の退廃的な一般的作用の新たな証拠」（同上、一一五九ページ）を示す点にあったにすぎない。しかし「今はそうではない」として、ありとあらゆる産業に株式会社が広がり証券取引所が関わっていると述べている。この点は重要である。

そうしたマルクスの分析の時代的制約はあるとしても、先の記述に続く『資本論』の株式制度の規定は正鵠を射ているといわねばならない。

「株式制度のうちには、すでに、社会的生産手段が個人的所有として現われるような古い形態にたいする対立が存在する。しかし、株式という形態への転化は、それ自身ではまだ、資本主義的なわくのなかにとらわれている。それゆえ、それは、社会的な富と私的な富という富の性格のあいだの対立を克服するのではなく、ただこの対立を新たな姿でつくり上げるだけなのである」（同上、五六〇〜五六一ページ）。

すなわち株式制度（証券市場）は株式会社という事実上の社会的所有を創出する一方、株式取得という私的所有を広範に生み出している。ここでは株式会社の実体としての社会的な富と株式という形式における私的な富とが対立して存在している。マルクスはそれを「信用制度に内在する二面的な性格」（同上、五六三ページ）と呼んでいる。株式会社の規定で見たように、やはり株式会社の社会性・公共性に即して株式制度（証券市場）を管理することが対立（二面性）を止揚することになる。すなわち証券市場の公共性が問題となる。賭博的・詐欺的な投機を規制し、私的な富の暴走を制御することが課題となるのである。それは証券市場の共同管理の課題であり、証券市場における管理の社会化の拡大でもある。こうした株式制度（証券市場）の発展と制御なしには資本主義の変革もありえないのである。

株式制度（信用制度）の発展は資本主義を世界市場にまで発展させる歴史的使命を負っている。マルクスは次のように述べている。株式制度（証券市場）の発展がグローバリゼーションの動因でもあることを示唆する記述である。

「信用制度は生産力の物質的発展と世界市場の形成とを促進するのであるが、これらのものを新たな生産形態の物質的基礎としてある程度の高さに達するまでつくり上げるということは、資本主義的生産様式の歴史的任務なのである」（同上、五六二〜五六三ページ）。

先のエンゲルスの「『資本論』第三部への補遺」の記述も、こうした規定の延長線上にある。マルクス以上に証券市場の役割は高く評価されている。補遺の見出しは「2　証券取引所」である。

「一八六五年には取引所はまだ資本主義体制のなかの二次的な要素だった」が、「一八六五年以来一つの変化が生じて、それが今日では証券取引所に著しく高められた役割を与えており、しかもその役割はますます大きくなりつつある」（同上、一一五八ページ）。

「そして、この変化がさらにいっそう発展すれば、それは工業も農業も含めての全生産を、また交通手段も交換機能も含めて全交易を、証券取引業者の手に集中して行く傾向があり、こうして証券取引所は資本主義的生産そのものの最も際立った代表者になるのである」（同上、一一五八ページ）。

エンゲルスの編集によるとはいえ、『資本論』の最後の節として「証券取引所」の分析が置かれていることは今日の資本主義を考えるうえで非常に象徴的である。

こうした『資本論』の規定を見るだけでも、株式制度（証券市場）がグローバルな資本主義の発展と制御にいかに重要な役割を果たしているかを認識することができる。また資本主義の変革において、株式会社における管理の社会化や株式制度（証券市場）の共同管理がいかに枢要の位置を占めるかを確認することができる。

2　証券市場と協同組合

1　株式会社と協同組合の位置づけ

株式会社と証券市場の自己否定性を検討してきたが、さらに同じ第二七章「資本主義的生産における信用の役割」のなかでマルクスが協同組合企業（工場）について論じている点についても触れておかねばならない。ここでのマルクスの規定について、あたかも株式会社よりも協同組合の方が優位であるかのような見解や協同組合が株式会社に取って代わるかのような協同組合社会主義の諸説を呼んでいるが、本論の検討で明らかなようにきわめて皮相な論議と言わざるをえない。『資本論』の文脈に照らせば、興味深い新たな論点を読み取ることができる。

重要な点はマルクスが第二七章の四つの構成部分、「1　必然的な信用制度の形成、2　流通費の節約、3　株式会社の形成、4　株式制度」のうち、「4　株式制度」の中で協同組合工場を論じていることである。先に見たように「4　株式制度」は株式制度（証券市場）が社会的生産と社会的所有を歴史的任務として自己否定的にもたらすことを述べている。そうした株式制度に関連して協同組合企業をマルクスは取り上げるのである。

以下は協同組合企業（工場）について述べた有名な一節である。

「労働者たち自身の協同組合工場は、古い形態のなかでではあるが、古い形態の最初の突破である。といっても、もちろん、それはどこでもその現実の組織では既存の制度のあらゆる欠陥を再生産しているし、また再生産せざるをえないのではあるが。しかし、資本と労働との対立はこの協同組合工場のなかでは廃止されている。たとえ、はじめは、ただ労働者たちが組合としては自分たち自身の資本家だという形、すなわち生産手段を自分たち自身の労働の価値増殖のための手段として用いるという形によってでしかないとはいえ。このような工場が示しているのは、物質的生産力とそれに対応する社会的生産形態とのある発展段階では、どのように自然的に一つの生産様式から新たな生産様式が発展し形成されてくるかということである。資本主義的生産様式から生まれる工場制度がなければ協同組合工場は発展できなかったであろうし、また同じ生産様式から生まれる信用制度がなくてもやはり発展できなかったであろう。信用制度は、資本主義的個人企業がだんだん資本主義的株式会社に転化して行くための主要な基礎をなしているのであるが、それはまた、多かれ少なかれ国民的な規模で協同組合企業がだんだん拡張されていくための手段をも提供するのである。資本主義的株式企業も、協同組合工場と同じに、資本主義的生産様式から結合生産様式への過渡形態とみなしてよいのであって、ただ、一方では対立が消極的に、他方では積極的に廃止されているだけである」（『資本論』大月書店版、第三巻、五六一～五六二ページ）。

この一節を単独で取り出してみれば、一見、協同組合の優位性（古い形態の最初の突破、資本と労働の対立の廃止、対立の積極的廃止など）をマルクスが論じたかのようにも見えるが、そうではない。それは、すでに論じたように株式会社それ自体をマルクスが「私的所有としての資本の廃止」であり、「直接的な社会的所有としての所有に、再転化するための必然的な通過点なのである」と評価したことでも明らかである。上記の「資本主義的株式企業も、協同組合工場と同じに、資本主義的生産様式から結合生産様式への過渡形態とみなしてよいのであって、ただ、一方では対立が消極的に、他方では積極的に廃止されているだけである」との叙述は、株式会社と協同組合が本質的には同じ結合生産様式への過渡形態であることを規定するものである。

そのうえで株式会社と協同組合企業の相違について、社会的生産（労働）と私的所有（資本）の対立が株式会社では消極的に廃止され、協同組合では積極的に廃止されている、と述べられている。この叙述も協同組合の優位と読むべきではない。株式会社こそが、生産過程において資本所有から機能分離して労働者の結合による社会的生産を事実上、実現する資本のシステムの自己否定態の主役であるからである。しかし、株式会社においてはなお社会的生産と資本所有は矛盾しており、株式会社は資本所有の面で会社の創立や株式発行・取引に関わって金融貴族や寄生虫を再生産する存在でもある。したがって先に述べたように、株式会社において事実上、実現している社会的機能（社会的生産）を資本所有から徹底して分離し、資本所有の機能を規制することによって、資本のシステムに代わる新たな社会システム（結合生産様式）へ移行することが可能となる。それは株式会社の社会性・公共性をめぐる意識の陶冶とそれにもとづく民主主義的な制度改革によって実現していくのである。この過程は当然のことながら資本のシステム自身が積極的に行うものではない。いやいやながら、まさに「消極的」に対立が廃止されていくのである。

2　株式会社と労働者の資本所有

それでは資本所有の面で、労働者が自ら出資者となるような形態は考えられないであろうか。生産過程で事実上、実現している社会的生産に対応して労働者自身の出資によって労働者による資本所有が生まれるとすれば、そこでは社会的生産と矛盾しない資本所有の成立する可能性がある。それがここでいう「協同組合企業」である。協同組合企業は労働者の出資によって成立しており、労働者による社会的生産と労働者の出資は矛盾していない。したがってそこでは対立が「積極的」に廃止されるのである。それではすべてが「協同組合企業」になれば問題が解決するかと言えば、そうではない。「資本と労働との対立はこの協同組合工場のなかでは廃止されている」というに過ぎないからである。それはなお、「労働者たちが組合としては自分たちの自身の資本家だという形」でしかないという限界を持っている。注意深く読めば、「資本主義的生産様式から生まれる工場制度〔株式会社〕がなければ協同組合工場は発展できなかった」と書いているように、株式会社が経済全般に普及・拡大することを前提にして、協同組合企業の発展の可能性が示唆されているのである。

なぜマルクスは協同組合企業（工場）をこのように評価したのであろうか、またマルクスが期待したように協同組合企業はその後、発展したであろうか。

マルクスの『資本論』執筆時には、先にエンゲルスの補遺で見たように証券取引所（証券市場）はまだ発達しておらず、労働者の株式出資は一般的ではなかった。マルクスの眼前にあったのはロバート・オーエンの思想を継承した生産協同組合の台頭であった。一八五〇年代のマルクスは生産協同組合に対して、それが労働貴族の運動であるとして批判的であったが、一八六四年の第一インターナショナル創立の頃にはその評価を肯定的なものへと転換している。

マルクスにとっては、生産協同組合は「働き手の階級を雇用する主人の階級がいなくてもやっていけるということ、労働手段は、それが果実を生み出すためには、労働者自身に対する支配の手段、強奪の手段として独占されるにはおよばないこと」を「議論でなく行為」で示すものであった。マルクスの眼前では生産協同組合こそが、労働者が自ら社会的生産を指揮・管理できることを示す貴重な実例であったことは確かである。そうした芽生えをいち早く評価したといえるであろう。しかし、歴史的に見ればマルクスの生産協同組合の位置づけは過大評価であったと言わねばならない(5)。その後、歴史の大きな流れの中で結局、生産協同組合は停滞し、協同組合運動は消費協同組合の普及として今日に至っている。

こうした問題を考えるうえで次の叙述は重要である。

「このような工場が示しているのは、物質的生産力とそれに対応する社会的生産形態とのある発展段階では、どのように自然的に一つの生産様式から新たな生産様式が発展し形成されてくるかということである」（『資本論』大月書店版、第三巻、五六一ページ）。

これは文章の通り、資本主義的生産様式のなかから新たな生産様式（結合生産様式）が自然に発展し形成されることを規定したものである。本論の第一節で「資本主義の発展のなかで新しいシステムの準備が進み、資本主義の内部に新しい社会システムが対立的ではあるがすでに孕まれ、実在化する」と論じたのは、このマルクスの規定に即したものである。資本主義に代わって、誰かが考えた何か新しい形態の別物を作り出すというのではない。マルクスが、眼前に台頭した協同組合企業（生産協同組合）を新しい生産様式を自然的に示すものとして評価したのは正当であった。しかし、その後の資本主義の発展の中で生産協同組合が停滞した事実を踏まえれば、「協同組合」という企業形態に目を奪われるべきではない。株式会社が証券市場とともに全面的に発展していない当時の状況の中で、労働者の積極的な資本所有は「協同組合」形態に限定されていたのである。その中にあるマルクスの本意を読み取り、われわれの眼前で自然に発展し形成されている新たな生産様式をつかみとらねばならない。

単純化を恐れず言えば、マルクスが示唆したのは、労働者自身が企業への出資者、投資者となることの意味であり、労働者による資本所有であった。今日的に言えば、このマルクスの規定は従業員持株や国民一般の株式保有のイメージに近いと考えられる。出資対象に生産協同組合や消費協同組合もその中には含まれるであろうが、それのみを示すものではない（協同組合の今日的意義は過大でも過小でもなく正確に評価すべきである。協同組合を論じた拙稿を参照されたい(6)）。それどころか今日的に見れば、資本所有の主要な対象は株式会社であるといっても過言ではない。

繰り返して確認しておかねばならないが、株式会社の内部、すなわち生産過程に事実上、形成されている社会的生産・社会的労働こそが新しい生産様式を生み出す動因であり実体であって、形式における資本所有の面であれこれの所有形態（国有や共同所有など）を追求することが重要ではない。社会的生産・社会的労働（労働の社会化）という実体面で事実上の社会的所有が半ば実現しているのである。株式会社における資本所有を規制し管理の社会化による社会的生産を徹底させることが社会的所有の実現の道すじである(7)。

しかし、マルクスが述べたように資本所有の面で労働者が資本家の形をとるとはいえ、自らの主人となることは社会的生産の実現にとってきわめて「積極的」である。今日で言えば、国民的規模での投資や株式保有はそれ自体として証券市場の社会性・公共性を問う前提となり、証券市場の共同管理を問題とする土台となっている。証券市場も含めた金融市場の規制は、資本主義の制御を左右する共同管理の中枢の位置を占めるに至っているのである。

「信用制度は、資本主義的個人企業がだんだん資本主義的株式会社に転化して行くための主要な基礎をなしているのであるが、それはまた、多かれ少なかれ国民的規模で協同組合企業がだんだん拡張されていくための手段をも提供するのである」とマルクスは述べている。あえて大胆に言えば、「協同組合企業」を「証券投資と証券市場規制」に置き換えて読むことができる。本節の冒頭で確認したように、これは「資本主義的生産における信用の役割」のなかの「4　株式制度」の意義を述べた中の叙述である。信用制度の発展が自然的にもたらしたのは、今日的に言えば協同組合企業ではなく国民的規模での株式保有である。それは国民が資本家となる形をとるとはいえ、証券市場の規制を通じてまたコーポレートガバナンスの展開を通じて、社会的生産（労働）と私的所有（資本）の対立を「積極的」に廃止する可能性を与えているのである。信用制度が発展し、国民的規模で株式会社への投資が行われることで、ますます資本主義の自己否定性が高められるといわねばならない。

3　証券市場のグローバル化と共同管理

1　金融と証券のグローバル化

こうした『資本論』の分析がもっとも妥当するのが二一世紀初頭のグローバルな資本主義であるといっても過言ではない。なぜなら一九九〇年代から二一世紀の初頭にかけての経済のグローバル化の基軸をなしているのが金融・証券市場であるからである。

二〇世紀後半、第二次世界大戦後の経済のグローバル化はまず貿易の拡大として現れた。しかし、その後、グローバル化の担い手は次々と変わっていくことになる。六〇年代後半には多国籍企業の展開が各国経済を脅かす存在として問題となった。七〇年代に入ると国際通貨体制の変容を前提にヨーロッパ市場を舞台とする銀行の国際業務の成長が注目された。八〇年代にはユーロ債やアメリカ国債などを中心とする債権市場の国際化が、グローバル経済の担い手となった。そして九〇年代に入ると株式や社債を中心とする証券市場のグローバル化が急速に進展し、経済のグローバル化を本格的なものにしたのである。[8]

金融や証券を動因としたグローバル化こそが今日のグローバリゼーションの重要な特徴をなしている。それはマルクスが「信用制度は生産力の物質的発展と世界市場の形成とを促進するのであるが、これらのものを新たな生産形態の物質的基礎としてある程度の高さに達するまでつくり上げるということは、資本主義的生産様式の歴史的任務なのである」と述べた規定にそのまま妥当するものである。

しかし、こうしたグローバリゼーションが対立的な形態で進んでいることに留意しなければならない。スーザン・ストレンジが「カジノ資本主義」と名づけたようにカジノの賭けとかわらないような投機的なマネーゲームが隆盛を極めているからである。[9] とくに金融工学を駆使したデリバティブ取引が開発されて以降、カジノ化は極限にまで達したとされる。ＢＩＳ（国際決済銀行）の調査によればG10（先進国一〇カ国グループ）に本店を置く世界の主要銀行と証券会社を含む七一の金融機関の総計を見ると、一九九八年の総資産は一七兆ドルに達しているが、デリバティブの想定元本総額はそれをはるかに上回る一三〇兆ドルで総資産の七・六倍に及んでいるのである。その倍率では日本と比較してアメリカ系金融機関が群を抜いている。合併統合前のデータであるが、日本の富士銀行が九・四倍、日本興業銀行が五・八倍であるのに対し、J・P・モルガンは三三・九倍、チェイス・マンハッタンは二八・三倍、バンカーズ・トラストは一九・二倍となっている。[10] デリバティブ取引はこのように巨額の資金を動かすことができるだけに、破綻時の影響は非常に甚大なものとなる。一九九五年二月にイギリスのベアリング証券グループがそのシンガポール子会社における一人のトレーダーのデリバティブ取引の巨額損失により破綻を引き起こしたのは、その何よりの証左である。

デリバティブ取引の主役は銀行や証券会社だけではない。悪名高いヘッジファンドがデリバティブの投機性を一身に担って運用しているのである。ヘッジファンドとは監督機関の規制を回避するために少数の投資家（一〇〇人未満）のパートナーシップで作られた投資組織である。したがってヘッジファンドは資産運用の諸規制から自由であり、課税回避のためにオフショア市場で登録される場合が多く、その実態は必ずしも十分に明らかではない。ＩＭＦのレポートによれば、一九九〇年には一一二七であった世界のヘッジファンドの数は九七年には一一一五にまで増加している。[11] 九八年九月には大手ヘッジファンドのＬＴＣＭが破綻し、ニューヨーク連銀の救済策で金融危機を食い止めることとなった。ＬＴＣＭの出資者からの資金は四八億ドルであったが、デリバティブ取引の想定元本は一兆二五〇〇億ドル（約一五〇兆円）にも達するものであった。連銀の救済は金融パニックへの止むなき対処策であったとされる。

２　グローバル証券市場の規制

こうしたカジノ化は、まさに『資本論』のいう「その運動や移転はまったくただ取引所投機の結果になるのであって、そこでは小魚は鮫に呑みこまれ、羊は取引所狼に呑みこまれてしまうのである」という指摘そのままが妥当するものといえる。

こうしたカジノ化の現象をもってグローバリゼーションへの反対を唱える議論も多く登場している。こうしたグローバリゼーションが、市場中心の構造を伴い、アメリカ的なシステムやスタンダードの導入に結びつくことへの反発も生まれている。グローバリゼーションを新自由主義の政策展開としてとらえるイデオロギー的なとらえ方も存在している。しかし、いずれも先に見た資本主義の自己否定性をグローバリゼーションのなかで把握することのできない後ろ向きの議論であるといわねばならない。

投機的なカジノ化は資本主義的な限界のなかで矛盾を深めるものであるが、そうした金融市場や証券市場のもつ公共性が露出する場面でもある。そこでは株式会社の社会性・公共性が問われるのである。金融市場と並んでとくに証券市場は、企業収益の配分、企業の支配や監督（コーポレートガバナンス）、会計制度や情報開示制度など広い意味での企業システムのあり方と密接に関係している。そしてシステムの一端はグローバルスタンダードとして形成されざるをえないのである。

グローバリゼーションはグローバルな市場と企業に対する規制を伴って進行していると見なければならない。自由市場や市場原理というイデオロギーのレベルではなく、リアルな市場の運動のレベルで見れば、本来、市場は資本所有と社会的所有の攻めぎあう場であり、アナーキーと共同管理が織りなされる場である。グローバリゼーションにおいても企業と市場の公共性が問われ管理の社会化が進行していると見なければならない。

グローバルな証券市場における管理の社会化は、歴史的にはディスクロージャー制度を中心とした市場規制の展開から始まり、今日では会計基準のグローバルスタンダード化やコーポレートガバナンスのグローバルスタンダード化となって現れ、またそれらを規制する国際諸機関のネットワークとなって発展している。それらは証券市場のグローバル化が生み出した共同管理の新たな方法である。その過程では、証券市場をめぐる諸制度の世界的統合と国民国家に代わる国際規制機関の形成を見ることができる。グローバリゼーションの近未来を予感させるようなグローバル化の最先端がここにはあるのである。

さらに規制という枠組みではなく、投資の社会化ともいうべき社会的責任投資（ＳＲＩ）活動が活発に行われるようになってきている。これは投資家が投資意思決定において従来の利益やキャッシュフローのような経済的指標だけではなく、企業の社会問題や環境問題への対応を指標として考慮する投資活動を意味するものである。市場のメカニズムを使って社会的に責任ある企業を評価し、それを投資先とする活動である。ＳＲＩは企業活動の社会的評価機関によるソーシャル・スクリーンによって誘導される。機関投資家や個人投資家はこうした評価を参考に社会的に責任ある企業を判断し、投資するのである。[12] すでに世界では二七一〇・六億ドル（二〇〇一年残高推計）にも上るＳＲＩ

が行われており、ますます増大しつつある。こうした中で企業も環境会計報告やCSR（企業の社会的責任）報告を行い始めており、SRIと企業の社会的責任行動とが相乗的に発展していくと考えられる。また、EUの欧州委員会は、二〇〇一年に「企業の社会的責任の欧州枠組みを促進する」というグリーンペーパーを発表している。グリーンペーパーは、企業内部の差別撤廃や安全管理とともに企業外部へのCSR報告について包括的な課題を提起しており、企業と市場の公共性に関する新たな枠組みを提言するものとなっている[13]。こうしたSRIやCSRの展開の中にも証券市場の脱資本主義性が現れているといわねばならない。SRIやCSRのような証券市場の公共性を顕現させる重要な要素がディスクロージャーである。

4　ディスクロージャーと証券規制の展開

1　ディスクロージャーの歴史

証券市場の管理手法の主要なものが情報開示（ディスクロージャー）である。ディスクロージャーのルーツは一九世紀のアメリカ鉄道業における情報公開制度にまで遡ることができる[14]。

アメリカの鉄道業は、その出発点から一般産業会社とは異なる情報公開問題を伴っていた。初期の鉄道の建設は、公共的事業として州からの土地供与や資金援助を前提としたことから、州議会は、将来における州による鉄道の買上げ、借入金返済のための減債基金の積立て、鉄道資産の維持等を会社に要請し、年次報告書の提出を義務づけた。しかし、州による鉄道の買上げは実現せず、一八五〇年前後から州議会は他鉄道のリース、買収、合併および社債発行の自由化を認めるようになり、多くの鉄道会社が公共的事業の名目に反して私的経営的性格を強めていった。このような過程において州議会は、年次報告書提出制度への依存を強めていった。私的支配の進行の中で、公的性格の維持は年次報告書提出制度によって保障されると考えられていたのである。

しかし、実際には、私的性格が強まるにしたがって年次報告制度は形骸化していき、いくつかの鉄道では株主にすら年次報告書を公表しないという事態が生まれた。そのような中で、鉄道の経営は投機的、許欺的性格を強め、差別料金の設定、プールの形成等の独占的行為は農産物や畜牛の輸送を鉄道にたよる農民の憤激を買い、一般住民をまきこんだ大規模な反独占運動を生み出すに至った。一八六〇年代末から一八八〇年前後にかけてのグレンジャー運動がそれである。グレンジャー運動の影響によって、社会全体に独占的な巨大鉄道会社への反感が強まり、鉄道会社に対する規制は大きな社会問題に発展した。グレンジャー運動は、州政府・州議会による強力かつ直接的な鉄道会社規制を要求したが、それを回避するために採用されたのが情報公開制度であった(15)。

鉄道会社規制(情報公開)の制度上の担い手となったのは、鉄道委員会であった。鉄道委員会は、最初は一八三六年にロード・アイランドにおいて設立されニューイングランド諸州に広まったとされるが、基本的なモデルとなったのは、一八六九年に設立されたマサチューセッツ州の鉄道委員会である。鉄道委員会は指示を強制する強力な権限をもたず、もっぱら鉄道会社に報告の提出を要請するだけの勧告型の委員会であった。このマサチューセッツ委員会をモデルに一八七八年までに一六の州で鉄道委員会が設立され、情報公開を軸に鉄道会社と社会との間の利害調整が図られようとしたのである。鉄道委員会は、アメリカにおける独特な制度である行政委員会制度の前身をなすものである。行政委員会は、憲法の枠内で規制立法において表明された議会の意向に沿って法を管理する独立的機関で、準立法的・準司法的性格を併せもつ行政機関である。今日、有名なものには連邦取引委員会(FTC)、証券取引委員会(SEC)、連邦通信委員会(FCC)等があるが、これらの原型は鉄道業における独占規制問題から派生した鉄道委員会にあるのである。

2　ディスクロージャーと市場の公共性

こうした前史をもつ情報公開が重要な制度となったのが一九三三・三四年の証券取引法の制定であった。一九二九年の大恐慌後、ルーズベルト大統領によるケインズ主義的な国家介入主義的政策がニューディール政策として展開されたが、その一環として重要な位置にあったのが証券市場への規制策であった。証券取引法の制定にあたっては証券市場への規制をどのように行うかが大きな争点となった。鉄道委員会と同様に証券市場を直接規制をするか間接規制をするか、公的規制をするか民間規制をするかが問題となった。結局、政府の強力な直接裁定による規制ではなく、市場への情報公開を通じての間接規制方式が採用された。またその情報公開、とくに会計情報公開の指針となる会計基準の設定を政府機関ではなく民間機関（当初は公認会計士団体）に委ねる民間規制方式が採用された。

すなわち、証券市場規制の出発点となった一九三三・三四年証券取引法において情報開示（ディスクロージャー）が主要な規制ツールとなったのである。一九二〇年代末までは情報公開（publicity）と呼ばれていたものが、一九三〇年代の証券取引法制定前後から情報開示（disclosure）と呼ばれるようになった。ここには情報開示のもつ二面性が現れている(16)。右に見たように、情報開示はある意味では政府の直接規制を回避するための対応策であった。株式会社の証券市場への上場を政府の許認可で行うのではなく、市場の判断に委ねるという市場原理にもとづく規制方式が情報開示である。その情報内容次第では規制ではなく単に宣伝広告となりかねない問題を孕む方式である。まさに当初は宣伝広告（publicity）の側面を強くもっていたといえる。しかし、それは両刃の剣でもある。市場は単なる宣伝広告の場ではない。市場はそれ自体、自由な個人が商品交換を通じて相互承認しあう社会そのものでもある。自由な個人の陶冶によって民主主義的意思の発露がなされる場ともなる。ディスクロージャー（disclosure）は閉じたもの（closure）を開ける（dis）という意味をもつ情報受信者の側の能動的な姿勢を示す言葉である。一九三〇年代のニューディール民主主義の高揚のなかで、証券市場の規制は市場原理を基礎としつつ民主主義的な規制方式としての情報開示（ディスクロージャー）の側面も拡大していったのである。

このような経緯のなかで発展してきた情報開示（ディスクロージャー）であるが、今日においてあらためてその意義を確認することができる。政府の直接規制回避の方策であり、市場原理に即した方法が情報開示（ディスクロージャー）であったと述べたが、別の面から見れば、それは市場自らが社会性・公共性を公開することで矛盾を抑止しようとする自己組織化システムであるということもできる。結果として情報開示（ディスクロージャー）は公共性をめぐる民主主義を陶冶し市場の共同管理を促進することになる。またそれを通して株式会社における管理の社会化を進展させるものとなる。情報開示（ディスクロージャー）によって「営業秘密」がなくなればなくなるほど、株式会社は社会的な規制（管理）に包摂されるからである。

こうした情報開示（ディスクロージャー）問題は端的に会計情報の開示や監査、コーポレートガバナンス、さらには先に見たCSR（企業の社会的責任）やSRI（社会的責任投資）の展開の問題となって現われる。またそれはグローバリゼーションの過程で、グローバルスタンダードの展開となって現象することになる。そうした問題を証券市場と密接に関連する会計を素材に検討してみよう。

5　会計ビッグバンとグローバルスタンダード

1　グローバルスタンダードの意味

企業経営をめぐるグローバリゼーションの中で現在もっとも大きなインパクトを与えているのは会計のグローバル

スタンダード化である。グローバリゼーションについて理論的視座を提示したうえで、会計ビッグバンと呼ばれる会計のグローバリゼーションについて見てみたい(17)。

グローバリゼーションとは、資本主義経済が「世界市場の開発をつうじて、あらゆる国々の生産と消費を全世界的なもの」にし、「諸国民の全面的な交通、その全面的な相互依存関係」(マルクス=エンゲルス『共産党宣言』)を生み出す過程を表すものであり、経済法則の貫徹を示すものである。グローバリゼーションがどのような否定的な現象を伴うとしても、それ自体は歴史的発展であると考えるべきである。

資本主義におけるグローバリゼーション(全面的な相互依存関係)は、資本の生死をかけた激烈で自由な競争の結果として生まれ、諸国民経済の世界市場への統合と単一の経済的全一体の形成として進められる。したがって、この「相互依存関係」は諸個人、諸国民にとっては疎遠な外的強制力として、また時として不平等な支配・従属関係として現れる。だが、それにもかかわらず対立的形態によってではあるにせよ、「相互依存関係」の発展によって「各個人の十分に自由な発展を根本原理とするより高い社会形態の唯一の現実の基礎となりうる物質的生産条件の創造」(『資本論』大月書店版、第二巻、七七一ページ)がなされ、諸国民の世界的交通を先進的な諸国民の協同管理によって意識的に制御することが可能となる。こうした相互依存関係が「自由に社会化された人間の所産として人間の意識的計画的な制御のもとにおかれた」(『資本論』大月書店版、第一巻、一〇八ページ)ときに、資本主義の存在すべき弁明理由は失われる。すなわち世界市場は資本主義の最後の言葉となる。すでに述べたように世界市場の形成と発展にまで到達した時に、歴史は資本主義以後の時代への移行を始めるのである。

グローバリゼーションは資本主義の合法則的な展開そのものであり、グローバリゼーションの発展こそが資本主義以後の時代を展望する前提である。新自由主義的なグローバリゼーションがどのような不幸で悲惨な現象を随伴するとしても、それに倫理的、情緒的に対応すべきではない。いつでも国際競争の激化は国内政治・経済の「保守化」を生み出す。この「保守化」は単純な歴史の逆行ではなく、「国際化」の進展への敵対的な一形態である。とくに日本社会の国際化は、日本の共同体的な残影である日本的システムを崩壊させずにはおかず、激しい軋轢を日本国内にもたらす。今日のグローバリゼーションは日本的システムの根底を揺るがすほどのインパクトをもたらし、それへの反感も増幅させる。しかし、グローバリゼーションを合法則的なものと認めたうえで、どのように国際的に共同管理すべきかという命題を立てることこそが重要である。グローバルスタンダード問題もこのような文脈で論じられるべきである。グローバルスタンダードをアメリカンスタンダードの「強制」と見てそれを批判する見解もあるが、単なる否定であってはならず、共同管理のためのグローバルスタンダードへとどう転換していくかという検討こそが求められるのである。

2 会計の社会的機能と会計規制

そうしたグローバルスタンダードをめぐる問題がまさに会計の領域において問われているといわねばならない。会計は経済活動を写す受動的な存在ではない。会計は経済過程内部にあって自己の運動を認識（写像）するとともに資本運動を媒介し促進する資本そのものの活動的存在として捉えられる。こうした観点から見れば、会計は経済過程を左右する能動的・積極的な存在と考えられ、会計（制度）の政策性（資本蓄積促進的役割）や恣意性（粉飾や操作）も会計の一側面として解釈可能となる。会計は経済に埋め込まれた神経情報システムであると例えることができる。この点は会計ビッグバンを理解するうえで非常に重要な視座となる。すなわち、会計が経済を変えることがあり、会計によって経済が動くという点である。

会計が個別資本の放埒な行為としてではなく、会計制度として社会的に規制されるのもこうした会計の社会性・公共性が問われるからである。会計が個別資本の自由放任となれば、経済の安定的秩序が乱されることから、多くの経済行為や商業行為がそうであるように、社会総資本の秩序維持のために法や制度によって規制されるのである。したがって会計制度には経済秩序維持と資本蓄積促進という相反する二面性がつきまとうことになる。そこには資本のシステムの社会的生産と私的所有の矛盾が色濃く反映しているといえる。

会計はより具体的な機能として、技術的機能と社会的機能を有するものとして捉えられる。

会計の技術的機能とは、会計が複式簿記という独特の方法によって経済活動について記録・計算を行い、財務諸表という形式によって計算結果の報告を行うという、測定・伝達の技術的側面を指すものである。会計の社会的機能とは、測定・伝達された会計情報が経済関係に果たす、所得分配機能と資源配分機能を指すものである。

所得分配機能とは、会計情報を通じて企業の成果（利益）を利害関係者に分配するという機能である。制度化された会計においては、計算過程で債権者保護の観点から資本維持というある種の分配がなされ、過大な費用化の容認の中で様々な内部留保による企業それ自体への分配がなされている。形式上は分配可能利益の計算数値が株主総会での分配の基礎となるが、現実には計算の途中ですでに一定の分配がなされているといってもよい。いずれにしても会計が所得分配に関わるものとして機能しているのである。

もう一つの社会的機能が資源配分機能である。資源とはここでは社会的資金を意味しており、資源配分とは資金が資本市場において様々な経済主体に投資されることを意味している。所得分配の分配はdivision（一つのものを分ける）という意味であるが、資源配分の配分はallocation（配置する）という意味であり、分配、配分といってもまったく異なった意味をもつものである。株式市場や債券市場においてはそこに参加する資金提供者が投資の意思決定をするために会計情報が重要な役割を果たすが、そこでの投資意思決定を左右する会計の機能を資源配分機能と呼ぶのである(18)。

そうした社会的機能に関わって会計制度による会計規制が行われる。会計規制には、ミクロ会計規制とマクロ会計規制がある(19)。

ミクロ会計規制とは所得分配機能に対応するもので、企業の利害関係(私的関係)を分配計算のルールによって社会的に規制しようとするものである。企業の利害関係者は主要には債権者、株主、経営者、企業それ自体であるが、企業が生み出した所得(利益)がどのように分配されるかは計算によって基礎づけられ確定される。そうした所得(利益)分配は報告の如何にかかわらず計算によって行われている。ミクロ会計規制は日本では商法によって担われている。

マクロ会計規制は資源配分機能に対応するもので、市場経済(社会的関係)の資源配分を情報開示のルールによって社会的に規制しようとするものである。ここでは所得分配のように企業の生み出した成果を直接分配するということではなく、企業の外部に分散する資源(資金)が証券市場において擬制資本へと投資されることが想定され、その投資を混乱なく秩序だって行うための会計情報の開示が求められる。マクロ会計規制は日本では証券取引法によって担われる。

こうした会計機能と会計規制のあり方は、資本主義経済の深化とグローバリゼーションの中で今日、大きく変容しつつある。会計機能の面では、所得分配機能から資源配分機能への重点移動が生じている。資本市場の急激な発展の中で、組織(企業)とその利害関係者に対するよりも市場(国民経済)と社会全体に対する会計の方が前面に出るようになってきたからである。それに対応して会計規制の面では、ミクロ会計規制からマクロ会計規制へ重点移動が生じている。証券市場の拡大の中で、組織に対する利害調整(利益分配)から市場に対する情報開示(ディスクロージャー)へと会計規制の比重が変化してきているからである。さらに言えば、それはマクロ会計規制からグローバル・マクロ会計規制への重点移動につながることを意味している。今や証券市場は一国の枠を越え世界規模のグローバルな市場に移行しているからである。こうした中で会計のルールは一国会計基準から国際会計基準へと転換しつつあるといえるのである。

このような変化の過程で会計の経済的役割（媒介機能）が増大していると考えられる。証券市場の運営は国内的にも国際的にも経済政策の中枢をなすようになっているが、まさに会計がそうした政策の中に位置づけられるようになっているのである。すなわち、会計の経済政策化が進行しているといってよい。

会計ビッグバンとは、二〇〇〇年三月期から始まった日本の会計基準の一連の抜本的改変をさし示している。とくに会計ビッグバンは「金融ビッグバン」の一環として、それに連動して進められてきた。すなわち会計ビッグバンとは、「金融ビッグバン」推進のためのインフラとしての会計制度の拡充・整備であると規定することができる。会計ビッグバンにおいては、行政主導の規制主義から市場中心の開示主義への転換と、国内基準からグローバルスタンダード（国際会計基準）への転換とが一体となって進行している。[20]

金融ビッグバンはグローバルな金融・資本市場を形成するために各国ごとの規制を緩和し、自由で公正な市場の確立によって市場の競争原理にすべてを委ねようという世界資本主義の再編政策である。アメリカを中心とした国際資本の圧力のもとにこうした政策が進むのは、国内の資本にとってもグローバリゼーションが無視できない段階に達し国際的な金融・資本市場との連携が不可欠となってきたからにほかならない。グローバルな金融・資本市場が形成されるためには、投資対象となる企業や金融商品に関する情報が国際的に比較可能でなければならず、ディスクロージャーや会計手続きの面で枠組みや方法が統一されていなければならない。国際的な資源配分機能を可能にするグローバル・マクロ会計規制の形成が会計ビッグバンにおいては意図されている。金融ビッグバンの成否の鍵の一つはインフラとしての国際的な会計制度の形成にかかっている。先に会計が経済内システムとして経済過程を左右する存在であることを提起したが、まさに会計ビッグバンはそのような会計の特質を端的に表すものとなっているのである。

したがって会計ビッグバンにおいては、会計基準の改訂や新設がすべてグローバルスタンダードとしての国際会計基準の実質的な導入となっている点が大きな特徴である。新しい会計基準の実施によって、二〇〇〇年三月期から日本の会計制度がグローバルスタンダード（国際会計基準）へと接近したといっても過言ではない。これだけの短期間に従来の会計基準が一新されるのは戦後改革に匹敵する「大改革」であったと言わねばならない。

これまでの日本の会計制度は企業の実態を充分に開示しない旧態依然とした状況にあった。それどころか企業の側の自由裁量の余地も多く、法人税法も含めて、企業の資本蓄積を促進するような大企業優遇の会計制度であった。会計ビッグバンは、日本的経済システムを支えたそうした日本的会計規制に大きな改変をもたらすものとなった。これまでの会計規制は、ミクロ会計規制を中心にした、金融資本による間接金融と企業の系列主義・集団主義を前提にした政府主導による資本蓄積促進・自主的経理容認型のものであった。これからの会計規制は政府主導タイプから市場主導タイプのマクロ会計規制中心の規制への転換となるであろう。しかも国内市場ではなくグローバルな世界市場とその統括下にある国際機関が主導するグローバル・マクロ会計規制へと転換するのである。したがって会計ビッグバンはグローバルな資本主義形成のために国際的圧力のもとに、国内の軋轢を伴いつつ進められる上からの「改革」であるといえる。

3 会計グローバリゼーションと共同管理

こうした会計のグローバリゼーションは、ローカル（一国完結型）な資本主義からグローバルな資本主義への転換圧力が外から加えられることによって進行している。

グローバリゼーションの仕掛人は、証券監督者国際機構（International Organization of Securities Commissions, IOSCO）と国際会計基準審議会（International Accounting Standards Board, IASB、設立当初はBoardでなくCommitteeでありIASCと略称）である。IOSCOは、当初は南北アメリカの証券市場を監督するためにアメリカ証券取引委員会（Securities and Exchange Commission, SEC）の主導によってその前身が創設され、その後、発展を遂げてきた。ＩＡＳＣは当初、各国の職業会計士団体の民間国際組織にすぎなかったが、ＩＯＳＣＯの支援を受けて次第に権威ある国際会計基準の設定機関に変化していった。

国際的な会計ディスクロージャー制度の形成を求め、ＩＯＳＣＯが取り組んだのがＩＡＳＣへの支援とすでに存在していた国際会計基準の活用であった。一九八七年にＩＡＳＣの諮問委員会（会計士団体以外の参加組織）に参加したことを契機に、ＩＯＳＣＯとＩＡＳＣとの意見調整と合意を経て、国際会計基準の改訂・策定作業がなされた。一九九九年に改訂・策定作業が完了し、二〇〇〇年五月にはＩＯＳＣＯによって国際会計基準が全面的に承認されるところとなった。国際会計基準は民間国際組織の基準からグローバルな証券市場でオーソライズされたスタンダードへと質的転換を遂げたのである。二〇〇一年からはＩＡＳＣは公認会計士団体の国際組織から各国の会計基準設定機関代表の国際組織にその性格を発展させ、名称もＩＡＳＢ（国際会計基準審議会）へと変更したのである。(21)

ＩＡＳＣからＩＡＳＢへの移行と国際会計基準の質的転換の背景には、急速に進んだ金融・資本市場のグローバリゼーションに対するＩＯＳＣＯの主導性の拡大・強化が存在している。ＩＯＳＣＯは国際会計基準の承認に続き、国際会計士連盟（ＩＦＡＣ）の作成した国際監査基準を一括承認し、国際会計基準と併せて会計規制の実効性を高めようとしている。また金融コングロマリットに対する監督のために、バーゼル銀行監督委員会、保険監督者国際機構と連携して三者会合を開催する、などＩＯＳＣＯの活動はさらに活発になっている。(22)ＩＯＳＣＯは金融グローバリゼーションの中での規制グローバル化の事実上の仕掛人となっているのである。そうしたＩＯＳＣＯの中核となっているのがアメリカのＳＥＣである。規制のグローバル化はまさにアメリカ主導で進んでいるといってよい。

ＩＯＳＣＯの主導下での国際会計基準の設定方式がアメリカ国内での会計基準の設定方法と酷似している点にもそれは現れている。アメリカでは政府組織であるＳＥＣは証券市場を監督するが会計基準の設定は民間組織である財務会計基準審議会（ＦＡＳＢ）に委ね、作成された基準に承認を与える形で会計規制を行っている。[23] こうした市場に基礎をもつ民間組織に権限を与える方式を、ＩＯＳＣＯはＩＡＳＢを使って国際的に適用したのである。しかも会計基準設定機関といっても政府組織ではなく、民間代表であることが要請されている。まさにアメリカ型の方式がＩＡＳＢにもちこまれたといってよい。そうした圧力の中で日本でも、政府の企業会計審議会から民間の企業会計基準委員会に基準設定権限が委譲されるに至っている。

今日では各国でそれぞれ会計基準が作成されるのではなく、ＩＡＳＢで国際会計基準を作成し、それを各国に持ち帰って国内化するという方法でグローバルな会計規制が行われるのである。このように国際組織に各国が事実上従う方式の会計グローバリゼーションは、ある意味でグローバリズムのもっとも最先端を担うものとなっているのである。

グローバルスタンダード化は会計と連動しながらコーポレートガバナンスの面でも進行中である。会計ビッグバンに続いて会社法ビッグバンとも言うべき商法（会社法）の大改革が行われたが、そこでは株式会社の統治構造や株式制度に英米型を軸としたグローバルな方式が一挙に導入されている。これらは会計と同様に証券市場のグローバル化がもたらした必然的な「改革」である。[24]

このようなグローバリゼーション構造の特質は、米英（アメリカ）主導のグローバリゼーションであるということができる。しかもグローバルな資本市場形成の基盤形成としての側面をもっており、市場原理主義の全面化であるということもできる。また民間主導の会計規制という面も併せもっている。このように現在のグローバリゼーションが米英主導の側面を色濃くもつ矛盾に満ちたものであることは明らかである。

しかし、またグローバリゼーションの進展は資本主義の進化としては必然であり、それに対応したインフラやグローバルスタンダードも国際的規制の形成という観点からみれば重要であるといわねばならない。二一世紀初頭はグローバルな資本市場を形成し、それを安定化・活性化させるために国際的な基準の拡大・強化が中心的に進められるであろう。たとえば、国際会計基準の拡大は各国の会計基準との摩擦を引き起こし、それぞれの基準との調整を必至とする複雑な過程となる。日本においてもこれまでの日本的システムとの葛藤の中で、なお幾多の変遷を経て会計制度の改変が進むことであろう。現段階のグローバルスタンダードはミニマムな規制にとどまっており、グローバルな資本主義を国際的に規制するためのありうべき会計規制からすれば低水準にあるといわねばならない。

われわれに求められているのは、こうした方向を受け入れたうえでどのようなグローバルな規制を行うべきかについて構想を示し、批判的検討を進めていくことであろう。グローバルスタンダードをより規制力の強い、真の意味で公共的な基準にしていくことが求められている。株式会社と証券市場の共同管理はどのようなグローバルな規制をどのようなグローバルスタンダードによって行うかという問題として現れている。それは管理の社会化がグローバルな資本主義の展開に即してどのように進むかという問題でもある。グローバリゼーションの中で資本主義の臨界点に向かって管理の社会化は進展せざるをえない。そのような大きな通過点にわれわれはすでに立っているのである。

（1）「労働の社会化」とは資本主義によって社会的労働が形成され社会的生産として極限にまで発展することを意味する概念であり、「社会的労働」「社会的生産」と同義である。マルクスは「社会的労働の生産力の発展は、資本の歴史的な任務であり、弁明理由である。まさにそれによって資本は無意識のうちにより高度な生産形態の物質的諸条件をつくりだすのである」（『資本論』第三巻、三二五ページ）と述べ、社会的労働の発展（労働の社会化）の意義を明らかにしている。マルクスは「労働の社会化」や「社会化された労働」という表現をあまり使っていないが、その例を示しておこう（傍点は引用者）。「労働者がプロレタリアに転化され、彼らの労働条件が資本に転化され、資本主義的生産様式が自分の足で立つようになれば、それから先の労働の社会化も、それから先の土地やその他の生産手段の社会的に利用される生産手段すなわち共同的生産手段への転化もしたがってまたそれから先の私有者の収奪も、一つの新しい形態をとるようになる」（『資本論』第一巻、九九四ページ）。「生産手段の集中も労働の社会化も、それが資本主義的な外皮とは調和できなくなる一点に到達する。そこで外皮は爆破される。資本主義的私有の最期を告げる鐘がなる。収奪者が収奪される」(『資本論』第一巻、九九五ページ)。

「労働の社会化」という表現はレーニンによって多く使用されており、その意味は次に引用するように社会的労働・社会的生産の発展の意味と同じである。「機械性大工業をそれ以前の工業形態から区別する前述の諸特徴は、労働の社会化と言う言葉で要約することができる」(「ロシアにおける資本主義の発展」『レーニン全集』第三巻、五八〇ページ)。こうしたマルクスやレーニンの「労働の社会化」概念を詳細に展開したのは故・山口正之教授である。本論は教授の多数の論考に依拠している。代表的なものは、『社会革新と管理労働』汐文社、一九七五年、『資本主義はどこまできたか』大月書店、一九八九年、『社会経済学　なにを再生するか』青木書店、一九九四年。

(2)「労働の社会化」論の展開のなかで「管理の社会化」の意義について明らかにしたのも山口教授であった。マルクスは「監督や指揮の労働は、直接的生産過程が社会的に統合された過程の姿をとっていて独立生産者たちの孤立した労働としては現われない場合には、どこでも必ず発生する」(『資本論』第三巻、四八一ページ)と述べているが、そうしたどこでも発生する管理労働を労働の社会化の一環である「管理の社会化」として捉え、個別の組織から国民国家、世界市場における共同管理の課題として山口教授は提起したのである。管理の社会化の中で敵対的な支配=管理をどう民主主義的管理に転換していくかが、資本主義の変革の課題であることを山口教授は解明している。「真に歴史の形成に参加する自由な主体であろうと望むものは、資本主義的管理の敵対的な性格に畏怖して逃走するような軟弱な精神を克服することができなければならない。……管理を破壊するのではなく、管理を民主主義的に革新しなければならない」(前掲山口『社会革新と管理労働』はしがき)。

(3) 共同管理と協同管理は基本的に同じ概念であるが、協同管理は意識的・自覚的な管理の側面をもつものとして本章では使っている。概念規定については序章の註(10)参照。

(4) 株式会社論については前傾の山口教授の論考と併せて、有井行夫『株式会社の正当性所有理論』青木書店、一九九一年に依拠している。

(5) 松村高夫「労働運動、社会主義、協同組合」白井厚・小松隆二監修『現代の経済と消費生活——協同組合の視角から』コープ出版、一九九四年。

(6)　小栗崇資「新たな協同の再生――現代資本主義と人格のシステム」二一世紀生協理論研究会編『現代生協改革の展望』大月書店、二〇〇〇年、同「古い協同から新しい協同へ――双方向コミュニケーション型生協の構想」野村秀和編著『生協への提言』桜井書店、二〇〇一年。

(7)　「社会的生産関係の核心を所有関係の変化のなかに求めるべきではない。反対に、所有形態の秘密は、社会的生産関係の必然性のなかにかくされている。」(前掲山口『社会経済学　なにを再生するか』六五ページ)。

(8)　大阪市立大学経済研究所編『金融グローバリズム』東京大学出版会、二〇〇一年、一一一ページ。

(9)　スーザン・ストレンジ（小林襄治訳）『カジノ資本主義』岩波書店、一九八六年。

(10)　BIS銀行監督委員会の九八年版調査（関根猪一郎他『金融論』青木書店、二〇〇〇年、二〇九ページ)。

(11)　IMF九八年特別レポート（関根猪一郎他、前掲書、二一〇ページ)。

(12)　谷本寛治編著『SRI社会的責任投資入門――市場が企業に迫る新たな規律』日本経済新聞社、二〇〇三年。

(13)　丸山惠也編著『批判経営学――学生・市民と働く人のために』新日本出版社、二〇〇五年、四九ページ。

(14)　西村明『財務公開制度の研究』同文舘、一九七七年、山地秀俊『会計情報公開論』神戸大学経済経営研究所、一九八三年。

(15)　小栗崇資『アメリカ連結会計生成史論』日本経済評論社、二〇〇二年。

(16)　津守常弘『会計基準形成の論理』森山書店、二〇〇二年。

(17)　グローバリゼーション評価と会計ビッグバンの詳細な検討については、小栗崇資「会計ビッグバンと二一世紀の会計」『企業環境年報』第四号、一九九九年、同「会計ビッグバンとグローバリズム」『土地制度史学』第一七五号、二〇〇二年参照。

(18)　小栗崇資「企業会計の機能と会計規制」駒澤大学『経済学論集』第三二巻第二・三・四合併号。

(19)　遠藤・小栗・徳前・新谷『新世紀の企業会計論』白桃書房、二〇〇一年、第二章参照。

(20)　伊藤邦雄『ゼミナール現代会計入門』（第三版）日本経済新聞社、二〇〇一年、参照。

(21)　小栗・熊谷・陣内・村井編『国際会計基準を考える――変わる会計と経済』大月書店、二〇〇三年。

(22)　打込茂子「国際的な金融規制・監督政策の展開」宇沢弘文・花崎正晴編『金融システムの経済学』東京大学出版会、

二〇〇〇年。

(23) 大石桂一『アメリカ会計規制論』中央経済社、二〇〇〇年、参照。

(24) 上村達男『会社法改革』岩波書店、二〇〇二年。

第3章　市場の正当性の転換と現代消費者問題

小林　豊

1　消費者問題とその規制の転換

本論の意図は、現代を世界市場の形成のプロセスとして捉え、その矛盾した存在のあり方を把握するところにある。このことは、近代の徹底それ自体が不断に近代の否定に転回しているのが「現代」であることを明らかにするものである。矛盾は今日あらゆる場面で公開している。資本の運動を能動的な根拠としている現代において、資本制生産の全世界的拡大が、商品の自由な交換の形態をまとう資本の流通過程の矛盾を露わにして、世界市場の正当性問題を公開しているのである。

「安全でかつ高品質の製品を提供することをEU統合市場の役割[1]」としたように、すでに今日、市場には生産の根拠を明示し、それを規制し総括する役割が問われている。とくに食品の安全と消費者の権利に関わる包括的な役割、つまり公共性に対する責任が市場に求められている。二一世紀のグローバリゼーションが露わにしているのは、資本の世界的なシステム、つまり近代の社会システムの正当性問題である。それを端的に世界に露わにしているのがこの「市場の正当性問題」である。

本論で私は、九〇年代後半以降の国連の「消費者保護ガイドライン」や国際消費者同盟（CI）の「一七回大会声明」、EUをはじめとする各国の消費者政策の転換を確認しながら、次の三つの転換の中に消費者問題の「現代」と市場の「正当性」の転換を考えていくこととしたい。

一つは、「健康」や「安全」「権利」「規制」の概念の、自然科学から社会科学への転換を確認する。そこに人権の徹底、諸個人の自由の実在化のプロセスとしての「現代」を捉える。二つめに、この消費者問題の転換を「近代」の矛盾の中に位置づけて、「労働する諸個人」の矛盾として捉える。ここに「転回する近代」としての「現代」を確認する。三つめに、分裂したあり方としての「近代」の公共性の転換、つまり公共性の実在化と、その国際公共性への展開を確認する。これが本章での「現代消費者問題」とそれを規定している「市場の正当性の転換」論の展開となる。

九〇年代の後半から二一世紀にかけて、生活資糧、とくに食品の安全と消費者の権利をめぐる社会状況は新しい様相を見せている。それは雪印事件や鳥インフルエンザ事件、偽装表示事件などメーカーや流通業者の直接的な企業責任に関わる事件としても多発したが、BSE（狂牛病）やGMO（遺伝子組み換え生物）などは全世界に新しい対応を求めるものとなっている。

こうした事件を契機にして、日本でも法や行政、企業統治にわたる広範な転換が試みられ、そしてそれをめぐる議論も「保護から自己責任へ」とか「事前規制から事後規制へ」といった新しい論点を伴って展開されることとなった。この間のこうした議論は、確かに現実の政策の変化を説明しまた対応策を示唆するものではあったが、その多くは現代消費者問題を、多発する事件を類型化し、歴史的異相として認識しようとするものであり、またそれらを日本国内に特殊な法規範の転換といった議論に集中させたといえよう。こうした経験的に実証把握する態度とそれへの規範論的対峙は、国際化や情報化、フードシステムの転換論など、現代消費者問題産出の根拠に対する説明にも共通している。また「消費者」問題を現代消費主体の問題として捉えようとした「食行動」論や「生活者」論も、規範的な「人格の矛盾」論の範囲を出ることはなかったと言えよう。

以上の日本的な議論は、現代消費者問題が、世界大に展開した資本のシステムとその運動がもたらした「近代」の新しい段階を産出根拠にしているとの認識をほとんど持たなかったと言えよう。

こうした中で世界が現代に与えた対抗軸として、二〇〇二年のヨハネスブルク・サミットに収斂した「持続可能で共生可能な生産と消費、市場への転換」を、私は正当と考えている。[3] 国連および多くの国際機関のキーワードは九〇年代後半以後ほぼここに収斂している。それは二一世紀の労働と消費、市場のあり方に包括的に通底している対抗軸と言って間違いないだろう。たとえば労働ではＩＬＯの「労働における基本的原則及び権利に関する宣言」[4]や国連事務総長の提起した「グローバルコンパクト」[5]、あるいはＳＡ８０００等の認証運動[6]など、そして消費者問題では国連の「消費者保護ガイドライン」やＣＩの「一七回大会声明」、市場システムに対する包括的な規定としてはヨハネスブルク・サミットの「完全な市場」と「責任ある市場経済」などに通底している。だが今日まで、日本国内の関心と議論は、先に指摘したように、多くの専門家を含めてここに焦点がすえられているとは言いがたい状況にある。

2　「健康」「安全」概念の自然科学から社会科学への転換

確かに〝遭遇してしまった〟事故や被害に対しては自然科学にもとづく対処と、損害責任の履行以外にはありえない。九〇年代後半以降も消費者問題の大半は、直接的に固有の企業の責任によるこの〝遭遇してしまった〟個別の事故や被害であった。だがこの間、それ以上に世界をまき込んでいったのはＢＳＥやＧＭＯなどの危険性への対応であった。それらは直接被害が発生しないままに、直ちに貿易の停止に至ったし、当該の地域や産業は窮地に立たされていった。

こうして私たちは、「健康」や「安全」その「予防」「権利」「規制」のあり方について、これまでの自然科学的な了解と損害の事実認定の法理からの転換を余儀なくされている。それは、農場から消費に至る（あるいは廃棄に至る）「連鎖」という総括的な把握、世代を超えた健康と安全への概念の拡大、予防の原則化と危害対応システムの強制化、リスクアナリシスやトレーサビリティなど市民社会への情報公開、コミュニケーションや〝パートナーシップ〟の制度化、団体訴権や公益通報者保護などの司法制度の転換、安全基準の国際化と国家間調整、さらには生物多様性の保護や土壌や水資源に対する責任、児童労働や人身売買などの絶対的貧困に対する国際的な共同責任、消費形態の転換と消費者教育、そしてその貿易や通貨制度、国際システムのあり方等々というように、自然科学を包括して社会を自覚的に総合する、社会諸科学の全領域をまき込んだ社会科学への発展が求められている。そうした社会科学への自然科学からの転換が余儀なくされている。

成長の二〇世紀をリードした科学技術は自然科学であったと言って間違いない。社会科学はその成長の分配をめぐる科学であったと言ってもいいだろう。だが二一世紀が提起しているグローバリゼーションに対する統御の科学は、社会科学の発展に属するものであることを明らかにしている。

「健康」と「安全」の概念に関する自然科学から社会科学への転換は、無自覚な世界市場の形成運動であるグローバリゼーションが、まさに自由な諸個人の権利と規制（公共性）の実在化を自覚する段階に至ったことを根拠に生じたものであることを確認することができる。

1　近代の概念としての自然科学における「健康」と「病気」(7)

われわれの「健康」はこれまでは「病気」との相関概念であった。一般的に「病気」とはもともと異質性を意味していたと言われる。何らかの意味で通常の人間との相違を意味するということである。そしてこの何らかの相違がその人間を「死」に至らしめること、それが近代の「病気」に対する了解となった。「近代」はこの何らかの相違や逸脱を「死」に至るものとして限定することによって、そしてこの逸脱からの矯正を病因－病気－治癒として限定することによって、自然科学としての医学の成立とその科学化を図ってきた。そしてさらに医師集団の形成と医療の社会制度化を、科学の対象として展開させてきた。確かに「近代」以前の、異質性を「暗黙の基準からの逸脱」とするような社会的な了解は、その矯正を主観的なものにしてしまった。中世の魔女狩りや一六世紀のシェークスピアやセルバンテスの描いた「狂気」等々の世界にそれを見ることができる。「近代」における健康認識や病気観は、それらを特定の患者の患部の問題とすることによって初めて科学になったと言うことができる。

「安全」についてもまた、「近代」は何らかの異常な状態、つまり「危険」との対の概念として了解されてきたと言っていいだろう。その「危険」が「死」や「病気」などの「異常」「逸脱」に至るものとの考えが自然科学としての労働安全学や安全工学、アセスメントの諸科学、工学倫理などの発展をもたらしてきたと言っていいだろう。

しかし「近代」の自然科学としての医学や安全の諸科学は、自然諸科学に限定されていたとはいえ、最初から「個人」を対象として始まったということに留意しなければならない。したがってこの近代の自然科学は、社会制度や倫理の発展とともにあったように、やはり最初から社会諸科学の発展と一体のものであったことを確認することができる。

2 「健康」と「安全」の社会科学への転換

しかしこの自然科学としての固有の追求は、さらに今日、一方で「遺伝学」等への期待にも現れているように、人間を体系的に説明する自然科学を定立しようとする衝動となって現れているとも言える。

長島隆は、感染症を乗り越えた現代が直面している「病気」の状況について、「生活様式病」（日本では生活習慣病と言われているが、これは個人と社会との矛盾として病気を把握せず、新自由主義的な自己責任に帰着させようとする把握態度である）とでもいうべき認識を提起している。この生活様式こそは「近代において成立した生活のあり方であり、しかも労働過程が問題になる『健康』―『病気』問題の場面である」。つまり今日、健康をめぐる「全般的な状況は、様々な『外的環境要因』として、個人から分離された要因として捉えられるのではなく、個人と環境との媒介の客体的要因として認識されることを要求」しているとして、「今日の段階が創り出している普遍性とわれわれの媒介の仕方こそが、『健康』と『病気』の分岐点を構成」（傍点は引用者）していると指摘する。

今日、われわれの病気はしばしば絶望をもたらし、過労自殺という悲惨な状況さえ引き起こしている。これは社会と個人の分裂の矛盾を、資本の支配の一方的な完結として見る絶望によってもたらされている。長島はこうした「今日の『病気』観は、現出している資本のシステムが無自覚的に形成してきた普遍性、公共性の無自覚性に基づいている」と言う。それは「われわれの社会がグローバリゼーションの時代になっても、基本的な矛盾は『労働する諸個人』が自己産出運動によって、自らを実現しようとする基本的なあり方が、徹底して疎外して自己喪失にいたらざるを得ないという点」にあって、「この自己の本質の対象性における実現と自己との対峙、すなわち『労働する諸個人』の自己分裂という事態こそがわれわれの時代の特徴」をなしているからであると言う。だが長島はこれを通過点として次のように積極的に捉える。「この近代社会において、まさしく……自由な個人が現出していることは確認しておかなければならない。……（資本制を超える）社会の実現は……『労働する諸個人』―資本という形でそれ自身に増殖的な自己運動に基づく」ものとなる（カッコ内は引用者）。

そしてこの「徹底した疎外の状況こそが、われわれ個人との激烈な対峙状況として現れ……そのことがわれわれの病気として現出する」と言い、ここから「今日われわれに迫られているのは、まさしく『健康』―『病気』理解を自然科学的認識として捉える世界了解から解放することである」と言う。

「近代」は「病気」に対して医師集団と医療制度という社会制度を陶冶してきた。つまり「医学が自然科学を前提として学として成立していながら、なお社会科学的な視野をもって成立してきている」ことを了解し、「近代社会の成立とともに一つの制度化を促してきたという事実の正当性を確認しつつ、それが広く今日の段階で、人権の実現を可能とする制度へと再生すること」（傍点は引用者）が求められている、と指摘する。

このような認識のもとに、「われわれは『健康』―病気の了解を、医学の進展に基づく成果を包含しつつ、社会科学的に再定義」すべきであると主張するのである。

３　社会制度の陶冶の課題として展開している現代の「健康」と「安全」

「資本のシステムが無自覚的に形成してきた普遍性、公共性の無自覚性」と「われわれの媒介の仕方」、それを正当性の転換問題として世界に公開したのが、ＢＳＥへの対応問題であり、ＧＭＯへの対応問題であった。世界は九〇年代後半からこの試練に対して、社会システムの正当性、社会制度の陶冶の課題を露わにしていったと言っていいだろう。

生産は依然として労働する諸個人を、徹底して疎外して、対象性において実現している。だがグローバリゼーションは安全に対する国際的な共通了解を探らざるをえなくしている。国際公共性に無自覚なままに拡大している資本の運動に対し、世代を超えた健康や、生物の多様性の将来にまで不安をひろげさせている。また生産の根拠である水や土壌の汚染も回復不可能なところにまできているのではと認識され、世界中が貧困の連鎖を断ち切ることと、生活様式病からの解放を求めている。

国連の「ガイドライン」は、現代の消費者の権利を「特に発展途上国における消費者の利益と必要を考慮し……公正で持続可能な経済的発展と環境保護を促進する権利」と規定し、「特に先進工業国における生産及び消費の非持続的な形態が、グローバルな環境の継続的な悪化の主原因である」とした。そして消費者保護のための国際的な目標として、消費者の必要性および要求に対する生産および流通の形態の促進、生産・流通における高度の行動倫理の促進、持続的な消費の促進と消費者団体の発展の促進、国際協力、などの八つをあげ、それを保証する条件は、健康と安全に対する危害からの保護、情報へのアクセス、環境、社会および経済にどのような影響を与えるかという教育を含む消費者教育、消費者の結社の自由と政策形成過程への参加、持続的な消費形態の促進、等にあるとした。

CIの「声明」においても、現代の消費者問題を規定している“Issue”は次の五つにあるとした。第一は貧困の世界的な拡大とその解決、第二は、科学・技術の発展とその産業レベルでの活用に対する社会的統御、第三はグローバルな生産に対する統御と企業の責任、第四は消費と生産の形態の転換と環境に対する責任、第五は統治制度の転換とその社会的共同性の拡大、である。そしてこの五つの現代認識を前提にして、それに対応する各国の行政の責任と、持続可能な消費と生産、貿易と経済への転換を要請している。また「声明」では、とくにヨハネスブルク・サミットの「貧困の根絶、生産・消費形態の変更、及び経済・社会開発の基礎となる天然資源の保全と管理は、持続可能な開発に対する包括的目的であり重要な必要条件である。……社会が生産・消費する方法を、基本的に変更することが、グローバルで持続可能な開発を達成する上で不可欠である」との認識を共有するとし、全世界的な促進を求めている。

こうした国際的な消費者法形成の動きはEUおよびEU諸国、アジア、アフリカ、南米にも及んでおり、九〇年代後半以降、世界はまさに新しい「消費者の権利」と「健康」「安全」の時代に展開していったと言っていいだろう。これは公共性の国際公共性への展開である。世界市場の形成運動の中に公共性を実在化するという点で、私たちは、なお労働する諸個人を疎外した対象世界においてではあるが、新しい社会制度の陶冶のプロセスに入ったと言って間違いない。

先に列記したが、今日、世界は次のような消費者政策を共通にしつつある。一つは予防の原則化である。これはさらに科学的に未解明な段階でも安全性に疑問のある製品を市場から排除することを要請するに至っている。さらに健康の概念は世代を越えたものとなり始めている。二つ目に生産と流通・消費の全連鎖にわたって安全の連関を捉え、そのリスクアナリシスの確立と生産・流通過程の情報公開を要請している。三つ目に予測にもとづく危害対応と危機管理を市場の責任としその規制力を要請している。四つ目に、消費者教育、消費者組織の促進とその代表制の承認、および企業と消費者組織と行政との〝パートナーシップ〟を、生産と流通・市場に対する統御のシステムとして位置づけ要請している。そして五つ目に、コーデックス委員会やＷＨＯ、ＦＴＯ等々、各国との調整を含め安全基準の国際化と科学性の徹底、情報公開の徹底、および国際基準にもとづく国際的な協同のシステムへの移行などを要請している。

こうして九〇年代後半以降、「健康」や「安全」「権利」「規制」は、自然科学を基礎としながら、国際的な社会制度の問題、社会システムの問題として展開している。これはただちに、世界市場における公共性の実在化、つまり国際公共性の展開期に入ったことを意味している。そして世界市場の形成過程で、人権と自由の実在化を自覚的に設定する段階を迎えていることを意味している。そしてこのプロセスは、次に述べるように労働する諸個人と労働の普遍性の陶冶のプロセスである。

3 「労働する諸個人」の矛盾としての消費者問題

消費者問題の出発点は、「消費者」の権利に関わる固有の侵害が発生し現象することによって、その排除を市民の権利とすることから始まった。だからCIの一七回大会が確認するように“Start Point”は確かに八つの権利[8]であった。それは一九六二年のケネディの四つの権利の延長線上にある。[9]しかしこれは、CIの一七回大会が正確に規定するように、矛盾を公開する“Start Point”として限定されたものであった。

一七回大会声明の現代認識は、先に紹介したように五つの“Issue”に据えられている。それは消費者問題は生産の矛盾に根拠づけられているということを明確にしており、消費者問題は世界の「労働する諸個人」の問題であるということに素直に展開している。現代の消費者問題がここに産出・再生産されているとする認識は、国連の「ガイドライン」にも共有されている。

1 現代は労働する諸個人の自己分裂の矛盾を公開している

これは消費者問題を固有に八つの権利として限定してきた二〇世紀からの転換、つまり「近代」の転換にあることを意味する。そしてそれは労働の権利を再定義したこの間の諸宣言や規定にも共有されている。

人間は労働する類として、労働する諸個人として再生産され措定されている。この労働する個人の自己の本質の対象性における実現と自己との対峙、つまり労働する諸個人の自己分裂という事態こそが「近代」の特徴をなしてきた。自由な自己は他人には疎遠に、他人の対象性としての商品に関わっている。消費過程と労働過程に分裂し、生産と消費、労働者と消費者、労働問題と消費者問題、労働運動と消費者運動に二極に分離するのは、この近代＝資本制の労働する諸個人の自己分裂の形態化である。

消費者問題を「生活者」のあるべき規範からの逸脱としてみる「消費者から生活者へ」という主張も、また八つの権利に限定する立場も、「労働する諸個人」の自己分裂の矛盾という把握を欠いた認識と言わざるをえない。

もとより商品と取引をめぐる瑕疵や詐欺は許されるものではない。近代の消費者問題の公開と自覚化は八つの権利に出発点があることは間違いない。しかしこの権利を公開させているのは、労働する諸個人の労働過程での疎外を基礎とした生産と消費の二極分裂であり、それを基礎とした〝物象的依存性に基礎づけられた人格的独立性〟という私的所有にもとづく自由な個人である。消費者問題の自覚化は〝自由〟の陶冶のプロセスとして存在する。つまり消費者問題というのを社会的に固有の領域とさせたのは資本制であり、それは、近代の進歩的な業績の一つであると言っておかなければならない。近代は分裂したあり方ではあるが、人格的独立性と世界市場への労働の社会化を推進した。このプロセスを通してこそ、人間諸個人の消費生活過程の権利を「人権」として、〝自由〟の陶冶の課題として、そしてそれを保証する社会のあり方として陶冶し続けてきたということである。

そしてこの消費の問題を全世界に展開する生産の正当性問題であるとした、九〇年代後半以降の国際的な議論は、現代が〝近代の矛盾〟を公開していることを明らかにするものである。国際的な生産諸関係と労働のあり方、生産のあり方の矛盾を消費という場面で、労働する諸個人の権利の問題として問い始めているのが国連の「ガイドライン」であり、CIの「声明」であると言っていいだろう。

いまでは、労働する諸個人の自己の対象性は世界市場として実現し、労働の普遍性を陶冶している。そして自己は（消費者問題に遭遇しながら）この世界市場に対峙し、人権の普遍性、自由の普遍性を陶冶している。二一世紀初頭、私たちは生産の問題を消費者問題として統一する段階にある。世界市場の形成とグローバリゼーションの展開は、労働する諸個人の自己分裂の矛盾、社会と個人の二極分裂の矛盾が実に露わになっている時代に到達したことを明らかにしている。ここに私は、〝近代の徹底が近代の否定に転回している現代〟を確認する。

2　日本的近代化と消費者運動

だが日本の消費者問題は、労働する諸個人の問題であることを理解しにくくさせてきた。確かにすでに国民の多くは労働者である。だから国民の問題は労働者の問題であるといった了解は可能である、とは言ってもごく最近まで消費者問題は、日本では〝労働する〟個人の運動としてでなく〝労働しない〟専業主婦の運動とされてきた。この直接的な経験が理解を困難にさせている。消費と生産の運動は分離してきたし、〝労働する〟諸個人の運動も企業内に閉ざされた企業内労働運動として進められてきた。

これは近代化の一つの日本的展開であったといえよう。生産は企業共同体に、生活は家族共同体にという日本的な分裂を伴って日本の近代は展開してきた。消費者運動がアメリカのように人権や自由な個人の権利として徹底されることはなく、またヨーロッパのように市民社会のあり方として労働世界の運動と密接に関連した社会制度の問題としても取り上げられてこなかった。その多くは「近代化」に対抗する運動として、生活規範を地縁的伝承性と家族共同性に据え、専業主婦の地域共同型運動という形態を伴ってきた。このことが近年の消費者問題をめぐる、若い世代や労働者の企業告発と、専業主婦型消費者運動との間の交流を困難にさせている。だがこうした日本的近代化という特殊な形態を歩んできたとはいえ、今日、目にしている消費者こそは〝物象的依存性のうえにきずかれた人格の独立性〟の陶冶のプロセスにあるものといって間違いない。そして「この物象的な連関の方が、諸個人の没連関性よりも好ましい、あるいはせまい血縁的出自や支配や隷属の上に打ち立てられた、ただ局地的なものにすぎない連関よりも好ましいことは間違いない」(『要綱』九四ページ)(10)と言っていいだろう。私たちは新しい労働者達が地縁的共同に背を向けていることを了解しなければならない。これこそは、インターネットの世界で展開しているような、世界に広がる〝自由な個人〟の陶冶の、相互承認の新しい現段階的な特徴であるからである。

3　近代の転回のプロセスと消費者問題の転換

近代＝資本制とは、〝労働する諸個人〟の陶冶を、資本それ自身の産出・再生産・増殖の根拠にしている。つまり資本のシステムとは自己が否定しているもの、自己に対立しているものの陶冶に根拠を持っているのである。資本のシステムとは、自己の内に自己を否定するものを唯一の能動的な根拠としている、自己批判のシステムである[11]。労働する個人は労働過程では疎外されて、自由な主体であることは否定されているが、しかしまたそれゆえに消費生活過程では自由な（私的な）主体である。

この分裂した疎外のシステムであるからこそ、生産は無限に世界を駆けめぐって拡大してきたし、そして労働する諸個人も強制されてではあるが、今では世界的生産連関の上にしか存在しえない個人となっている。そしてこの生産の国際化によって、自覚することなく世界的連関の上にしか存在し得ない消費者となる。「私的交換は世界商業を生み出し、私的独立性はいわゆる世界市場への完全な依存性を生み出す」（『要綱』九二ページ）。

そしてこの「世界市場の自立化は、貨幣諸関係の発展とともに増大するのであるから、生産と消費とにおける一般的連関と全面的依存性は、消費者と生産者との相互の独立性と無関心性と同時に増大する。（だがこうした矛盾が露わになることによって）疎外の発展と同時に、疎外それ自身の地盤の上でこの疎外を止揚しようとする試みがなされることになる。……すべての人々の需要と供給がすべての人々から独立して起こっている、にもかかわらず、各人は一般的な需要と供給に通暁しようとする。そしてこの知識はついでふたたび需要と供給とに実際に影響をおよぼす。これらのことは、現存の立場においては、疎遠性を止揚するものではないが、ふるい立場を止揚する可能性をそのうちに含むような諸関係と諸結合とを招来する。……世界市場では、すべての人々との個人の連関は、連関（物象的な連関）の独立性の形成が同時にそれ自身からの移行の条件をもすでに含んでいる」（『要綱』九三・九四ページ、カッコ内は引用者）ということを、了解することができる地点に私たちは到達したと言っていいだろう。

グローバリゼーションの現代は、児童労働や人身売買、貧困、土壌や水の汚染、生物の多様性の破壊が、私たちの消費生活を基礎づけている労働過程の一環から生じたものであり、それ抜きに労働も消費生活も成り立たないところにきてしまったことを明らかにしている。

世界を食べている日本人ではあるが、世界も日本食を食べている。食にとどまらず文化も、地方の文化から国民文化を経て世界文化への、共有の時代にある。世界の課題は飢餓の根絶とともに飽食と肥満の解決にある。飢餓の拡大によって肥満が拡大している。分裂したあり方を持って近代は国際化と個人化をつきすすめてきたが、今日世界的な生産の正当性と世界的な市民への陶冶が、「健康」「安全」「権利」「規制」の課題となるような地平に到達したということである。

だから私たちは今日、世界市場の「社会的諸関係を、……彼ら自身の共同体的な諸統制に服させるような普遍的に発展した諸個人」（『要綱』九四ページ）を生み出すことを必至とする時代に到達したと言っていいだろう。こうした「個体性が可能になるための諸力能の発展と普遍性とは、まさに資本のシステムの基礎の上での生産を前提しており、この生産によって初めて、個人の自己及び他者からの疎外の一般性がつくりだされるとともに、他方では個人の諸関連と諸能力の一般性と全面性もまたつくりだされるのである」（同上）から。このことが誰をも捉えている時代に入ったということである。

国連やCIなどが九〇年代後半以降に提起した二一世紀の諸課題は、世界市場の到達点が要請している、労働する諸個人の陶冶の課題としての、生産と消費、市場の転換であった。

消費者問題を「近代」の矛盾に定位して、「労働する諸個人」の矛盾として捉えるということ、ここに「転回する近代」としての「現代」を確認するものである。

4　労働の陶冶と公共性の実在化

くり返して確認するが、自己の本質の対象性における実現と自己との対峙、すなわち労働する諸個人の自己分裂という事態は、依然としてわれわれの時代の特徴をなしている。だが「人権の一〇年」と言われた九〇年代は「グローバリゼーションの一〇年」でもあった。この世界市場の形成の新しいプロセスは、労働する諸個人の分裂の矛盾を徹底して露わにしながら、世界市場の形成が諸個人の物質的で精神的な協同関係を持ちうる可能態であること、つまり人類の人格的協同を可能とすることを明らかにしている。そしてこの可能性と矛盾を生産と消費の矛盾として公開している。

今日の社会科学には、諸個人の自由の実在化と陶冶、人権の徹底の時代への創造的な発展が求められている。

1　人権概念への転換とその社会科学による再定義

確かに近代は、医療あるいは安全を社会制度として発展させてきた。それは狭隘な地方的共同体を解体して、社会的に配置される医療施設や医師集団、医療保険や社会保障、あるいは労働安全や交通安全等々の制度として展開してきた。

だが二〇世紀の医療や安全は、国力としての国民の体力、健康、優生保護等として、つまり〝富国強兵〟といった民族的・国家的利益、あるいは排外的な政策によって唱導されてきたことも否定できない（そしてそれは、今日の労働生産性としての人的資源管理論にも引き継がれていると言えよう）[12]。

それが人権にもとづく「倫理性」として問題になったのは、人間に対する医学研究の正当性を問う、第二次世界大戦後のナチスの行った人体実験に対する裁判を経たニュールンベルグ綱領（四七年）からであったと言われる。その後それはヘルシンキ宣言[13]で医療関係者に対する勧告として発展し、二〇〇〇年（エジンバラ）の改訂では、クローン技術や遺伝子解読技術に対応して、適用範囲が研究者一般に拡張されるものとなっていった。

こうした医学に対する倫理的態度（これはすでに社会科学である）の確立とともに、七八年のアルマ・アタ宣言では、「健康に対する概念」の世界的な了解として、健康を「基本的人権」とし、「すべての人々が社会的経済的に生産的な生活を送ることが出来る状態」とすることを宣言した。この宣言はその後、九七年のWHOの「二一世紀に向け、すべての人に健康を」という政策に発展して、健康概念を労働過程や地域形成との包括的な課題として発展させるとともに、目的と目標を明らかにする国際的な政策として発展するに至った。さきのCIの「声明」も人権として「健康」を据えている。

そして同時に、こうした人権概念への転換、諸個人の自由の実在化と人権の徹底は、それを保障する生産の統御のあり方に関わるものとして自覚されるようになっていった。七〇年代以後の世界は、アメリカにおけるヒッポクラテスの宣言運動やバルディーズ原則にはじまり、テクノロジーアセスメント、薬品や農薬に対する国際基準、そして市民社会に開かれた参加としての情報公開やリコール制度、コンセンサス会議などに展開していった。それはその後、食品の安全問題に関わって、九〇年代後半以後、安全基準の国際化や健康概念の新しい定式化、予防の原則化と市場からの排除の責任、食品安全委員会や食品安全庁の設置、トレーサビリティ等の情報公開、リスクコミュニケーションや政策形成への市民参加へと発展していった。

2　労働の正当性と陶冶、労働者の権利の転換

こうした市民社会と社会制度の陶冶は、食品問題の経緯に明らかであるが、九〇年代後半に入って、この公共性の転換、自由の実在化と人権の徹底とは実は労働の正当性問題であり、労働過程における労働する諸個人の権利とその陶冶の問題であることを公開していった。

今日では、労働者の責任および労働の正当性は、企業利益への献身と企業への従属では許されないことを明らかにしている。それは端的に労働者の公益に対する社会的責任とその公益通報者の保護として現れている。

二〇〇四年に成立した公益通報者保護法は、公益の範囲が列記四八九対象法令から七法令に変更されたように当初提出案よりも後退したものと言われ、多くの団体や専門家からきわめて不充分なものと指摘されている。とは言っても内部告発の正当性、実は労働の正当性問題を承認したという点で一つの新しい時代に入ったことを意味しているといっていいだろう。そしてまた、諸外国の法や国際法によっても告発されるのが世界市場の時代である。さらに二〇〇三年のいずみ生協事件に対する大阪地裁判決（二〇〇三年六月）は、初めて公益通報の正当性基準を示したことで画期的なものとなった。(14)

こうした労働の正当性の転換は、労働者の職能の専門性とその職務権限の社会的承認問題に展開している。これまで多くの日本企業は、企業内の人脈をよりどころにして経営と仕事を運営してきた。職能の形成と評価は企業内秘密と伝承、人脈に拠ってきた。だが日本でも専門大学院の時代を迎えている。アメリカではすでに九四年に連邦スキルスタンダード法ができて、一五の産業別に州別に職能形成の社会的スタンダード化が取り組まれている。ヨーロッパでも、初等教育過程から、労働能力を個人の社会的権利とする体系的な再編成が試みられている。こうして労働の正当性に対する責任と職能の形成は、いまでは労働者の要求からいっても社会的権利であり、労働する諸個人の陶冶の

課題であるということに転換している。

こうした転換にとって重要なのは労働者の権利の保証である。中でも日本で遅れているのは差別の廃絶であり、とくに深刻なのは男女差別である。この面ではヨーロッパの政策水準にないだけでなく、産別の労使の監視機構もできていない。いまだに企業内労資自治と個人の裁判救済にほとんど任されている。

さらに労働者〝個人〟にかかわる権利救済は労働過程に確立していない。この面では、すでにEUでは「モラルハラスメントの規制」（労働過程でのストレス加圧やいじめ、暴力の廃絶）に着手している。フランスでは二〇〇二年にすでに法制化に踏み出している。日本でも〝経済的救済〟に対しては「個別紛争処理制度」が二〇〇一年にスタートし、その適用は年間一〇〇万件にものぼるといわれている。また二〇〇四年〝権利救済〟に関わって「労働審判制度」が出発することとなった。この労働者〝個人〟の人権の救済に関して、すでに管理職（職場の上司）の機能は失われている。そして労働組合も個人対応機能を持っていない。労働組合は企業内労資の経営協議に忙殺されているといわれる。差別廃絶の監視機構もないし、モラルハラスメント根絶の機構もないし、公益通報者の保護の機構もない状況にある。

これまで内部告発はすべて企業外に持ち出されることによって機能してきた。それが今回の法のように会社の窓口か行政かに絞り込まれるとき、さらに問題が深刻になるのではないかと危惧される。それはまた、労働者に対しても、それを受ける市民社会に対しても、また労働過程に対しても、正当性の主体としての信頼を置いていないことの現れではないかと思われる。

こうして今日の、「安全」「健康」「権利」「規制」に関する社会科学への概念の転換とは、そしてその概念における人権の徹底、自由の実在化としての再定義とは、実は労働の陶治と労働過程への公共性の実在化問題であり、労働者の権利の問題であることをリアルにしている。

5 「市場」の正当性の転換

1 資本制生産を普遍的な社会的総資本の運動とする〝市場〟

生産と消費の二極に分裂したあり方にあって、現代は、消費の矛盾が労働と生産の矛盾であることをリアルに示している。そしてそれを社会的に普遍的に露わにしているのが〝市場〟という場面である。

〝市場〟は商品の売買・取引・流通を通じて、個別的に私的に行われている生産を消費に対して媒介している。資本の生産過程は個別の私企業に閉ざされているが、流通過程とその展開場面としての市場がこの個別的な生産の結果を実現し媒介している。だから〝失敗〟もするし〝撹乱〟もする。

この流通過程によって資本制生産は「総資本の運動を形成する。」（『資本論』第二巻、三五四ページ）[15] 資本の恒常的な再現はこの流通過程によって条件づけられ、そしてこの循環は資本の流通だけでなく「資本を形成しない諸商品の流通をも含んでいる」（同上）。この流通過程は資本の流通過程であるからこそ、反復し継続し持続的な運動となり、そして資本の生産の持続的な拡大を保証している。こうして〝市場〟によって資本制の生産（と消費）は社会的に普遍的なものとなる。

この流通、循環、そしてその展開場面としての市場の運動こそが、一方で生産の社会的な性格とその普遍性を拡大し、もう一方で私的所有の自由を拡大し陶冶する、その媒介場面であると言っていいだろう。だがそれは公共性に対しては無自覚に対立的（中立的）である。

九〇年代後半以後の世界の食品安全政策の展開は、この公共性に対する市場のあり方を転換させている。市場をめぐる争点は、今日でももちろん「失敗」や「撹乱」にもあるが（九七年のアジア通貨危機はその鋭い現れであった）、公共性の矛盾を公開していることにあることを、誰の目にも明らかにしている。社会制度としての市場の機能の転換と言ってもいいだろう。

先にふれた食品の安全と消費者の権利に対する市場の役割とは、市場の公共性に対するあり方の問題であった。われわれが見ている九〇年代後半以降の食品政策の転換に関わる市場の転換とは、市場が生産を規制し、根拠づけているということである。ＥＵの「安全な商品が自由に移動する市場」とは端的にこのことを規定したものである。

2　「市場経済」の二一世紀

確かに資本制生産は、資本の生産過程としての私的衝動を持って、それゆえに能動的であり、持続性と拡大性を持っている。しかしそれゆえに公共性に対しては無自覚なシステムであった。しかしこれが人間の社会的再生産に対する正当性として市場で露わになるとき、その生産は普遍性を持った社会的なものとして陶冶される過程にあると言っていいだろう。市場は生産の正当性を規制して公共性を露わにする。しかしそれは事後的にであった。それがきわめて端緒的ではあるが、九〇年代後半以降の変化は、市場が公共性を担って生産を規制するようになったと言っていいだろう。

私は以前、二〇〇二年のヨハネスブルク・サミットのいう「完全な市場」と「責任ある市場経済」について次のように言った(16)。

「二一世紀へのプロセスに現代をおくときに、新しい歴史段階への移行のプロセスを視野においた市場経済に対する総括的な検討がもとめられている。

二一世紀の社会・経済モデルは、市場経済モデルを共通にしている。これらは世界モデルとして議論され検討されている。国連やILOやOECD、WTO、IMF、EUはたまた多くのFTA等々で。これはかつての社会民主主義モデルやソ連型モデルなどの認識主観的な政治国家による社会統合のモデルとは異なる。

その意味で現代は近代の経済・社会モデルの転回を公開していると言っていいだろう。これが二一世紀の社会政策と社会運動の転換に連関している。

私たちは八〇年代の過程に、スターリンモデルの崩壊を経験した。同時にこの過程は反スターリンモデル、すなわちヨーロッパ社会民主主義モデルの終焉の時代でもあった。この二つのモデルは対立関係にあったとはいえ次の三つの点で同じものであった。一つは国益と国内に閉ざされたモデルであったということ。二つは、〝労働者階級と資本家階級〟というセクター間の国内〝分配〟を正当性規範とした対立であったということ。〝生産〟の正当性の対立ではなかったということ。三つめに先進工業国に限定されて展開されたものであったということである。もちろんこうした経済・社会モデルはそれぞれに固有の歴史を土台にして展開された。ヨーロッパ社会民主主義あるいは福祉国家、コーポラティズムと一口に言っても、ドイツ型とフランス型、またイギリス型やイタリア型、スエーデン型はそれぞれに固有の展開を見せたし、またスターリンモデルとは言ってもソ連型とハンガリー型、チェコ型、あるいはユーゴモデルではそれぞれに異なっていた。しかし八〇年代以後の世界資本主義が、多国籍企業主導の〝アメリカングローバリゼーション〟と〝人権の一〇年としての九〇年代〟つまり〝世界市場〟と〝自由な個人〟を統合の規範とする世界史段階に到達したことが、戦後のスターリンモデルと反スターリンモデル、社会民主主義モデルをともに終焉させることとなったということは否定できない。

かくて争点は前方に移動したことになる。世界市場に対する国際公共性と同権・平等、平和の協同的管理として、また全世界の労働する諸個人の人権の徹底、そして相互承認する世界の連帯と共同の課題として、争点は移動したことになる。もとよりこれらの二一世紀モデルのあれこれの手法は寄せ集めである。試行錯誤の失敗と対立の中に経験している。EU型もあるし、共産党一党による統治という人治の共同体の上に構想されている社会主義市場経済、宗教による統治と結合した市場経済、あるいはアジア型市場経済等々[17]、そして何よりもこの市場経済モデルは、アメリカン市場経済万能論を支配的にしながら展開している。

だがだからといって『市場経済反対』を肯定するわけにはいかない。私たちは宗教による社会統合から、政治国家による社会統合を経て、市場による社会統合、つまり社会関係が純粋に経済、すなわち生産や労働の社会関係として、その世界関係としてリアルになった時代に到達したということである。

だからそれは直ちに世界モデルである。戦争という悲惨に至らなくても世界に対する正当性と有効性が日々公開されている。

そしてまたそれは、社会統合の原理が純粋に〝自由〟と〝平等〟、つまり端的に人格的なものに移行したということでもある。だからそれは同時に無慈悲な無為の経済運動、非人格的な交換価値の運動に支配される矛盾をも直ちにリアルにしている。つまり市場経済モデルを社会統合モデルにした瞬間から、私たちは、人間社会の将来が経済運動、非人格的な交換価値の運動に支配されなければならないということはあり得ないということを日々自覚させられている。

かくて市場経済モデルの始まった二一世紀は、同時に、市場経済モデルの、厳密に言えば〝非人格的な交換価値による支配〟の否定に転回しつつある世紀ということになる。こうして私たちは二一世紀モデルの新しい試行錯誤に踏み出したといって間違いない」、と。

3　市場の公共性のゆくえ——社会システムの「体系化」と「規制」へのプロセス——

それではこの生産の正当性を規定しはじめた市場の公共性とはどこに向かう運動なのか。「資本は初めて市民社会をつくりだし、そしてその社会の成員による自然及び社会的関連それ自体の普遍的な取得をつくりだす。ここから――自然（自然としての人間を含めて）は初めて純粋に人間にとって対象となり、純粋に有用性を持つ物象となり、独自の威力としては認められなくなる」（『要綱』三三二ページ）。

そしてこのわれわれの時代、つまり〝物象的依存性のうえにきずかれた人格的独立性〟という社会形態において初めて、「一般的社会的物質代謝、普遍的諸関連、全面的諸欲求、普遍的諸能力といったものの一つの体系化が形成される」（『要綱』九一ページ）。そしてこれをもってこそ、全世界的な「生産連関を、諸個人の社会的力能として服属させる自由な個体性の諸条件がつくりだされる」（同上）。つまり人間本史の諸条件がつくりだされる、ということである。

だがそれは、全世界に拡大する人間への搾取（開発）として、そして自然への搾取（開発）として、つまり資本に有用な物象からなる体系への、資本の内的諸条件に転化していく、公共性に無自覚な世界市場の形成運動としてである。

しかし現代の世界市場は、この公共性の無自覚性、つまり資本による自然発生的な物質代謝の内的諸条件化の〝法則〟が同時に、「物質代謝の単に自然発生的に生じた諸状態を破壊することを通じて、その物質代謝を、社会的生産の規制的法則として、また人間の充分な発展にふさわしい形で、体系的に回復することを強制する」（『資本論』第一巻、五二八ページ[18]）ことに転回している。二一世紀の初頭、私たちのこの世紀がそこに踏みだしつつあることを露わにしている。

世界が「持続可能で共生可能な生産と消費、市場への転換」を宣言したということは、そしてその全運動は、現代がこのプロセスにあることを端的に語っている。市場の公共性のゆくえとは、この「規制」の形成過程のことであると言っていいだろう。

（1）『食品安全に関する白書』欧州委員会、二〇〇〇年一月。

（2）国連「消費者保護ガイドライン」一九九九年一二月、およびアフリカ、ラテンアメリカ、アジア太平洋に対するモデル法、国際消費者同盟（CI）「第一七回大会声明」二〇〇三年九月、「欧州議会及び欧州連合理事会の規則（EC）No. 178」二〇〇二年一月、その他EU諸国の食品安全に関する法（イギリス法、ドイツ法、イタリア法の諸法など）。

（3）周知のように近代の生産のあり方の正当性に対する反省は「環境と開発に関する世界委員会報告」一九八七年、の「持続可能な開発」に始まった。それはその後一九九二年の地球サミットを経て二〇〇二年の「ヨハネスブルク・サミット」の「宣言」と「実施計画」に発展し、ここで自然環境に対する責任とともに貧困の撲滅や持続可能でない生産・消費形態の変更をも含む包括的な社会的概念へと展開された。

（4）ILOがグローバル化の挑戦に応えるとして、一九九八年六月第八六回総会で採択した。その中核的労働基準を、①結社の自由及び団体交渉権の承認、②強制労働の禁止、③児童労働の廃止、④雇用及び職業における差別の排除とし、国際労働基準とした。

（5）「グローバルコンパクト」（以下GC）は、一九九九年一月三一日に開かれた世界経済フォーラムの席上、コフィー・アナン国連事務総長が提唱した。企業のリーダーに国際的なイニシアチブであるGCへの参加を促し、国連機関、労働、市民社会とともに人権、労働、環境の分野における一〇原則を支持するというものである。GCは翌年二〇〇〇年七月二六日にニューヨークの国連本部で正式に発足した。二〇〇四年六月二四日に開催された最初のGCリーダーズ・サミットにおいて、事務総長が腐敗防止に関する一〇番目の原則が追加されたことを発表した。

（6）SA8000（Social Accountability 8000）は、国際労働機関（ILO）のほか、世界人権宣言や子供の権利条約を基礎として策定された、基本的な労働者の人権の保護に関する規範を定めた規格である。一九九七年に米国のCouncil on Economic Priorities（CEP）の下部組織であるCouncil on Economic Priorities Accreditation Agency（CEPAA）によって策定された。その後、CEPAAはSocial Accountability International（SAI）と改称している。SAIのアドバイザリー・ボードには、労働組合、産業界、人権擁護団体など多様なステークホルダーが含まれている。

（7）本節は長島論文を参考にしている。長島隆「『健康』概念の再検討――その社会科学的分析と『病気』観の転換」『健康概念と医療・福祉の新しい段階・協同組合総合研究所研究報告書』Vol. 33、二〇〇三年八月。

（8）CIの「八つの権利」は一九八〇年代に規定された。それは①生活の基本的なニーズが保障される権利、②安全である権利、③知らされる権利、④選ぶ権利、⑤意見を反映される権利、⑥補償を受ける権利、⑦消費者教育を受ける権利、⑧健全な環境の中で働き生活する権利、である。すでにこの中にも生産の正当性に対する規定が端緒的・並列的ではあるが構成されている。

（9）「人権」の正当性を徹底させるアメリカ自由主義の優れた先駆性の一つと言えよう。しかし同時にアメリカは企業の「経営者権力の正当性」の徹底との、ダブルスタンダードの国でもある。

（10）本論の『要綱』はマルクスの『経済学批判要綱』の略。テクストは邦訳『資本論草稿集』大月書店、Ⅰ、Ⅱ、ページはテクストの原著ページ。

（11）この理解は有井行夫と共有するものである。同『株式会社の正当性と所有理論』青木書店、一九九一年、参照。

（12）だが今日の人的資源管理論の背景をかつての〝国力としての体力・健康〟と同じ論理としては見ることはできない。世界的生産の連鎖にある今日の労働過程は普遍的諸関連を前提しており、すでに労働する諸個人の人格的な陶冶とその共同を前提としているということ、つまり労働組織や労働内容、職能がそのことを要請していることを、対立的な過程としてではあるが見なければならない。

（13）「ヒトを対象とする医学研究に関わる医師、その他の関係者のための勧告」は、医学の進歩のためには人体実験もやむを得ないとの前提で、次の点について要請している。
○説明すべき内容＝研究の目的、方法、予期される効果（利益）と危険性、○「同意を拒む自由」の告知、○「同意をいつでも取り消せる自由」の告知、○圧力や強制の排除／自由意志による同意、○同意は書面で→承諾書、○同意能力のない場合は法的な代理人を、○対象者の利益＞科学上の利益、社会の利益

（14）本判決では初めて内部告発が正当となる一般基準を次の四つの基準として示した。
①内部告発の内容の根幹的部分が真実ないしは内部告発者において真実と信じるについての相当な理由、②内部告発の目的の公益性、③内部告発の内容自体の当該組織体等にとっての重要性、④内部告発の手段・方法の相当性等を総合

的に考慮して、当該内部告発が正当と認められた場合には、当該組織体等としては、内部告発者に対し、当該内部告発により、仮に名誉、信用等を毀損されたとしても、これを理由として懲戒解雇をすることは許されないものと解するのが相当であると判決は述べている。(これまでの多くの判例は解雇権の乱用の法理に拠ってきたと言われる。なお判例検討については弁護士の立場からの水谷英夫「内部告発と労働法」『日本労働研究雑誌』No. 530などが参考となる)。

(15) 本論の邦訳『資本論』は新日本出版社、一九九七年、ページはテクストの原著ページ。

(16) 拙稿「二一世紀と労働の社会運動の転換」『協同組合総合研究所研究報告書』二〇〇四年一二月。

(17) 「世界市場としての定在」は由来の多方面的性格であり、いかなる生産様式の出自にあってもそれを産業資本の流通過程に飲みこんでいく。だからさまざまな出自を持つ地方的・歴史的な「市場経済」を肯定している。だが世界市場の正当性の転換は、様々な市場経済の正当性を否定し転換を強制している。

(18) マルクスは、資本主義的生産様式のもたらす自然条件の撹乱、肉体的健康、精神生活の破壊をこの通過点の中にみていた。

第4章　労働の現代と脱資本主義性の転回

小林　豊

1　二一世紀の正当性の転換

二一世紀の初頭にあって、私たちがこの世紀をいかに展望しうるのかが差し迫って切実な課題になってきている。そのために私たちが経験してきた二〇世紀、そして現代とはいかなる評価軸によって評価されるべきかがあらためて問われている。

評価軸は今日、多様に存在している。私はこの世紀に「労働の世紀」という評価軸をあたえたいと考えている(1)。自由な労働する個人による労働が、社会的な再生産の一分岐となった世紀として二〇世紀は歩み続けてきた。全世界で、労働する個人を賃労働に駆り立ててきた。しかしその社会的な再生産の活動は、自由な個人からは疎外されて実現しており、私的に社会的に、対立して統一しているシステムとしてであった。

だが、二一世紀を目前にした頃から、近代（資本制）の労働の徹底が、近代のシステムそのものの否定に転回しつつある。正確に言えば、その転回の過程にあることを露わにし始めてきている。「労働の現代」がどこまできたかというとき、「近代」の徹底が近代を否定する「現代」に転回している。そのことが露わになってきている。一言で言えばそこに到達したといえよう。

二一世紀の労働を展望するためには、生きた二〇世紀の経験を何よりも資本の生産関係の広がりと深まりにおいて捉え、その二一世紀初頭の到達点を読み解くこととなる。

私たちが経験してきたように、資本は、際限のない致富欲に駆られて、この致富欲を実現するような諸条件のなかにおかれて、耐えず労働の生産力に鞭打ってこれを推し進めてきた。こうして資本は、致富欲という抽象的な、富の一般的形態を飽くことなく追い求める努力として、自然的必要性の限界以上に労働を駆りたて、またこのようにして豊かな個体性をのばすための物質的諸要素をつくりだしてきた。このことは、自然的欲求に変わって一つの歴史的に生み出された欲求が登場してきたということである。それは直接的形態をとった自然的必然性はもはや消滅しているということを意味している。その意味で資本は生産的であり、そして資本とは社会的生産諸力の発展のための本質的な関係であることを示し続けてきた。それはもちろん労働過程のこの社会的形態が、労働過程をその生産力の増大によっていっそう有利に搾取するために資本が利用する一方法として現れたものではあるが（『資本論』第一巻、三五四ページ）である。巨大な悲惨と成長の世紀となった二〇世紀の正当性はここにあった。

こうした二〇世紀に経験した驚異的な〝社会的で持続的な成長〟は、貨幣の資本への転化がもたらしたものにほかならない。だがこの社会的で持続的な成長のシステムは、今日全世界で、社会的で持続的な生産そのものと対立し始めている。生産の正当性の転換が露わになってきている。こうして、生産諸力の発展そのものが資本それ自体のなかに一つの制限を見出すときに初めて、資本であることをやめることになる（『要綱』(2) 三九八ページ）という命題が九〇年代以後リアルになってきた。二〇世紀の社会的生産力は致富欲という私的な欲によって、その無限拡大の欲によって、自然的必然性を消滅させ続けてきた。その結果、私的に社会的な生産が地球を駆けめぐり、覆っている。この私的に社会的な生産であることが資本それ自身の制限となったときに、資本は資本であることをやめざるをえない。この全地球をほぼ覆った生産様式は、労働過程が真に社会的な過程に転化するための歴史的必然性として現れたものであることを、正当性の転換を通じていま露わにさせつつある。

今や近代の徹底が近代それ自体の否定に不断に転回している。その激動の通過点を経験している。そしてその矛盾を日々全世界に露わにしている。本論は、ここに二一世紀の脱資本主義性の根拠を捉えて、そこに二一世紀初頭で経験している労働の変化と意味を捉えていきたいと考えている。

2　二〇世紀の「労働」の経験——初めて露わに現れた「労働」の世紀——

労働過程が社会的過程となることを経験した二〇世紀は、人間の前史から本史への通過点を経験した世紀であったといっていいだろう。そこでは、生産過程にいる普通の人達が、普通の労働者たちが、社会的な労働過程の一分岐としての自由な個人となった。これらの人達が国家や社会の平等な統括主体であることは誰もが疑わない常識になってきたし、基本的人権や労働の権利、福祉の権利、平和の権利等々、さらには戦争の惨劇の経験さえもこれらの人達は平等に関わることとなった。これら経験したあらゆる社会過程は、労働過程が社会的な過程に転換したことに根拠づけられている。(3) その意味で私は二〇世紀を「労働の世紀」と呼ぶことを妥当と考えている。

1　社会的労働と資本の関係に地球を包摂してきた二〇世紀

私たちはこの社会的労働の世紀となった二〇世紀を、通過点として、私的に、実に社会的であることと対立しながら拡大し続けてきた世紀として、マルクスに即して確認することができる。

労働過程が社会的な過程になる、ということは、「近代」(資本制)の出現そのものと一致して出現したことであったと(『資本論』第一巻、三五四ページ)。だから、二〇世紀が労働の社会化の急速で全世界的な拡大の世紀となったということは、とりもなおさず資本制が全世界の社会過程に拡大したということである。資本の偉大な歴史的な側面は剰余労働をつくりだすことにある。ここに資本主義生産が社会過程化を突き動かし続けてきた根拠があった。そこでは必要な分を超えた剰余労働自体が一般的な要求になっている。すなわち際限のない致富欲の運動として生産が一般化(社会化)していく。個別的自然的な必要性に対して、それを超えた一般的な目的が現れてくる(『要綱』二四一ページ)ということである。

そしてその生産過程は、商品が価値と使用価値との統一であるように、労働過程と価値形成過程との統一としてである(『資本論』第一巻、二〇一ページ)。これを実現しているのは交換であり、市場であり、諸商品は交換価値として生産されている。直接的な諸使用価値としてではなく、交換価値によって媒介された諸使用価値として生産されているということである(『要綱』一二六ページ)。そこで生産される使用価値は自己の対象化したものでありながら、他者のものとしてでしかない。そこではすでに貨幣は手段から目的になっている。より高次の媒介の形態はつねに資本であり、より低次の形態を労働として、ただ剰余価値の源泉としてだけ措定している(『要綱』一四七ページ)。だから、諸個人は独立しているように幻想し、自由に相互に出会い、自由なかで交換しているかのように見えるが、実は社会的な生産であることに無関心で無頓着な生産と生産者に、すなわち主体の契機は実在する社会では止揚されている。貨幣制度は、個人の他の個人による人格的隷属としての制限ではないが、個人から独立した、個人に対する物象的な制限として現れたものであって、ここでもまた諸個人はただ制限された諸個人としてのみ相互に連関するだけであり、そしてこの物象的依存関係とは、諸個人に自立的に対立している社会的諸連関、生産の諸連関であり、諸個人は以前には相互に依存しあっていたのが、今ではもろもろの抽象、または理念が諸個人の上に立つ主人として、支配するようになっているということである（『要綱』九六ページ）。

こうして、生産と消費とにおける一般的連関と全面的依存性は、消費者と生産者との相互の独立性と無関心性を同時に増大しつつ発展してきた（『要綱』九三ページ）。そしてこの生産に潜勢力を持っていたのは実に「ブルジョア的富」としての物象的な力、株式会社等々であった。この「ブルジョア的富」こそは価値と使用価値という両極を媒介する、対立物を総括するものであり、それゆえに、つねに完成された経済諸関係として現れることとなった。すなわちこの主体こそが両極の自立的な前提を止揚し、止揚することによって自分自身を唯一の自立的なものとして措定するようになったのである。二〇世紀はこうして株式会社の正当性が全地球を覆う時代となった（『要綱』二四六ページ）。この世紀は、こうして諸個人の上に自立化した力としての諸個人相互間の社会的連関として、決して出発点が自由な社会的個人にはないという世紀であった（『要綱』九六ページ）。

二〇世紀に全世界に拡大することとなっていった近代（資本制）の労働過程の社会過程化とは、形態は自由な個人の社会的な労働過程でありながら実は社会的であることが否定されているということであった。この資本主義的生産は、賃労働を前提とし、耐えず措定し続けることが一般的になるやいなや、社会的分業の絶え間ない増進、資本家によって商品として生産される生産物の特殊化の絶え間ない増大、互いに補足しあう生産諸過程の自立的な生産諸過程への分割の絶え間ない増大を推し進めてきた。他方ではまた、いっさいの商品生産の資本主義的商品生産への移行を促進し強制し続けてきた。地球的な運動として、あらゆる古い生産形態を分解し解体し、すべての商品生産を資本主義的商品生産に転化させ続けてきた（『資本論』二一部四一ページ）。しかしこの近代のプロセスとしての労働の社会化の発展は、同時にその対立的な過程のなかに、労働者と労働過程の全地球的な陶冶を、その存立自体の根拠として、自然的な行程としてではあるが、推進し続ける世紀となった。一言で言えば、二〇世紀の労働の社会化の過程とは、資本のシステムの再生産の運動それ自体が、それを止揚し続ける過程にひたすら進んでいったということである。

2　社会的労働の正当性を露わにし始めた二〇世紀後半

二〇世紀の行程に与える規定は以上につきる。ここで二〇世紀の労働の経験とそれをめぐる議論を確認しながら、そのどのような段階に入っていったのかを簡潔に確認していきたい。

資本のシステムの運動としての全面的で急速な労働の社会化の発展は、二〇世紀もとくにその後半に至って、その正当性問題を露わにし始めてきているというところに、私は新しい段階としての二〇世紀の到達点を見ていきたいと考えている。

この社会的な生産は、労働する諸個人も、人間再生産のための消費者としての諸個人も、すなわち経済諸関係の諸主体は、私的所有にとどまる自由な諸個人として、社会的に止揚されて実現している。現れているのは物象の運動としての株式会社であり、商品市場の運動であり、資本市場の運動等々である。その急速な拡大と発展の根拠となってきたのは致富欲であり、利潤と競争の運動であった。

端的に社会的生産が社会的であることを否定し、対立している。この正当性の問いが、道徳の問題としてではなく、生産それ自体の根拠に転回し始めている。その正当性が誰の目にも露わになってきたというのが二〇世紀後半の到達点と言っていいだろう。

常識的に共有されている二〇世紀に与えられた形容は、「国際化」と「情報化」と「自由化・個人化」という三つである。二〇世紀の時代区分論としてそれぞれに姿態の変化や発展に応じて表現は様々に変わってきたが、これらに与えられる意味は、労働過程の社会過程としての発展、労働の社会化の発展と言って間違いない。

(1)　露わになった「国際化」「情報化」「自由化・個人化」の正当性問題

第一の「国際化」とは、文字通り社会過程として連関している労働過程の広がり、労働の社会化の発展が地球という人間社会の臨界域にまで到達したことを意味している。二〇世紀は生産力発展の諸段階に規制されて、様々なレベルで地域限定を課してはきたが、すでに今日、全一的な経済活動の連関に地球は到達している。そこでいよいよ露わになってきたのが、この資本のシステムの国際化の正当性である。傍若無人な自由化の強要は、一日二ドル以下という所得階層が世界の五割にも達するような、あるいは一日一ドル以下という極貧層が四分の一にも達するような飢餓と貧困を拡大し続けている。家族や地域の崩壊は確かに共同体の解体という前近代的な支配を終焉させる正当性はあるにしても、難民と人身売買、児童労働を拡大しつづけている。世界の森林は破壊され、水や大気などの自然環境は汚染されつづけている。環境ばかりか食の安全さえ保障されない生産の地球的な連関運動はなお停止していない。資本のシステムとしての国際化が世界の将来に対立していることは誰の目にも露わになってきている。先進国の労働者もこの連関のなかで高い失業とストレス、そして過労死や過労自殺にさえ追いこまれている。人権と国際労働基準と地球環境、そして持続可能な発展があらゆる機関の第一議的な課題になってきている[4]。「社会化」は国際化の段階に到達したが、この「社会化」は「社会」と対立していることを露わにしている。

第二の「情報化」とは、第三次産業化やネットワーク化を含めて、生産のシステムが社会システムとして発展してきているということである。別言すれば管理の社会化の発展ということになる[5]。科学技術革命からマイコン革命、そしてIT革命へと二〇世紀後半の五〇年、情報化は連続的な発展を見てきた。その初期の段階では人間労働の精神労働への発展といった議論もあったが、この五〇年の到達点が示しているのは、B2Bを中心にして、B2C、C2Cというように、労働過程の技術的な発展を土台にした、生産のシステムの社会的な相互依存関係の発展ということであった[6]。

この情報化が示したのは、管理のシステムが社会システムとしていかに技術的・組織的に発展しても、資本のシステムとしての社会システムと管理は社会に対立しているということであった。カルフールやウォルマートなどによる世界三大ネットワークは、食の国際商品調達としてはもっとも広範で合理的なシステムではあるが、その包摂している労働過程にはすでに一日一ドル以下の労働、あるいは児童労働、水質汚濁の農場等々との連関がさけがたく広がっている。トレーサビリティは企業によって実現している生産の公共性の公開ではあるが、現実の過程はこの徹底が企業間競争の条件にさえ転換している。国際金融市場のネットワークは途上国を瞬時にして通貨危機に曝している。福祉や介護のネットワークシステムはその職能形成を未整備にしたまま、労働条件を切り下げ、経営を不安定にしている。

こうして、社会システムの「社会」とは実は人間の再生産のための労働過程の連関であるという、生産の普遍性に照らして正当性が問われ始めている。誰のための誰による社会システムなのかが、管理の正当性問題として問われ始めている。

第三の「自由化・個人化」とは、労働する個人の、労働過程における自由の実在化問題である。近代における労働する個人の自由は労働力商品の売買の自由に限定している。しかし七〇年代に始まった労働過程のフレキシビリティ以来、問われ続けてきたのは「労働の人間化」であった。知識労働の増大はダニエル・ベルの指摘以来とどまることのない普遍的な傾向となったが、今や「情念」から「人格的特質（コンピデンシー評価制度）」までをも人的資源管理の対象として、企業への統合可能性が議論されている。スキルに対する若者たちの要求は個人の社会的な存在意義としてのアイデンティティの獲得要求に転換している。

「労働の人間化」「よい仕事」「ディーセントワーク(7)」。これらは労働市場における労働力商品の自由な売買の実現という要求から、社会的な労働する個人の、労働過程における自由の実在化という要求に移行しつつあることを意味している。この要求は、今日、地球環境の課題とあわせて、全世界的な課題になってきている。端的にＩＬＯの新しい「労働における基本的原則及び権利に関する宣言」にうたわれた「ディーセントワーク」の提起は、いまや公正労働基準として、ＷＴＯや世界銀行、ＩＭＦなどをもまきこんだ国際協調の課題とする段階にまで踏み出している。労働の権利の正当性、自由な労働する個人の正当性問題が、全世界経済の正当性問題として、生産の正当性問題として露わになってきているということである。こうして今日では、労働過程の民主主義が、全世界連関にある労働市場の公共性問題と密接に連関している。ここで露わになった正当性問題とは、端的に、労働過程における労働する個人の自由の実在化問題であった。

(2)　露わになった生産の正当性問題

「国際化」と「情報化」と「自由化・個人化」とは、端的に「生産の正当性問題」が社会に露わになってきたということである。

生産とは、人間と人間社会の再生産のための人間的な（共同的という意味で人間的社会的）あり方、労働によって人間と自然との代謝が媒介されているあり方であった。その近代のあり方が生産の正当性問題として問われるところにまできている。確かに近代の生産のあり方は、「土地」を条件とする前近代の共同体的生産のあり方を解体し続け、労働する個人を共同体への隷属から解放し、地球を臨界域とするまでに経済の社会的諸関係を陶冶してきた。しかしそれはなお自由な社会的個人の共同としてではなく、物象的な社会連関が支配するものとしてであった。その生産を突き動かしているのは諸個人の利益ではなく、自己目的化した物象の運動であることからこの生産の正当性が問われている。そこに到達したというのが現代の正当性問題である。

図式的になるが、今日、問われている「生産の正当性」とは、生産それ自身の普遍的な目的、すなわち人間の再生産という目的に照らして正当性が問われているということ、そして同時に、生産活動それ自身の根拠に対する正当性問題として問われているということである。今日の正当性問題とは、この両面から露わにされていると言えよう。

「生産の目的に対する正当性」とは、消費者の健康と安全、あるいは安心できる生活の正当性ということになる。今日、この正当性は、すべての人々の個人の自由の実現、自由な人権の実在化問題として展開している。その意味で自然科学的な課題としての安全や健康にとどまらず、社会過程における人権の保障と人格の相互承認という課題に展開していると言えよう。被介護者あるいは高齢者、疾病にある者の一人ひとりにとって、もとめられるのは介護や保護を受ける対象者としての権利にとどまらず、社会的個体としての人権の保障と自由な個人としての承認という点にある。瑕疵商品に対する責任は個別被害者の事後的な法廷救済ではすまなくなっている。国民の九割が食品の安全に対して危機感をもつに至っており、誰もが安心できる市場を求め、市場の公共性を問う声は高まっている。それは「健康」や「安全」「安心」の自然科学的な概念から社会科学的な概念への転換と言っていいだろう。(8) こうして今日の「生産の目的に対する正当性」とは、すべての人たちの自由な社会的個人としての権利、自由の承認と実在化というところに展開している。

「生産の根拠に対する正当性」とは、端的に労働者の権利と陶冶の正当性問題であり、労働対象と労働手段、すなわち生産手段に対する正当性問題である。雇用・失業問題、労働諸能力の形成、労働基準、労働組合の権利と拡大等々が国際的に普遍的な正当性として了解されてきている。環境、空気、水、土壌、持続可能な発展、安定した公正な取引、国際取引における同権平等等々が、生産の根拠に対する正当性問題として露わになっている。

これらの正当性問題は、近代の過程として、労働の正当性問題を媒介している企業の正当性問題に転回して、実は企業は社会的存在であるということを社会に露わにしている。

こうして今日の正当性問題、それが社会過程に露わになっている現代とは、資本のシステムによる生産がすでに資本のシステムであることが障害に転回しているという、そのことを露わにしていることにほかならない。

3 「労働の現代」は何を露わにしているのか

資本のシステムとしての生産のシステムは物象的に媒介されて実現しているが、その基礎となるのは労働のシステムである。物象的に媒介されている労働それ自体がこのシステムのなかでどのような陶冶を課題とし、生産のシステムを陶冶し始めているのであろうか。この展望を現代のなかに見出せないなら、オルタナティブな構想を対置して資本のシステムを崩壊させる、という戦略に陥るしかない。しかしこの人間本史への陶冶は、人間社会を産出し変革している普通の人達の労働の陶冶の過程に根拠が見出されなければならない。全世界の労働者たちが、すでに全一的な世界的連関にある労働過程に参入している今日、いかなる構想といえども、「外」から持ち込まれるシステムに統合されるような変革構想では、もはや展望とはなりえない。

労働の正当性問題、労働の脱資本主義性の陶冶は、さしあたっては物象の世界に媒介された運動である。企業の社会的責任論、企業倫理論、市場の公共性論、これらは日本経団連の企業行動憲章となっていたり、国連のグローバルコンパクトの提唱になっていたり、ＩＳＯの基準になっていたり、ＯＥＣＤやＩＬＯの多国籍企業行動基準等々となって現れている。私はこれらのすべてのなかに労働の陶冶の新しい段階としての表現を見ていきたい。

だから、企業あるいは個別企業それ自体の運動に脱資本主義性の完結を捉えるのは根拠のない楽観主義でしかない、ということも言っておかなければならない。バーリ＝ミーンズ以来、Ｐ・ドラッカーに至る経営者権力の正当性論はおおむねここにある。知識経営論などの新しい人的資源開発論もここにある。とはいっても、Ｐ・ドラッカーのポスト資本主義論やネクストソサエティの構想にみられる九〇年代以後のアメリカ産業社会学の新しい潮流については、それが企業の私的なあり方を前提にしているという限界点を指摘しつつも、正当に評価すべきであろう。ここで描かれている新しいテーマは、実在している諸運動のなかで発展している新しい公共性についてである。しかもそれは労働過程の変化にもとづき、諸個人の陶冶の社会過程として捉えようとしている。共有できる議論は広がっているといっていいだろう。

さて二一世紀の転回のどこに脱資本主義性をみるのだろうか。端的に二つの点にみることができる。一つは、労働過程に「人格」の承認と「労働の社会的正当性」問題が露わになっている点であり、もう一つは、その労働過程が実は個別企業内に閉ざされることなく、「労働市場の公共性」問題と不可分のものとして可視化されてきている点である。

1　実在化する「労働する個人」

雪印の食品中毒事件で、あるいは東京電力の原発事件で、私たちが見たのは労働者の労働過程のすがたであった。こうして企業の正当性問題は、実は労働の社会的正当性問題であったことが誰の目にも焼き付けられていった。労働者は労働力商品の売買当事者であるというだけではすまなくなってきている。疎外されて対象化した労働＝商品それ自身が労働の正当性を日々、社会に露わにしている。有期雇用で何の権利もないにもかかわらず、管理への参加も情報も教育もないパート労働によって多くの企業の基幹労働が編成されている状況の中で、労働には商品に対する管理能力も、説明能力もないことが問題になっている。海外生産での児童労働の搾取は生産の根拠に対する正当性問題に転回している。職能形成が企業内ローテーションと企業内秘伝であった時代はすでに過ぎて、今では職能とその形成の社会化が叫ばれている。(9) こうして労働者は自由な社会的個人であることが普遍的に要請される時代を迎えている。

また現代の労働過程それ自体も人格の承認を必至としている。これは単に労働者の職場におけるヒューマンな関係という要求にとどまったものではない。今日広く議論されている人的資源管理論も、企業内資源や私的資源に閉ざされた議論とはいえ、実はこのことを指摘し要請しているものと言っていいだろう。コンピデンシー評価、三六〇度評価、ワークプレースラーニング、知識経営、共感と共有の経営、知識創造企業などの展開がそれである(10)。

そしてまた、こうした議論それ自身の中でも近代の転回を露わにしている。先行しているアメリカでは人格的特質を経営資源とする労務管理（コンピデンシー評価等）は実は失敗だったのではないかという議論が大勢を占め始めているといわれる。自由な人格と管理の共同＝社会化は、私的企業単位での対立と競争のなかでは実現しうる道理がないということもリアルに経験しているといえよう。人格的な共同労働を企業の中に実現しようとしたこうした善意の試みは、人格という人間の社会的な陶冶のプロセスを企業間競争と労働の疎外を前提にして実現しうるという議論であった。しかしそれは、現代の生産がすでに人格を承認しなければ労働生産性が上がらないという到達点にあることを示している。一人ひとりの能動的な人間本性とその相互承認の社会関係を労働過程に生かしていかなければならない段階にあるのである。

現代の労働は私的な企業間競争の中で、依然として労働する個人の自由な個性は労働過程の中では否定されている。しかしこうした議論が現れてきた本質的な背景は、人格的共同が労働過程で否定されていることの転換が余儀なくされているということの現れにほかならない。九〇年代に始まった人的資源管理論は正当性の転換の一つの経験と言っていいだろう。人間性や知の循環論は、労働する個人の労働が精神労働や管理労働など〝知〟の労働に転換していることを背景にしている。現代労働の〝知〟の問題（職能開発やスキル、人事評価など）を「労働する個人」の社会的個人への陶冶のプロセスとして、そこに人格的な共同労働への転回の根拠を見る。私の人的資源管理論に対する対置はここにある。だからこそまた現代の多様な議論の過程を注意深く肯定したい。この陶冶の過程以外にオルタナティブを探すみちはない。そのことも確認しておかなければならない。

近代の正当性は疎外された形式においてのみ実現しえてきた。そしてその現代は、グローバリゼーションという公共圏のなかに新しい正当性をリアルにしている。それは労働の正当性を露わにして、労働する諸個人の陶冶を強制している。

資本の文明化作用をもたらす分業の発展は労働過程の個別化を措定する運動であった。労働過程の個別化とは、対象化されて経済的に形態規定された「個人化」のことであった。個人化された労働とは社会的連関を離れては存在しえない労働になったということにほかならない。交換が平等を生み出す根拠であるとするなら、この個人化こそは自由を生み出す根拠である。自由を生み出す経済的根拠は個人が対象として産出する生産物の自然的差異性にある（『要綱』二四六ページ）。個人の措定、個性こそが、それが今のところ対象化して外部に現れた商品の運動としてではあるが自由を生み出す根拠である。こうして世界的な広がりに至った交換価値の世界は平等の世界的な拡大を措定しつづけ、そして分業の発展（相対的剰余価値生産の発展）がそこでの自由な個人を措定しつづける。

近代は自立した物象の連関のなかに労働する主体を止揚して運動してきたが、こうして近代の徹底それ自体がすでにその「止揚の否定」を求めざるをえない地平に到達している。否定の否定に、すなわち生産の諸主体間の連関の実在化に転回せざるをえない段階に入っているといえよう。現代は脱資本主義性に転回しつつあることをリアルに露わにしているということである。

「疎外されたゲマインヴェーゼンとしての『公共性』は、資本の運動によって徹底して対象性において諸個人の普遍性を形成していき、諸個人は労働によってその普遍性を媒介し、普遍性を内面化して……自己媒介……陶冶されていく」(11)。企業の社会的責任問題、企業の公共性問題として事実的に公開している公共性問題は、実は労働の正当性問題を露わにする媒介運動であり、ここに脱資本主義性を確認することができる。私たちは今日、このことをあらゆる運動のなかで経験している。

2　労働過程の民主主義と労働市場の公共性

またこうした労働の正当性の転換と労働する個人の人権と人格の承認は、労働過程の民主主義と労働市場の公共性の課題を統一した課題にしつつある。

これまで労働過程の民主化要求は、企業内の現場の体験に裏づけられてきた。そして労働市場の公共性は企業外の要求としてこれと分離してきた。だから労働過程の民主化の闘いは私企業内の「致富欲」との闘いであったという点で常に企業内闘争であった。なぜなら致富欲とは社会的剰余労働の成果の私的領有であったし、要求は企業内内部蓄積に対する分配と自治の確保にあった。日本的経営と企業内労働組合はその運動の一つの表現でもあった。その公共性は「法」として労働過程の外において問われたのである。

しかしこれは何も日本に限った経験ではない。共同決定は企業内分配と自治に対象がおかれていたし、ユーロコミュニズムと言われた自主管理社会主義は、企業単位での自治の発展を広げていって社会主義を展望するというロマンでもあった。しかしこれらは破綻もしくは崩壊過程に入っている。共同決定はEU労使関係として社会対話に発展して、三者パートナーシップとして展開してきている。日本の労働運動がパート労働者の最低賃金と派遣労働者の権利とフリーターの改善に焦点を据えはじめたのも二一世紀に入ってからであるし、企業の側も日本的経営の終焉と企業の社会的存在論を打ち出し、その中で内部市場と外部市場の境界液状化を宣言したのも九六年の日経連によってであった。そしてそれらがまさにグローバリゼーションの発展によってであることは疑えない。

確かに労働市場は、労働力商品が売買される市場の問題として企業内労働過程には無関心であった。だが今日の労働過程は、アウトソーシングや知識調達、常雇パートからアルバイト、派遣、フリーター、委託労働などの社会的諸連関の過程にある。だから労働力の編成では「コア」（経営統治＝マネジメント労働）と「プロ」（労働の社会的責任＝専門性）と「チーム」（共同性）を企業内にあらためて設定しなければならなくさせている。労働者のスキルやキャリアへの要求は社会的有効性を求めており、キャリアコンサルタントと職能開発の社会化に職業能力開発計画の課題が移行してきている。職場の民主主義の要求も人権と人格の承認に転換している。セクハラ規制からアカハラ、パワハラ、ドクハラ規制へと、ハラスメント規制を普遍化させている。

なによりも、ＩＬＯの主導のもとに、ＷＴＯからＯＥＣＤまでもが、国際労働基準を共有せざるをえなくしている。平等と、劣悪な労働の廃絶と、保護と、対話（労働組合の権利とその代表制の承認）の労働世界の確立が公正労働基準として、すべての（協同組合やボランティアにまで）企業と国に要請されている。それは、労働の国際認定規格としてのＳＡ８０００や、国連のグローバルコンパクト、ＯＥＣＤのコーポレートガバナンスの宣言、世界銀行の持続可能な開発に関する評価指数の開発と評価（〇三年に開発された評価指数には社会指標も評価項目に掲げられている）等々として具体化している。そしてイオングループは海外商品調達の基準として最末端取引先までに児童労働の禁止を取引指針とすることを公開した(12)。

こうして正当性の転換と労働する個人の人格の承認は、労働過程の民主主義と労働市場の公共性の課題を統一した課題にし始めている。グローバリゼーションとは、生産の国際化とは、対象化して疎外されて実現している労働者の自己の普遍性であった。この実現している普遍性がすでに地球的な諸連関の運動に到達しているということであった。国家に特殊に実現していた、あるいは企業内に特殊に実現していた普遍性は、公共性の陶冶の経験を日々世界の諸連関の運動のなかに吸収することによって、国家と企業の枠組みを超えて実現しようとしている。労働する個人は、この世界的な諸連関にある労働に媒介することによって日々陶冶されている。それは理論の問題ではない。労働過程の日々の経験によって諸個人を陶冶している。公共性を自己内実化する陶冶の過程として労働過程の民主主義を陶冶している。あらゆる分野、領域で様々な形態の闘いが始められている。

4　二一世紀の労働の正当性の転換と脱資本主義性

諸個人の上に自立化した力としての諸個人相互間の社会的関連は、いまやそれが自然力として、偶然として表象されようと、または他の任意の形態で表象されようと、出発点が自由な社会的個人でないという、そのことの必然的な帰結であった（『要綱』一二六ページ）。二一世紀に脱資本主義性を見るわれわれのまなざしはここにある。

通過点としての二〇世紀の経験と、脱資本主義性の転回としての現代、について総括しておきたい。労働する類としての人間の類的特質は、そのうちなる社会を陶冶し、共同的本質＝自由な諸個人の相互承認としての共同を、人間の普遍性として陶冶しつづけてきた。だから「近代」とは、相互承認としての共同を、競争の過程としての「共同」の陶冶ではあるが、そして対象世界において物象的連関に支配されてではあるが、全世界的にその共同的本質を形態として自由な個人の外に陶冶してきた過程であるといって間違いない。それは自由な社会的諸個人を生成・陶冶し、その相互承認としての共同を陶冶する過程以外の何ものでもないということである。

「国際化」や「情報化」や「自由化・個人化」のあれこれの現象やトレンドは、それ自体では決して脱資本主義性を意味するものではない。しかしこれらの形容は、脱資本主義性の転回の過程にある「現代」に名づけられた形容である、と言っていいだろう。われわれは、諸個人に自立して振る舞っている普遍性が諸個人に自己内実化する過程に、すなわち諸個人の陶冶の過程に二一世紀の脱資本主義性を展望する。それは、自然力として、あるいはその他の任意の形態によってもたらされるものではない。ただ労働を媒介して自己意識に還帰する諸個人の陶冶の過程のなかにそれを見ることができる。

すでに二一世紀を迎えて、われわれは、自由な労働する社会的個人と、グローバリゼーションを普遍的に了解する世界に立っている。事実としてこのことを注視することは重要である。われわれは二〇世紀の七〇年代においてこの了解に立ちえただろうか、いや八〇年代にさえなかった。九〇年代からこの二一世紀にかけての変化はそれほどに歴史的に大きかったということである。企業の社会的責任や生産の正当性が国際的なスタンダードになり、途上国の生産環境の崩壊や難民の増大と貧困が、テロと戦争にまでなるとは誰も予測していなかった。今や全世界でイラク戦争に反対する抗議行動を目のあたりにしている。

これらの経験からも、二一世紀の労働の陶冶の過程が脱資本主義性に踏み出していく過程にならざるをえないという展望に確信を与えている。われわれはすべての労働する個人の、社会的諸個人となる現実的な条件と運動のなかに脱資本主義性への転回の根拠を確認しうる地点に立っている。すでに「労働の現代」の運動と国際的な過程のなかに、労働の二一世紀の展望として、脱資本主義性を見ることができる。

(1) 本論の「労働」および「労働過程、価値増殖過程」の概念はマルクスにもとづくものである。『資本論』第一巻、一九二、二一三ページ(第三編・第五章)。本論の『資本論』テクストは邦訳『資本論』新日本出版社、ページはテクストの原著ページ。引用ではなく参考のページとして注記。

(2) 本論の『要綱』はマルクスの『経済学批判要綱』の略、テクストは邦訳『資本論草稿集』大月書店のI、II、ページはテクストの原著ページ。引用ではなく参考のページとして注記。

(3) 「労働する諸個人は……商品交換に立脚する私的所有の世界にいたって、社会的生産実態を物象的に人格的社会関係から脱落させる反面で、自己の原始的存在そのものを社会形成の実態とする抽象的な法的人格としてではあるが、はじめて一般的に、自覚的な社会形成主体になったのである」(有井行夫『株式会社の正当性と所有理論』青木書店、一九九一年、二六九ページ)。

(4) 国連の人間開発プログラムは一九九〇年に開始した。その年報各号参照。

(5) 山口正之は情報化と第三次産業化についてそれは生産過程の社会システム化の発展であるとして、それは管理の社会化の正当性問題に展開していると指摘している。「技術革新と社会革命」『経済』新日本出版社、一九八二年五月号。またすでに「現代の技術革新と管理労働の社会化」『現代と思想』第一二号、一九七三年六月、でも指摘していた。

(6) 拙稿「自由の実在化と労働の現代に関する－覚え書き」『協同組合総合研究所研究報告書』Vol. 30。

(7) ＩＬＯが目標に掲げ、今日世界的に共有されている。訳としては「人間として尊厳を持ちうるような労働」とか「品格のある労働」とかあるが、ＩＬＯ駐日事務所は「権利が保護され、十分な収入を生み、適切な社会的保護が与えられ、生産的で働きがいのある仕事」としている。

(8) 長島隆「『健康』概念の再検討――その社会科学的分析と『病気』観の転換」『協同組合総合研究所研究報告書』Vol. 33。

(9) これらについては以下を参照。「雇用システムの変化と能力開発」『日本労働研究雑誌』No. 514、二〇〇三年五月、「第七次職業能力開発基本計画」厚生労働省、『能力開発最前線』中央職業能力開発協会。

(10) これらについては以下を参照。日本労働研究機構『二一世紀の戦略型人事部』二〇〇二年五月、「ワークプレイス・ラーニング――創造的ＯＪＴ」『Works』No. 56、「コンピテンシー特集」『Works』No. 57、「知識調達の方程式」『Works』No. 51、リクルートワークス研究所、「国際労使関係協会第一二回世界会議――二一世紀における労使関係、人的資源管理の課題」『日本労働研究雑誌』二〇〇〇年三月号。

(11) 長島隆「近代の人格論と公共性問題」『協同組合総合研究所研究報告書』Vol. 32、三六ページ。

(12) 公共性は労働過程に抽象的に法として分裂したあり方であった。現代はその労働過程への内実化を強制している。つまり公共性の実在化のプロセスに転回している。そしてその公共性の実在化は国際公共性に展開している。

これらを端的に示しているのは九〇年代後半以後の次のようなものを確認するだけで明らかである。九八年のＩＬＯの「労働の原則と権利に関する宣言」、オタワサミットと国連の「グローバルコンパクト」の提唱、国連のヨハネスブルク・サミットにおける「宣言」と「実施計画」、モラルハラスメントの違法性化や公益通報者の保護法制、ＳＡ８０００（国際的社会的責任）、ＣＳＲ（社会的責任経営）、日本経団連の企業行動憲章等々として、そしてこれらは生産の正当性問題に関連している。持続可能で共生可能な生産と消費と市場の実現として。たとえば、国連の「消費者保護ガイドライン」、ＣＩ（国際消費者同盟）の「二一世紀の消費者保護に関する一七回大会声明」、内閣府の新しい消費者政策と企業の自主行動基準、日本消団連の二〇〇三年大会決議、「フェアトレード」の推奨等々があげられる（拙稿の第3章の註を参照）。

第5章　人格の陶冶と公共性

長島　隆

本稿の課題は、今日の社会、グローバリゼーションの時代における人格の陶冶と公共性の問題である。今日進行するグローバリゼーションは、近代市民社会すなわち資本主義の時代の当然の帰結であり、資本のシステムの自己否定の運動の貫徹を意味する。

「公共性」とは、本来「疎外されたゲマインヴェーゼン」であり、近代社会において、われわれが「抽象的人格」として法的に定立されていることに対応するあり方である。共同存在、類的存在であるわれわれは、自らの本質を疎外して自分の外部に対立させる。われわれの本質は、徹底して疎外され、対象性として成立してくる。徹底して疎外されながら、この近代社会はわれわれの陶冶という課題を実現している。

近代哲学の基本問題は、「確実性原理」と「真理性原理」との分裂という状況の中で、「確実性原理」から出発して「真理性原理」に到達することにある。この課題は、すべてデカルトから始まる。デカルトのコギト（われ思うゆえにわれ在り）こそが「確実性原理」を意味する。彼が「方法的懐疑」という方法でもって対象知の検討を通じてコギトを把握できたとき、それ以後の哲学のあり方を決定した。(1)(2)

ドイツ観念論がこの課題を「絶対知」問題として引き受け、「絶対知＝対象知と自己知の統一」として規定するとき、ヘーゲルの「意識経験学」こそが、「確実性」から出発して原理へと到達する必然的な方法的な意味を持つことになった。マルクスは、この原理的な地位に「労働する諸個人」を見た。労働とは自己産出運動であり、この自己対象化行為は、労働産物のうちに自らの本質が実現されていることを認識する。この労働産物＝商品こそがこの対象性の自己産出である。いわゆる「疎外された労働」の問題である。自己の本質は疎外された形式で対象性において創り出され、労働する諸個人に対立し続けることになる。

まず、この問題を明らかにし、そのうえで、「人格陶冶」の今日的な場面を検討することにしたい。第一に、「人格」―労働―所有論の問題を思想史的文脈において確定し、第二に、現在問題となっている「公共性」問題の位置を確認する。

1　近代市民社会の自己分裂

さて、近代において、近代市民社会は「自己分裂」と捉えられる。この意味はまず第一に、歴史的社会からの断絶であり、第二に個人の分裂である。ブルジョアとシトワイアンという、一人の個人のなかでの分裂である。この事態は近代的個人の登場として捉えられる。近代的個人は絶対的なものとして定立されるが、そのことは社会構成上きわめて深刻な問題を引き起こすことになった。それが契約論の提起した社会構成である。この社会構成の限界を超え、労働論にもとづくアプローチを示したのがヘーゲルであり、それを批判的に継承したのがマルクスである。

近代人格論の議論は歴史的所与として「近代市民社会」を前提とし、理論的に構築されてきている。問題はこの「近代市民社会」の正当性の問題である。近代初頭に成立する近代契約論が一つの理論枠組みを与えている。この理論枠組みは、次のような前提をもつことが確認できる。

①前提１　自己内に存在根拠を持つ諸個人を承認することである。

これは、その基礎づけがどうであれ、いわゆる「近代的個人」の存在を前提とすることを意味している。

②前提２　諸個人の集合体としての近代市民社会が、中世キリスト教社会に対抗的に存在することである。

中世社会に対抗的に、その内部から新しい社会としての近代市民社会が登場してきたことが前提とされる。

③問題の設定　この二つの前提から描き出される問題設定は、「諸個人から出発していかにしてその全体としての市民社会は正当化できるのか」である。

この問いを最初に担ったのが、近代契約論であった。自然法論の場合[3]、「自然状態」を出発点として仮定し、そこから「社会状態」を目指すことが理論上の課題となる。この移行の起点に「原始契約」を導入し、この契約によって社会状態が成り立つとするのが近代契約論である。しかしこのような理論構想の中で重要な意味をもつ原始契約は実証的な批判によってただちに崩れ去る。いくら資料的に探求してもわれわれが社会を作るという契約などをした記憶はないし、またそのような契約を太古においてしたことを実証できるわけがないからである。このような批判をきわめて鋭く放ったのがヒュームであった[4]。

だが、この点を「論理的虚構」として承認したうえで、その理論的な問題点を浮かび上がらせるとき、きわめて優れた理論的な問題提起であることがわかる。それを最初に明確に理論的に規定したのがヘーゲルであった。ヘーゲルが問題にするのは、結局、自然法の取り扱い方では、人倫的諸関係（社会ないしは共同性）を基礎づけることができず、諸個人の集合にとどまるということである[5]。

ヘーゲルの批判は、次の二点にまとめることができる。

第一に、ホッブズ、ロックらの場合には、原理が偶然的であり恣意的であること。人間の欲求や衝動、自己保存[6]といった諸規定が同等の権利を持って存在するとすれば、一つの規定を他の規定の上に置く根拠はどこにもない。だから「現実に見いだされるものを叙述するために必要とされるだけのものがそこに存している」(NA 445)。

第二に、その統一が外的統一でしかなく内容を統一することができないこと。それぞれの諸規定が内容を持っているとすれば、ここで成立することができる統一は原理とされる規定から分析的にとり出される整合性程度のものでしかなくなる。問題となっている原理的で根源的な統一は、「自然状態」あるいは「人間の本性及び規定」と表象されるが、そこではまったく原理的統一が成立していないとヘーゲルは指摘する (NA 446-7)。

ヘーゲルは、自然法の理論構成は、「方法論的個人主義」の帰結である[7]と見るのである。

このような批判にもとづいてこの段階でヘーゲルが対置するのは[8]、方法的全体主義にもとづく構想とでも言うべき「絶対的人倫」という古代ギリシャ的な共同性のあり方であった。それは「肯定的に絶対的なもの」と言われる。この「絶対的人倫」とは自由の実現態を意味している。このような形で実現する自由とはどのようなものかが問題にならざるをえない。ヘーゲルは「絶対的自由」と「経験的自由」を区別する。ヘーゲルによれば、「経験的自由」とは、「自由は対立している諸規定間の選択であるべき」だとする自由観であり、いわゆる「選択の自由」であると言えるであろう[9]。

それに対して、「絶対的自由」というのは、真の自由であると言われる。「絶対的自由は……あらゆる対立及びあらゆる外面性を超えて崇高であり、端的にすべての強制を受け入れることはできないし、そして強制はなんら実在を持たない」(NA 477)。「自由そのもの、あるいは無限性はなるほど否定的なものであるが、しかしそれは絶対的なものである。そしてこの絶対的なものの個別的なあり方は絶対的概念のうちに取り上げられた個別性、否定的に絶対的な無限性、純粋な自由である」(NA 479)。

このヘーゲルの議論において、「絶対的人倫」が自由の実現態であるとすれば、この「絶対的自由」の実現態であることになる。だが、個別者にとっては、それはどのように現れるのか。「絶対的自由」は絶対的な自己否定として個別者には現象せざるをえない。それゆえ、この「絶対的自由」は、個別者にとっては「死」という現象となって現れることになる。

ヘーゲルは、個別者はこの「死」の能力によって、自己の「絶対的自由」を確証することができると考える。というのも、「絶対的自由」は個別性の端的な破棄であり、「死」もまた端的に個別者の個別性を破棄するものであるからである。もちろん、ヘーゲルは実際的な死、つまり個別性の消滅だけを言っているのではない、むしろ個別者が「死」に向かい合っておのれの実体－普遍性を自覚すること、「絶対的人倫」がおのれの自由の実現態であることを自覚することを意味している。

ヘーゲルの「死」を論理的帰結とするこの「自然法」批判の試みは、近代自然法論＝契約論が陥った陥穽に方法的全体主義の側から陥っているものと見ることができる。だが、両方の試みが、まさに近代的個人と市民社会がともに自由の実現態でありながら分裂している事態、近代市民社会の自己分裂という事態を確認するものとなっていることもまた見ることができる。ヘーゲルの「フィヒテ哲学とシェリング哲学との体系的差異」[10]における有名な次の言葉はこのことを確認するものである。「人格のほかの人格との共同は、……本質的に個人の真の自由の制限としてではなくて、個人の真の自由の客体としてみなさなければならない。最高の共同はその権力から見ても、その行為から見ても最高の自由である。――その最高の共同においては、しかしまさに観念的要素としての自由、そして自然に対立するものとしての理性はまったく廃棄されている」（II, 82）。

ヘーゲルは、この「原始契約」という論理的虚構、「死」を前にした自覚に対して、やがて現実の形成行為すなわち、「労働」によって、われわれ人間の陶冶を現実に検証することによって、分裂して成立している二つの現実態を媒介する論理構造を見出すことになる。

2　ヘーゲルの労働＝陶冶論の確立

すでに近代市民社会のうちに分裂した形であれ、自由が実現しているとすれば、論理的には「個から出発して全体へ」は何らかの媒介構造を現実のなかに探求することが必要になる。ヘーゲルは個別者の自立性の領域をこの「絶対的人倫」の領域にどのようにして媒介するかという問題として検討する。そしてそれをヘーゲルは、「労働」という人間の自己対象化行為のなかに見出すことになる。この展開が、一八〇三年の試みから一八〇五／〇六年の『精神哲学草稿』[11]への展開として現れる。敢えてこのヘーゲルの試みを契約論に対置するならば、「労働＝相互承認」モデルということができる。

1　ヘーゲルの「人倫の体系[12]」

「自然法論文」と「人倫の体系」においては、確かに労働という概念が登場する。だが、それは「人倫的行為」と「労働」との区別という形で、前述の自由論の見地からなされている。ヘーゲルによれば、労働とは、「身体的欲望(Bedürfnisse)」と「享受(Genüsse)」とを媒介する行為である。この労働はもっぱら諸個別性のそれぞれに関わるのであって、諸個別性の総体に関わるのではない。そのため「死の危険を自己のうちに含んでいない」(NA 489-490)。

「労働」は主体の個別性に関わり、客体の個別性に関わる。したがって、ここには主体の全体として統一確認されていない。それゆえ、労働は個別性を超越することができず対立を克服できない。こうして労働は、不自由人身分の行為とされ、この不自由人身分は「絶対的人倫」から排除されることになる。だから、いわゆる「政治経済学の体系」もまたこの労働―不自由人身分の位置づけと同じく、「絶対的人倫」から排除されることになる。「実在のこの体系［政治経済学の体系――引用者］は、まったく否定性と無限性であるから、その結果肯定的な総体性へのその体系の関係にとっては、その体系が肯定的な総体性によってまったく否定的にとり扱われ、その関係の支配に従属したままでいなければならない」（NA 482-483）。

しかし、欲望と享受とは、労働を媒介にして結合され、「政治経済学の体系」を形成する。まずここで確認されなければならないのは、「労働」が欲望と享受との統一的な媒辞であることである。この点で、主体そのものが関わらないとされるとしても、労働が主体と客体との分裂を克服する一つの自由のあり方を示している。

この政治経済学の体系は、「普遍的な相互依存の体系」であり、この体系において、諸個人は、相互に自立し対立しあいながら、その生存のために他者に依存していることになる。関係の側面を見れば、そこには諸個人間の相対的同一性、同等性が存している。この相対的同一性こそが「権利の領域」を形成する契機なのである。たとえば、占有―所有関係について言えば、個々人の欲望の充足にすぎない占有が、この同一性の地平において初めて、権利と認められ、所有にまで高められることになる。

したがって、われわれはこのような「政治経済学の体系」のうちに、「労働」による体系性の認識がすでに存在していることを確認できる。だが、問題は、このシステムが自立的な位置を承認されず従属的な位置に置かれてしまっていることである。ヘーゲルはこの時期には、この体系を全社会規模で把握するのではなく、「身分（職分 Stand）」に限局し、「人倫的総体性」を維持するために、「絶対的人倫」から排除しようとしているのである。

このような「労働」に対置される「人倫的行為」とは、個別者が自由であることが民族の構成員であることであり、しかも民族の維持のためなら死の危険すら冒すような行為を意味している。このような自由の担い手が「自由人身分」であり、この「自由人身分」だけが「絶対的人倫」と無差別的な関係にあり、和解しているとされることになる。[13]

以上のような限界をヘーゲルが突破するのは、労働のうちに「相互承認」の契機を承認し、そのことで諸個人の陶冶問題の展開が可能となることによってである。「相互承認」の問題は、すでに『人倫の体系』においても見ることができる。[14]

2 相互承認の問題

この論稿において、相互承認論は、個別者と個別者の間の共同性の形成という場面に位置づけられている。ヘーゲルによれば、個人には形式的には「承認」が成立している。この場合の「承認」とは「諸規定の無差別」(SS. 44)としての個人、すなわち「人格」(*ibid.*)において諸個人が同等であることである。そして、この「無差別」は、すでに述べた「否定的に絶対的なもの」のことである。これは個別者の自らの自然性を使用する自由の能力のことであり、しかも抽象された人間の本質のことであった。だからヘーゲルはこのような「人格」という人間の自由の能力に関しては「承認」が成立していると言っている。

だが、「承認」が現実に問題となるのは、こうした「人格」という抽象的次元においてではなく、「生き生きとした個人」(SS. 34)においてである。この「生き生きとした個人」とは、この本質が展開されてその総体性に到達したような個人を意味している。だから、「人格」とはその単なる形式的抽象でしかないことになる。そして「人倫」とは、「生き生きとした個人」が「絶対的概念と同一であり、その経験的意識が絶対的意識と一つである」(SS. 53)ことを意味するのである。したがって、ここで「相互承認」とは、経験的意識においては差異的である個人がその絶対的意識と同一であることを確証し、人倫を形成するという問題である。「相互承認」は個人が「個別的経験意識」を超えて、「普遍性」へと高まることによって「普遍性と個別性の統一」を確証する問題ということである。

しかし『人倫の体系』ではこの課題を達成できていないことは明らかである。というのも、この「承認」が個別者と個別者の間で行われ、その差別は「家族」、すなわち「自然的人倫」において「愛」によって解決するとヘーゲルは考えているように思われるからである。

確かに「家族」において個別者間の差別、すなわちこの場合は妻と夫という特殊性は止揚され、一体性を獲得すると言えるだろう。だが、それは再び「関係」のうちに入らざるをえない。この「関係」は、ヘーゲルによればまさに相互対立の場面であり、特殊性のうちにあることを意味している。つまり再び「家族」と「家族」という対立に巻き込まれることになる。

二つの『精神哲学草稿』においても、「相互承認」は意識形成原理として、自立した個人間の、意識における共同性の形成という意義を持っている。ここでは、「相互承認」は個別者間の闘争であり、しかもそれは「家族」間の闘争である。したがって、『人倫の体系』とは異なって、『精神哲学草稿』では、「相互承認」はすでに社会的総体性において、その場面で諸個人間の共同性の形成を問題にしている。

もちろん、「家族」もまた共同体であり、それゆえ、相互承認を、家族形成および家族間の承認の両者を一貫して貫く原理とみなす解釈もある。たとえば、J・ハーバーマスである。ハーバーマスは、第一草稿にもとづいて、「相互承認」を実体化して把握し、「相互行為」と捉える。それによって、労働―相互承認連関を否定し、ヘーゲルのうちに労働論とは異なった構想があったと主張する。だが、このような解釈は、ハーバーマス自身の理論展開に意味をもつとしても、ヘーゲルに即してみれば、成り立たない議論だと言えるだろう。むしろ、オイヒナーが言うように、「家族」は最初の共同体であるが、この段階では他の家族との間の秩序立った関係を創出することができていない。そのために、ここに「家族」間の相互承認をめぐる闘争が始まるとしている。これが基本的な見解であると言えるだろう。(15)

「愛」による和解と、「相互承認」の文脈とは異なっており、むしろ個体性として相互承認の場に登場する自然的あり方と区別されたところにヘーゲルの労働—相互承認論が成立することを重視する必要があるだろう。この「家族」の位置に関しては、さらに『精神哲学第二草稿』においても変わらない。むしろもっとはっきりとこの点を述べている。「家族」はあくまでも自然的なものである。だからヘーゲル自身この「家族」の紐帯である愛を「人倫の予感 (die Ahnung der Sittlichkeit)」(GP II, 202) と述べている。これがヘーゲルの家族の基本的位置となる。このように家族の位置が確認されれば、「相互承認」の位置もまた明確になる。『精神哲学第一草稿』においてこう表現される。「意識が家族において到達する総体性は、他の家族の総体性において意識自身をそのものとして認識する。このことは絶対的に必然的である。この認識において、各人は他の個人にとって直接的に絶対的な個別者である。各人は他の個人の意識において自己を定立し、他の個人の個別性を廃棄する。あるいは各人はその自分の意識において、他の個別者を意識の絶対的個別性として定立する。これが相互承認一般である」(GP I, 307)。

この「絶対的個別性」としての意識あるいは総体性に到達した意識は近代的個人、すなわち自立性をもとに自己の自由を自覚した個人である。だから相互に独立した存在である個別者間の共同性の形成がここでは問題となっている。ヘーゲルはこのような相互承認の運動を労働のうちに見ることになる。

3　労働と相互承認

とりわけ第二草稿がこの「労働」の意義をはっきりと示している。

「労働」とは、自我が自己自身と媒介することによっておのれの個別性を廃棄し普遍性へと高まっていくという意味を持つ人間の本質的行為として把握される。すなわち、労働とは、主体の「自己‐対象‐化 (Sich-zum-Gegen-stande-Machen)」(GP II, 197) であり、しかも主体の「自己‐物‐化 (Sich-zum-Dinge-Machen)」(*ibid.*) である。

この労働は、ヘーゲルでは精神の労働と把握され、精神の過程全体を貫通する行為とされている。そのためまず最初に検討されなければならないのは、個別者の個体的形成過程である「主観的精神」におけるそれである。それは知性と意志という区別にもとづいて理論的形成過程と実践的形成過程に分けられる。

ヘーゲルによれば、はじめは単に自己同一的で無差別な存在としての精神である。このような精神は直観することにおいて自己を存在としての精神から分離し、それに関係する。すなわち「知覚内容」である。ここに「知覚内容」―「知覚作用」の関係が生じることになる。ついでこのような「直観すること」を直観することによって、精神は「心像」の総体となる。第三に、精神は「想起」によって、この心像を内化して「記号」にする。ここで言われる「想起（Erinnerung）」は文字通り「内化（Er-innerung）」であり、この「内-化」は、「私をたんなる心像から取り出して私のなかに〔その――引用者〕私を定立する」というような内化である。もはや対象は、あるがままの対象ではなく、ほかならぬ「私にとって（für mich）」の対象であることになる。そのことによって対象の独立性は奪い取られ、対象はもはや「対私存在（Fürmichsein）」（GP II, 182）である。これが「記号」である。われわれはこの「記号」において対象としての事物の本質が「私」であることを知る。

だが、このような「記号」による自己関係は精神の内部にとどまって内面性、主観性を意味するものでしかない。いまだ「夢見ている精神（der träumende Geist）」（GP II, 184）でしかない。だから、この「記号」においては、それに対応する対象としての外的存在はなんら必然的なものではない。このような主観性を客観性に、いわば物にするのが、「言語」機能であることになる。この言語機能によって初めて、対象が現存在として定立されることになる。

この「言語」機能は、「精神の行う最初の創造力」であり、「言語」はこのように名前を記号に与えることによってその主観性を客観的にし、対象を対自化する。ここにおいて、精神は自我になり、意識と対象との分裂が生じる。そして「対私存在」としてあった対象は自立的存在として意識に対立し、精神はこの対象において自己を知り、対象を獲得することになる。そのため、言語による対象定立は、「最初の全自然の獲得」（GP II, 183）と言われる。このように、言語が主観-客観という認識論的枠組みを創り出すことが明らかにされる。[16] このときに労働という自己-対象-化=自己-物-化の機能からこの言語機能も捉えられる。そして理論過程と実践過程とは統一的に捉えられていることが第二草稿では明らかにされてくる。

本来的な労働過程は実践過程において現れる。この労働過程では、自我は「知性」として登場している。「知性」とは、理論的形成過程の成果として登場してきている。自我は「知性」において純粋に自己関係的な自我である。ただ自己だけを対象としているがゆえに、形式的であり、内容を持っていない。したがって、実践的形成過程は、内容と形式の分裂、すなわち自我の分裂から始まる。主体と客体の分裂がある。このような分裂を統一していく過程が「労働」である。

「衝動」とは、このような分裂にある自我のあり方である。純粋自我と個別的自然的自我の分裂状態にあるのがこの衝動である。ヘーゲルによれば、意志はその直接性においては他者を持たない空虚な自我であり、形式においてのみ自己に還帰している抽象的な自我である。このとき内容は自我が定立した内容ではなく、自然的なもの、つまり自我にとっては与えられた自然性である。それゆえ「欠乏の感情」(GP II, 195) を持つことになるが、それが「衝動」である。

このような他者を持たない空虚な自我は欠けている内容を自己の外に見出す。「衝動の充足」とは、この自己の外の対象に関係することによって自分自身をも充実した内容として定立しようとすることである。それゆえ、このときの内容は自我の規定性であり、個別的自然的自我である。だから、「衝動の充足」はまさに個別性と普遍性とを統一することを意味する。しかも「自我であるところのものは全体として衝動である」(GP II, 196) がゆえに、衝動の充足は自我が全体としての自己を実践的に対象とすることである。これが労働である。

この労働は、自我が全体としての自己を対象とすることであるので、単に統一するばかりではなく運動のうちに把握されなければならない。それゆえ、ここに労働は「自己-対象-化」であり、対象化された自我は「物性の形式」を持っているがゆえに、この自己-対象-化＝自己-物-化である。

労働によって、空虚な自我、つまり直接性における自我は、おのれを対象化したその「作品」において自己を知り、自己に還帰する。だからこのとき、直接的な、すなわち無媒介的な自我はまさに対象化された自己と媒介され、直接性は止揚されることになる。こうして自我は「労働」によって、自己と媒介し、直接性（それゆえ、自然性）を止揚し普遍性へと高まっていく。このような自己媒介運動のうちに自我は把握され、自我の自然性の破棄はこうした運動によって行われる。これがヘーゲルの労働の基本性格の把握である。それゆえ、自己媒介運動こそ、自由の実現を意味しており、ここにわれわれは労働の陶冶の契機を本質的な契機としてみることができる。

3　労働論と所有論——「人格」陶冶論の確立——

1　ヘーゲルの労働論——所有と承認——

ヘーゲルは、労働こそが人間の自然性に埋没したあり方から意識的な普遍的なあり方へと陶冶する契機を担うことを捉えた。問題は、「契約」という論理的虚構とアトミズムにおいてしか説明できない社会構成を労働の運動によって説明することである。前提とされるのが、家族において人格という個体性に到達した個別者である。「ここで〔承認された存在——引用者〕初めて欲望は登場する権利を持っている。というのは、欲望は現実的であるから。言い換えれば、欲望そのものは普遍的精神的存在を持っている」（GP II, 213）。

この「人格」という個体性において、個体性は純粋主観性に到達しており、他者との形式的同一性に到達している。

したがって欲望は本来自然性であり、この主観性にとって他在である自然性であるが、しかし、この段階では自我によって定立されており、その充足は、自我の実現を意味する。そのため「普遍的精神的存在」と言われている。しかもこの形式性は無内容であり、その内容を外部に持たざるをえない。それゆえ、この欲望充足こそが形式的でしかないこの「人格」の自己の内容を作り上げることを意味する。このような運動構造が次のように定式化されている。「α　私は私を直接にものにし、労働における形式（存在であるという形式）にする。β　この私の現存在を私は同様に譲渡（外化 entäußern）し、その現存在を私にとって外的なものにし、そこで私を保持する。まさにそこで私は私の承認された存在を直観する。……前者では私の直接的な自我であり、後者では私の対私存在、人格である」（GP II, 217）。

　私は労働によって自分をものにする（自己-物-化）のであり、これが私という主観性を現存在させる機能を持つのである。労働が「自己-物-化」という意義を持つことは、きわめて重要なことである。まず第一に、「私」は自然との関係で自己確証する。これがαとしてヘーゲルが述べていることである。この自己確証は次のようになされると言えるだろう。この労働は「自己-対象-化」という形式として捉えられることができる。この「自己-対象-化」は、主観性の客観化であり、主観－客観の同一性がここにおいて成り立つことを意味する。だが、自己-対象-化＝自己-物-化であるがゆえに、この同一性が物として現実に存在することを意味する。だから、この自己同一性が私の現存在であり、それが物として現存することになる。私はこの物としての私の現存在を獲得すること（「占有」Besitz）によって自己の純粋同一性を自覚することになる。だが、この純粋同一性の自覚において問題なのは、「直接的な自我」でしかなく、依然としてこの純粋同一性が、私は私であるということでしかなく、内的充実のみがここでは自覚されていることになる。だからこの限り、私が独立した存在であることは潜在的にのみ成立しており、まだ確証されていない。だが、ここでこそ欲望－充足という関係が自己-対象-化という意義を持つことになる。

労働の自己‐対象‐化は、部分的に自己を自然のうちに投入することではなく、この段階で自我そのものを実現することを意味することになる。したがって、欲望充足そのものが自己実現という意義を持つことになる。もはや欲望は「動物的欲望」ではなく、自己を（ここでは知性を）介して定立された「欲望」である。この欲望充足は潜在的に成立している承認された存在を実現し現実のものにすることになる。そして充足において、そのような承認された自己の実現されたものを取り戻し、それによって統一体としての自己を分節化することになる。充足という労働の過程は自己を分節化し、対象を形成するとともに自己を形成する過程でもあることになる。このような過程は欲望を分割し、抽象化する過程でもあり、したがってこの進行に伴って欲望を充足する労働は分割されていくことになる。こうして欲望は多様に、個々の欲望を見れば、抽象的欲望となり自立化する。個別者の労働は個別的欲望を実現するがゆえに、個別者の労働は抽象化した欲望を実現する「抽象的労働（die abstrakte Arbeit）」（GP II, 215）となる。

だが、個別者の欲望は本来具体的な一つの全体としての欲望として存在している[17]。それゆえ、個々の、様々な分割された「抽象的な欲望」を一人の個別者の「具体的欲望（die konkrete Begierde）」として再構成する一つの運動が必然的に生じてくることになる[18]。これが「交換」である。

これが前述のβで言われることであるが、「交換」において、「私」は他我を媒介にして自己還帰することによって私が私であるということを他者を排除する独立存在として成立せしめる（「所有」Eigentum）。ここにおいて、私は「物」において自己の「承認された存在」を直観すると言われることになる。もともとこの「欲望の個別化」という動きから見れば、この「交換」は「具体物、占有への還帰」を意味する。この「交換」を媒介するものが「価値」と言われるが、それは「諸欲望の同等性」という意味を持っている。それゆえ、「価値」の媒介は、「交換」を行う二人の個別者の意思の統一において実現することになる。だから先の「承認された存在」を直観することは、この「交換」における「価値」において自他の統一という自らの普遍性を直観することを意味している。

ここで「占有」-「所有」関係に関して注意しておけば、両者の間には「承認された存在」の媒介があることである。言い換えれば、「交換」というものの運動は個別者の自己実現という運動として把握されなければならないと言うことである。というのも、「所有」においては、物そのものが問題ではなく、物そのものに対象化された個別者の自己が問題なのだから。だから、α、βという定式化の意義もある。

「交換」においてなされる論理構造は次のようになる。まずこの物としての私を譲渡することである。物としての私の現存在は、私から分離可能である。分離することが可能であることは、この私の現存在を私にとって外的な物とすることである。私はこの外的な物としての私の存在を他者に譲渡し、他者から外的事物としての他者を受け取る。ここで私と他我とは同一性を確証されることになる。これが「承認された存在」と言われる。私はこの物としての私のうちに私の「承認された存在」を直観すると言われる。

この承認された存在を他者に譲渡することによって、私の対私存在を他我の対私存在と交換することによって、私は他我のそれを獲得し、他我との承認を実現することになり、私と他我との関係は物と物との関係として成立する。承認関係は物と物との関係として完成されることになる。こうして私は他者のうちにおいて自己を見るのであり、今や孤立的な自我ではなく、他者によって媒介された自我、すなわち「承認された自我」となる。承認関係は物化されて私の外部に形成されることになる。したがって、交換こそが私の承認連関を形成し、私の外部に私を実現していくことになる。ここにおいて私の純粋自己同一性は「人格」という形式的な同一性として承認される。

だから、「人格」というあり方は、形式性における相互承認と内容の外部における実現という分裂した形式を示すことになる。[19] それゆえ、この人格は抽象的人格という先の規定が文字通りのものとなる。ヘーゲルの理解に関して、M・リーデルが「近代自然法にとっても、労働の『社会的』性格は隠れたままであったが、しかし、ヘーゲルは……労働を個人が自らを法的人格にまで形成しているところの近代社会の解放状態として理解した[20]」と述べるのは、至当であるだろう。

ヘーゲルは、このような「対私存在」から「対自存在」への展開を「所有」－「契約」への展開において実現されるものと見ることになる。こうしてヘーゲルは、近代において成立する「所有権」を労働－所有の連関として近代社会の運動のなかで明らかにし、社会性において成立する「人格」の問題性を労働の自己陶冶という機能から分析することによって明るみに出した。「契約」がこの「人格」の対自化の場面であるというのも、この人格が交換－契約の過程で他者との媒介を介して自己還帰するという論理構造が具体化されていることを見るからである。すなわち、純粋主観性としての「人格」は所有により「対私存在」として成立しているけれども、この「対私存在」を交換を通じて譲渡し、他者の「対私存在」を獲得することによって、他者性を媒介して「対自存在」となる。この媒介運動が物との関係において現れ、物の運動として展開されることになる。そしてその物を介して人格の関係は成立することになる。

ここではこの契約の問題をこれ以上詳しく言及する必要はないだろう。簡潔に「契約」という媒介形式が端的に個別者の普遍性が物性において形成されていることを指摘しておけばよいだろう。(21) このことが近代市民社会における「人格」は、この運動を通じて自分の内容を自分の外部に疎遠な形で形成し続けること、そしてそれを獲得することによって自己を陶冶していくことを示している。それが人格の陶冶である。「近代市民社会の自己分裂」という定義はこのような事態を示すものである。

2　マルクス労働論――「労働する諸個人」と「疎外された労働」――

マルクスの分析は、ヘーゲルと同じ地平でなされている。労働＝自己対象化＝自己物化である。「労働が生産する対象、つまり労働の生産物が、一つの疎遠な存在として、生産者から独立した力として労働に対立すると言うことを表現するものにほかならない。労働の生産物は、対象のなかに固定された事物化された労働であり、労働の対象化である。労働の実現は労働の対象化である。国民経済的状態のなかでは労働のこの実現が労働者の現実性剝奪として現れ、対象化が対象の喪失および対象への隷属として、〔対象の――引用者〕獲得が疎外として、外化として現れる」[22]。

マルクスが確認するのは、労働＝対象化であり、それが物化として現れることは対象の喪失、対象への隷属として現れることである。この対象の獲得が疎外として現れることである。ヘーゲルとマルクスの相違は、その理論構造よりもむしろ、この「対象の獲得が疎外として、外化として現れる」ということの重みの認識ではないか。ヘーゲルもまた、交換を介して形成される自己対象化の運動すなわち、自己対象化、物、その獲得による自己還帰という運動構造を認識していた。交換が創り出す普遍的な連関こそがこの「自己」の対象性における実現であり、疎外されているとしても人間の類的存在（Gemeinwesen）という性格を実現することを認識していた。

マルクスもまた、この対象化された自己を「商品」として捉えた。したがって、人格の関係は物の関係として現れることを的確に指摘していた。この「商品」こそが自立的に運動し、一つのシステムである資本のシステムを形成するのである。

商品とは、疎外された人間本質を示し、商品の運動は、この人間本質を疎外された形式において徹底して実現していくことを意味している。また、ここでは「労働する諸個人」の対象性において、「商品」が自己産出することによって資本のシステムを形成することを意味している。

「疎外された労働は人間から、(1)自然を疎外し、(2)自己自身を、人間に特有の活動的機能を、人間の生命活動を、疎外することによって、それは人間から類を疎外する。すなわち、それは人間にとって類生活を個人生活の手段とならせるのである。第一に、疎外された労働は、類生活と個人生活とを疎外〔互いに疎遠なものに〕し、第二に、それは抽象のなかにある個人生活を、同様に抽象され疎外されたかたちでの類生活の目的とならせるのだ」[23]。

「こうして疎外された労働は、(3)人間の類的存在を、すなわち自然をも人間の精神的な類的能力をも、彼にとって疎遠な本質とし、彼の個人的生存の手段としてしまう。疎外された労働は、人間から彼自身の身体を、同様に彼の外にある自然を、また彼の精神的本質を、要するに彼の人間的本質を疎外する。(4)人間が彼の労働の生産物から、彼の生命活動から、彼の類的存在から、疎外されている、ということから生じる直接の帰結の一つは、人間からの人間の疎外である」[24]。

ヘーゲルを基礎にして研究してきたものにとって、ここまで記述して問題となるのは、マルクスの優位性はどこにあるのかであろう。ヘーゲルにおいても「労働」こそが自己と対象との同一性を証する対象措定行為という意味を持っていた。この点ではマルクスも同じではないか。

問題はこの自己物化が生産物において表現され、この生産物こそが自己の対象性ということになる。だが、このときにも、対象性そのものに即した能動性の発生源は何であるかということが問題とならざるをえないであろう。だから、マルクスが「商品」を資本のシステムの起動点として位置づけ、この「商品」が能動的に資本のシステムを増殖していることを明るみに出したことにその社会認識の決定的な意義があるのではないか。

当然このときにも、労働こそが発生源であるにもかかわらず、何故商品がそれ自身において発生源たりうるのか、この点が問題とならざるをえない。この点でマルクスは商品が自立して、能動性を担うことが可能となることを明るみに出したと言えるだろう。有井によれば、『資本論』の「取得法則の転回」論こそがその意義を明るみに出すという[25]。

つまり有井によれば、物象的能動性の根拠は社会的労働にある。だが、商品は自身の能動性にそくして自身に前提的なこの能動性根拠を措定していなかった。しかし、蓄積論のこの「所得法則の転回」論に至って、この点を次のように明るみに出したという。「物象的能動性の根拠は……私的労働としての社会的労働であったが、商品は自身の能動性にそくして自身に前提的なこの能動性根拠を措定し得たわけではなかった。……この労働者の存在によって資本は価値増殖運動という自己の能動性を根拠づけたのであるが、今やこのような労働者（資本の能動性根拠）の存在そのものが資本の能動性発現の結果である……。だから今や資本は、自己の前提を不断に措定する生きた有機的システムである[26]」る。

労働のシステムは、「商品」という物象のシステムにおいて実現され、この「商品」という物象のシステムは、人格のシステムを実現する。この三つの相はシステムとしてそれぞれ自己完結的次元を持つことになるが、総体として資本のシステムを形成していることを示すことになる。[27]この段階において初めて、「物象的能動性」は、資本のシステムとなる。このシステムが自らの前提として「商品」を生み出し、社会的労働は「私的労働」として、労働者を生み出し、この労働者が「資本の能動性根拠」となる。「資本」は不断に自らの前提を生み出している。資本のシステムは「有機的システム」となる。労働は「疎外された労働」となり、この「疎外された労働」こそが資本の運動を徹底して推進すると同時に、労働者の疎外もまた徹底して推進していくことになる。

近代社会とはこういう意味で、ヘーゲルが指摘する「人倫の分裂態」という指摘を正当なものとする。この「人倫」とは、ヘーゲルの意味で「共同性」を意味している。だから法哲学においてヘーゲルは人倫の領域として、「家族」「市民社会」そして「国家」という領域を挙げるが、この「市民社会」こそがマルクスがもっと深部において捉えたわれわれの領域であると言えるだろう。

この領域でわれわれは「抽象的人格」として法的関係において相互に承認しあい、かつその活動＝労働を介して、徹底して自らの共同性を対象的に形成していくことになる。そしてこの疎外された共同性において自己を媒介し、自らの内容を創り出し、人格の陶冶を進めていくことになる。労働とは陶冶であるという意義もまた、このプロセスにおいてこそ実現されていくことになる。「〈悲惨における進歩〉を承認するか否かが存在把握としての理論の正当性を判定する試金石」という指摘[28]こそがこの「陶冶」の過程を正当に評価するものと言える。

4　公共性の問題地平

1　公共性問題とグローバリゼーション

「公共性」とは、人格＝「疎外されたゲマインヴェーゼン」の具体的な実現の場、労働過程そのものである。ということは、人格の関係が対象的に形成されて社会的意識として現存していることを意味している。この「公共性」が現段階においては、「抽象的人格」と国家という対立を超え、「労働する個人」とその外的環境という段階において現れている。それが「自由な人格」として現在のわれわれの自覚のあり方を形成している。[29]

こうして、先に指摘したように徹底して疎外された形式で、すなわち、対象性において形成されているわれわれの普遍性としての共同性こそが「公共性」を意味しており、それがわれわれの「悲惨」として諸個人にとって現出しようとも、この進行はわれわれの Gemeinwesen を疎外された形式で実現していくのである。この過程こそが「社会化された労働過程」であり、この過程において、われわれは陶冶されていく。この陶冶は、根本的に、労働が自己対象化であり、対象化された自己を媒介することによって自己還帰するという労働の基本的構造から必然的にでてくるものである。この他者媒介＝自己媒介という構図こそがこの抽象性という近代的人格の内実を形成するものにほかならず、自己の普遍性は対象性として実現されることになり、この対象性として実現された普遍性を取り戻すことを介して自らの抽象性を具体的なものとして実現することになる。しかも、実際、この対象性において実現された普遍性は物象のシステムであり、この物象のシステムを介して抽象的人格としての諸個人は相互に承認し合うけれども、この自己還帰構造が示すのは、この外的に物象のシステムに実現された承認連関を自己の内実とすることである。

それゆえ、「公共性」問題とは、この労働過程において、分裂的な形においてであるにしても、登場してきている労働する個人の労働産物＝商品を介して自己媒介するその段階を示す。この媒介こそが個人の陶冶を意味し、個人が自らの内実を実現している段階を意味することになる。

この過程で、今日、「公共性」は、労働する諸個人の「民主主義的自覚」として現存していることを見逃してはならない。このような意識こそが社会的意識であり、対象性として実現されている自らの普遍性を媒介して、自らのうちに現れているこの「公共性」の表現である。そして、この対象性における普遍性こそが先述の資本のシステムの正当性を示す能動性根拠であった。端的に「公共性」というのは、労働過程の到達段階を示すものであると言わねばならない。その対象性としての実現こそが国家であり、今日の公共性問題が切実な問題として現れていることの意味でもあろう。

そしてこの対象性として実現されているといってきたけれども、この実現された「疎外されたゲマインヴェーゼンこそ」がわれわれの外的環境であることを確認しなければならない。「この公共性は、私的個人としてのわれわれの外的環境を形成している社会的、共同的なものの表現であり、資本のシステムの運動のなかで、私的領域から公共的領域として分化され、この公共的なものの総括としての国家である」(30)。だが、この国家が、私的諸個人の公共的環境の形態化であることについてわれわれは、確認できるとともに、この外的環境はグローバリゼーションのなかで把握し直されなければならないのが今日の段階だと言うこともまた確認できるだろう。

このグローバリゼーションの時代において、様々な国々の特殊性、つまり伝統的な諸形態、伝統的文化を破壊しながら、資本のシステムの運動は資本の論理を貫徹していく。そこで実現されていくのは近代の諸個人の自立化とその陶冶である。だが、この進展は諸国民の伝統的な生活諸形態の破壊を進行させながら進むがゆえに、そこにはきわめて深刻な悲惨な状況を生み出しながら進むだろう。当然のこととしてこのような悲惨な状況は、諸個人のグローバリゼーションに対する反抗、反対運動を引き起こすことになるだろう。そしてこのような運動を包含するところにこのグローバリゼーションの意義があると言えるのではないか。今日のグローバリゼーションはアメリカ化として進行し、アメリカ的基準の押し付けとして進行しているが、このような反対運動をも包含する進行の中でアメリカ的基準そのものを越えて新しい国際的基準をも作り出すことになる。「国権的社会主義の体制的挑戦のもとで、また一般に、歴史的偶然的諸条件のもとで経験を蓄積しながら、野蛮な過渡的形態を克服し、諸国家間の合意として、諸資本の自由な展開のための一定の国際的環境を形成したのであり、そのもとで国家を超えて、諸資本の公共性の形態化を国際的公共性の形態化として実現しつつあるのである[31]」。

国家という形態において資本の運動は労働する諸個人の陶冶の普遍性を対立した形態で実現している。だが、今日のグローバリゼーションはそのような個別的諸国家を越えて公共性を実現し始めていることに留意しなければならないだろう。

2　アレントとハーバーマス

ところで、以上のような近代の正当な「公共性」問題の理解、すなわち労働論から今日的段階を確認する作業を行う前に、現代において「公共性」問題に対して積極的な発言を行い、今日公共性問題にアプローチする研究者にとってバイブルのような存在となっているのが、ハーバーマスとアレントである。この両者の「公共性」論を検討しておくことにしたい。と言うのも、公共性という問題性が反対に今日この二人の哲学者を今日注目させることになっているからである。

ハンナ・アレントは『人間の条件』[32]において、鋭くマルクスに至る労働論を分析しながら、古代ギリシャ以来のプラクシス－ポイエーシスという行動領域を浮かび上がらせた。そしてこれを継承してハバーマスもまた労働領域から区別された言語－相互行為連関を独自の人間的活動として浮かび上がらせている。[33]

両者に共通しているのが、古代ギリシャ以来の行動の枠組みを復活させようとする試みである。この文脈を確認して置くならば、アリストテレスの理論（テオーリア）、実践（プラクシス）、の基本的な区分が問題となっている。[34]これの二つは理論と広義の実践との対立であり、後者がさらに二つに区別されることになる。実践（プラクシス）と制作（ポイエーシス）との区別である。実践（プラクシス）とは活動そのものが問題であり、活動そのもののうちにその本質がある。それに対して、制作（ポイエーシス）は、その意図は制作されたもののうちにあり、制作においては意図と結果との区別が存することになる。このような活動・行為の区別にはアリストテレスの知の区別が関係させられる。知は五つに区別される。[35]すなわち、智慧（ソフィア）、直観（ヌース）、認識（エピステーメー）、賢慮（フロネーシス）、技術（テクネー）の区別である。この五つの区別のうち、ソフィア、ヌース、エピステーメーとはわれわれの思惟と認識の能力である。ソフィアは神の認識であり、ヌースはわれわれの神に対する認識であり、エピステーメーはわれわれの通常の認識である。後者のフロネーシスとは、通常の判断能力であり、技術（テクネー）は制作に関わる能力である。

このとき、フロネーシスとは全体と個別に関わる思慮であり、現実感覚とも言えるものである。したがって、家政、[36]立法術、政治術、などがこのフロネーシスのあり方であるとされる。それに対して、テクネーは制作に関わる。これは技術であり、訓練によって陶冶される知識であり、個別に関わる知であると言えるだろう。アリストレテスにおいては、実践こそがその活動性そのものにおいて全体（アリストテレスの時代にはポリス）に関わり自己の全体を実現する活動として位置づけられ、技術と言う個別に関わり個別的技能の陶冶に修練する活動とは区別される。

このようなプラクシスとポイエーシスとを統一し「労働」のうちに陶冶機能を見出したところにカント以後のドイツ観念論の成果があった[37]。そしてマルクスの労働論はこの正当な延長線上に位置している。だが、アレントとハーバーマスとは、もう一度プラクシスとポイエーシスとを復権させようとする。問題は、彼らのこの復権志向の問題意識がどこにあるのかである。

この点で、指摘しなければならないのは、第一に、現代の疎外をわれわれを個別性へと縛り付け、その全体観を喪失させている事態と捉え、その原因を「労働」に見ていることである。したがって、第二に、彼らがわれわれの疎外からの克服について労働とは異なった本質的活動を展望せざるをえないことである。

この第一点に関して、アレントは、近代における公的領域の確立と崩壊とを問題にしている。アレントによれば、近代において「私的領域に閉じ込められていた労働はいまやそのために押し付けられていた制限から解放された」。そしてこの労働が、古代において公的社会において示されるべき卓越さ（アレテー）と結びつき「公的に行う労働において卓越を示すようになった[38]」。だが、われわれの公共性、言論と活動は「親密なものと私的なものの領域に閉じ込めて以来、私たちの活動と言論の能力は以前の特質の大部分を失っている[39]」。労働こそが古代－中世的な共同体的あり方を解体し、諸個人の自立化を促したことを確認し、そこで再び、「公共性」が問題となってきたことを彼女は確認する。それと同時に、公的領域と私的領域という以前の区別がこの労働による共同体的あり方の解体とともに、喪失し、私的領域が基本的あり方となったことを見ている。

このとき、アレントは、「公的（Public）」が二つの意味を持つことを指摘している[40]。第一に、「公に現れるものはすべて、万人によって見られ、聞かれ、可能な限り最も広く公示される」ことであり、第二に、「世界そのもの」を意味している。この場合、「事物の世界がそれを共有している人々の真ん中にあると言うことを意味する。つまり、世界は、すべての介在者と同じように、人々を結びつけると同時に人々を分離させている」。この世界とは「共通世界」であり、共通の価値を担ってきたものとしている。アレントは近代においては、このような公的と私的の区別が失われ「社会」が登場してきたと述べ、「社会」の成立は、この「共通世界」の喪失を意味したと述べている。このような事態において、成立する問題性ことが彼女にとっては「公共性」の問題圏であるといえるだろう。この原因をアレントは「欠如している」こと、剝奪することを意味するprivateという概念によって行っている。[41] そしてアレントはこの点で、先の第二点として指摘したものを、労働(labor)と仕事(work)との区別から仕事にその展望を見ることになる。

3　限界点としての「労働」論の欠如

このような公共性論において、共通しているのは「労働」論の「欠如」とでも言える、労働に対する評価である。とりわけこの点で、マルクス評価と結合して「労働論」の無理解とでも言うようなマルクス評価を投げかけるのは、アレントの公共性論を踏まえて議論を進めたハーバーマスである。

ハーバーマスは人間の本質的行為を労働と相互行為とに区別する。彼はヘーゲルの、本稿でも取り扱った一八〇三／〇四草稿と〇五／〇六年草稿を検討し、その検討からヘーゲルの思想展開のなかで捨てられた構想として〇三／〇四年草稿の議論を評価して、ここから今日的な課題として、言語モデルにもとづく行為を相互行為として労働から自立した領域を形成するものとする。この議論自身はヘーゲル研究においては正当な評価ではなく、むしろ〇三／〇四年草稿がシェリング依存的な議論を脱するものではないことを見ていないということになる。[42] だが、これを彼は「解放的関心(emanzipatorisches Interesse)」と結合して議論したところに彼の特徴を見ることができる。ハーバーマスによれば、自然からの解放と人間諸関係による抑圧からの解放を目指す二つの認識指導関心(das Erkenntnisleitende Interesse）があり、それらの関心にもとづく行為が労働と相互行為である。そしてこのような関心にもとづく行為により「超越論的枠組み」が成立する。この「超越論的枠組み」が学問領域を形成することになる。したがって、学問は相対的にわれわれの行動領域から自立的に成立することになる。だが、労働とは道具的行為であり、また相互行為とはコミュニケーション的行為である。両者を統一したところに「解放的関心」にもとづく実践があるとされる。[43]

だが、ハーバーマスは、結局この「解放的関心」にもとづく実践を自己反省としたり、あるいはこのコミュニケーション行為としたりしたが、解放にわれわれを導く方向を示せなかった。その結果、労働連関を無視し、われわれのコミュニケーション連関において一つの調和的関係を形成しようとした。だが、その結果、労働連関がわれわれに迫る必然的な悲惨な状況と陶冶の問題が視野には入らなくなってしまったと言えるのではないか。そのため、コミュニケーション行為の理論以後のハーバーマスは時評的な、ドイツの現実の批評に走ることになった。この評論活動そのものが、ドイツにおけるナチズムの相対化（歴史家論争）、ドイツ統一という歴史的事件をめぐるものであるがゆえに、貴重なものではあるとしても、[44]やはりそれは今日の「公共性」問題がわれわれに呈示する理論的課題を正確につかむことを疎かにすることになるのではないだろうか。つまり、それは研究者が今日の公共性問題へいかにアプローチするかという一つのモデルを示してくれるとしても、理論的な問題としてはもはや問題にならないだろう。

5　「公共性」問題の今日的地平

アレントとハーバーマスが着目する今日の「公共性」問題は、近代市民社会、資本の運動が作り出したシステム、すなわち諸個人の自立とその本質の「疎外された形式における実現」という事態に正しく定位していることは否定できない。「疎外されたゲマインベーゼン」としての「公共性」は、資本の運動によって徹底して対象性において諸個人の普遍性を形成していき、諸個人は労働によってその普遍性と媒介し、その普遍性を内面化（自己媒介）していく、すなわち陶冶されていく。

今日、アレントやハーバーマスが「労働」と「相互行為」あるいは制作行為などというわれわれ人間の本源的行為をもう一度ギリシャ時代の思想に戻って捉え返そうとするのは、すでに指摘したように今日の社会認識にとって限界を持っているのは否めない。だが、そこにある現代認識は、すなわち「公共性問題」把握には、ある種、重要な問いがあるといわねばならないだろう。すなわち、われわれの時代が、徹底して「資本の論理」が貫徹する時代であり、その現段階をいかに捉えるかという問題意識である。それは彼らにとって現代を捉えるとともに、その現代のうちにあるわれわれの総体的把握と解放を意味することになった。

だが、そこにある問題意識を読み替えると次のようになるのではないか。労働こそが、近代社会において「資本の論理」の中枢をなす行為であり、「労働する個人」は自らを労働において実現するけれども、そこに「人格」と公共性という分裂を引き起こし、自らを徹底して疎外した形式で実現していくこと。この分裂状況をいかに把握するのかという問題意識である。

「公共性問題」はわれわれの見解によれば、まさしくこの分裂状況の必然性を認識すると同時に、「労働する個人」は、資本のプロセスの中で、「抽象的人格」として自己定立することを意味している。一九九〇年のソ連邦、東欧圏などの社会主義体制の崩壊は、もう一度この近代の問題性をわれわれに投げ返した。このとき、われわれはもう一度この「労働する個人」がまさしくその抽象性にもかかわらず、資本の論理がわれわれに要求するのはこの「労働する個人」の存立の必然性であり、正当性である。ここからわれわれは出発しなければならない。今日の「公共性」問題とはまさしく、この疎外されて存立する普遍性が、われわれ「労働する個人」の人権として定着していることを示し、この人権の正当な実現を促す社会変革を要求しているといえるのではないか。この人権の抽象性はまさにこの普遍性が疎外されているがゆえにである。だが、この人権意識はわれわれの民主的自覚として現れているのが現段階であることを確認しなければならない。

現段階は、根本的に既存の経済、政治体制の再構築として現れている。この動きはやはり、国際的な運動として相互に連動しつつ、全世界規模で生じてきている。この運動は、これまでの正当性の抜本的な揺らぎを示していると言えるだろう。それは世界中のあらゆる国を巻き込んで、一つの国際基準を打ち立てようとするグローバリゼーションの提起してきている問題であると言えるだろう。八〇年代には賛美の対象であった「日本型経営」の根本的変動、そして問われているのは諸企業がこの社会に存在することの正当性、すなわち公共性の問題である。

（1）　この「方法的懐疑」という方法は、シェリングの「超越論的自己意識の歴史」あるいはヘーゲルの「意識経験学」など、ドイツ観念論において重要な発展を遂げることに注意されたい。フィヒテの「自我の実用的歴史」を含めてこの問題を論じた論文は、古くなるが、次のものがきわめて示唆的である。Ernst Behler, Die Geschichte des Bewußtseins. Zur Vorgeschichte eines Hegelschen Themas, in: *Hegel-Studien*, Bd. 7, 1972, S. 169-216. また幸津國生『意識と学』弘文堂、一九九九年、も参照されたい。この問題性は学の体系の境位にいかに至るかという近代哲学固有の問題性をなしている。

（2）　アウグスティヌス『告白』（服部英二郎訳、岩波文庫）における「私は疑う、それゆえ私は存在する。もし私が欺かれるなら、私は存在する（Dubito, ergo sum. Si fallor, sum）」が挙げられるし、またこの点をめぐってデカルトのコギトに対する批判もなされたことには注意すべきである。デカルト『省察』第四反論および第四答弁、アントワーヌ・アルノーのデカルト批判がそれである。それに対して探求の方向が違うという反論をしている。私はここに理論上の存在資格の問題を見る。デカルトの Cogito こそが、確実性原理として理論上の存在資格を持ったことが決定的な相違である。アウグスティヌスにはこの点が欠けている。服部英二郎『アウグスティヌス』勁草書房、一九八〇年、三四～三五ページ。

（3）自然法の流れは古い。あえて本稿で、私は「自然法（Naturrecht）」という言葉で通すけれども、古くはストア学派以来の考え方で、lex naturale と呼ばれた。文字どおりこれは「自然法」であり、自然の法則と人間の法（掟）を同一視する考え方である。この考え方は今日のカトリシズムにまで続く。そして近代契約論の当時もグローティウスやプーフェンドルフはこの考え方を取っていた。だが、本稿で問題とする、ホッブズ、ロック、ルソーらの近代契約論が提起したのは、この自然法を人間を起点として成立する「自然権」という考え方であったことだけは断っておきたい。以下の文献を参照されたい。A・P・ダントレーヴ（久保正幡訳）『自然法』岩波書店、一九五二年（一九七四年）、福田歓一『近代政治原理成立史序説』岩波書店、一九七一年（一九七四年）。Winfried Röhrich, *Sozialvertrag und Bürgerliche Emanzipation von Hobbes bis Hegel*, Darmstadt, 1972 (1983); Thomas Schmidt, *Die Idee des Sozialvertrags. Rationale Rechtfertigung in der politischen Philosophie.* Mentis Vertrag 2000; Jean-Francois Kervegan/Heinz Mohnhaupt (Hrsg.), *Gesellschaftliche Freiheit und vertragliche Bindung in Rechtsgeschichte und Philosophie*, Klostermann 1999.

（4）ディヴィド・ヒューム「原始契約について」『中公パックス　ロック・ヒューム』中央公論社所収。

（5）以下引用にあたっては、Suhrkamp 版第二巻（G. W. F. Hegel, Werke in zwanzig Bd. 2. Jenaer Schriften 1801-1807, S. 439-）所収のものを使用する。この版からの引用に関しては、NA と名前を略記しページ数だけを指示する。訳に関しては、現行の邦訳『近代自然法批判』世界書院、一九九六年、を参考にした。

（6）ただし、この自己保存は、ホッブズばかりではなく、スピノザなど近代哲学においてはきわめて重要な問題性を孕んでいることには留意したい。とりわけ、理論哲学において、デカルトのコギト以来「自己意識」が、原理的位置を占めることになったが、この「自己意識」と「自己保存」との論理的構造が問題となる。Dieter Henrich, Die Struktur der Selbstverhältnisse, Leipzig (Reklam Verlag); ders. *Selbstbewußtsein und Selbsterhaltung.*

（7）「方法論的個人主義」という言葉は、マックス・ウェーバーの表現である。もちろんこれと対として使用されるのが「方法的全体主義」である。同じ問題性を「アトミズムとホーリズム」の対立として問題を暴き出したきわめて有効な論稿は次のものである。有井行夫『マルクスの社会システム論』有斐閣、一九八七年、の序章。

（8）ヘーゲルの「近代自然法」批判は、他方でカント、フィヒテに対しても向けられるが、本稿ではこれは視野の外におく。なお今日でも「道徳」と「倫理（含法）」の区別と同一とが問題になるが、このように、今日の社会において成立しているあり方を内面化することによって成立する「純粋主観性」が道徳性であり、それに対してシステムとして客観的に成立するのが「倫理」であり、この制度化されたのが法であることになる。そして、道徳のレベルでは、この「内面化」の仕方は個々人で異なり、それぞれの人にとって自らの内面化の仕方は絶対的であり、その限り、道徳的な他者批判は、他者に自らの道徳を強制することになり、正当性を持たないと言うことになるだろう。この点は「生命倫理」の問題圏をどこに見るのかというときに問題となる。長島隆「生命倫理とは何か」『資料集　生命倫理と法』太陽出版、二〇〇三年、三〜一一ページ。

（9）通例われわれが自由としてイメージするのはこのような「選択の自由」であるが、ここでのヘーゲルの批判の基本は、『法哲学綱要』の序論における「選択の自由」批判と共通するものである。

（10）いわゆる「差異」論文と呼ばれる。*Differenz des Fichteschen und Schellingschen Systems der Philosophie*, 1801 はヘーゲルがイェーナで初めて哲学界に登場した論文であり、シェリングとの哲学的共同のうちにあったとみなされた。

（11）この精神哲学草稿は、一八〇三／〇四年のものと一八〇五／〇六年のものとがあり、今日では、邦訳されている。加藤尚武監訳『イェーナ体系構想　精神哲学草稿Ⅰ（一八〇三―〇四年）精神哲学草稿Ⅱ（一八〇五―〇六年）』法政大学出版局、一九九九年。なお両者の間の体系的相違を見、前期の立場に「相互行為」の可能性を見て、その後の展開の基礎にしたのがユルゲン・ハーバーマスである。ハーバーマス「労働と相互行為」『イデオロギーとしての技術と科学』紀伊国屋書店、一九七〇年所収。なおこのハーバーマスの議論は彼のシェリング論にもとづく。すなわち、「超越論的枠組み」として労働圏と相互行為圏とを相対的に独立した領域として構築するのは、シェリングの議論を想起させる。だが、ハーバーマス研究において彼のシェリング研究にまで言及するのは中岡成文氏だけである。中岡成文『現代哲学の冒険者たち　ハーバーマス』講談社、一九九七年。

（12）今日、「自然法」論文と「人倫の体系」では、「自然法」論文の方が先に執筆されていることが確認されている。Heinz Kimmerle, Zur Chronologie von Hegels Jenaer Schriften, in: *Hegel-Studien*, Bd. 4, S. 151–154. 因みにルカーチは（『若きヘーゲル』第二巻の注1で）、Lasson に反対して、「人倫の体系」の方が先に執筆されたことを主張している。

だがこの Kimmerle の研究は筆跡鑑定的な考証によって時期を確定しており、今日はこれに従うのが基本となっている。

(13) このような体系的位置づけにもかかわらず、またシェリング的な「直観」と「概念」の相互の「包摂」という概念装置によって体系を展開しようとしているにもかかわらず、体系の内部を見れば、ヘーゲルの方法論的苦闘の跡が見られる。この点に関しては古くは、Gerhard Göhler, Kommentar zu Hegels frühen Politische Schriften, Ulstein.

(14) G. W. F. Hegel, *System der Sittlichkeit* (1803), Felix Meiner. 以下 SS と略記、ページ数を付する。「承認論」に関しては、次のような諸著作を参照されたい。加藤尚武『ヘーゲル哲学の形成と原理』未来社、一九八〇年。高田純『承認と自由』未来社、一九九四年、また Ludwig Siep, *Anerkennung als Prinzip der praktischen Philosophie*, Verlag Karl Alber.

(15) W. Euchner, Freiheit, Eigentum und Herrschaft bei Hegel, in: *Egoismus und Gemeinwohl*, Frankfurt a. M. Suhrkamp, 140f.

(16) この「名前づけ」が個々の事物を対象として定立することが言われたが、ヘーゲルは、この「名前づけ」では対象間の連関が定立されていないことを指摘し、この連関を自我の連関として定立するのが「記憶（Gedächtniß）」であるとされる。「記憶の使用は……精神として目覚めた精神の最初の労働である。名前を与え考案することは直接的な考案する恣意である。記憶においては、さしあたりこの恣意が消える。……自我はその恣意をその存在において放棄し、自らを普遍的なものとして定立する」(GP II, 186f.)。

(17) Bedürfnis と Begierde とは、ヘーゲルにおいて区別される。この区別は前者が本来的な欲望であり、後者は媒介された、したがって社会的な欲望という区別である。したがって、労働によって欲望が分節され抽象化したところに成立するのが後者であり、いわゆる「流行」などは後者の欲望としてみられなければならない。

(18) 「多種多様な抽象的な加工のあいだで一つの運動が生じなければならない。そしてこの運動によって諸欲望が具体的な欲望になる。すなわち一個別者の欲望となる」(GP II, 215)。

(19) イェーナ期の労働論は、マルクスの先取りという評価を受けていることは留意されても良いかもしれない。たとえば、マルクーゼ（桝田啓三郎・中島盛夫・向来道夫訳）『理性と革命』岩波書店、一九六一年（一九七三年）。だが、後にマルクスに言及するけれども、本稿で重要なのはそのようなヘーゲル－マルクス関係の了解ではなく、両者の理論的同一性にもとづく、現代社会の認識を示すことである。

(20) M. Riedel, Die Rezeption der Nationaloekonomie, in: *Studien zu Hegels Rechtsphilosophie*, Frankfurt a. M. S. 91.

(21) ここでヘーゲルは「契約」に関して、「共同意志」を見、これが他者の意志を媒介しているといっても個別者の内面においてにすぎず、実質的には個別的意志にすぎないことを見ており、そのために、「契約」の履行が人格すなわち自由な主体の内的自律性に依存せざるをえないことを指摘している。ここに相互性が再び浮かび上がってくることを指摘し、履行を何らかの形で保証するような強制力への要求が生じざるをえないことを指摘する。「私の言葉が守られなければならないのは、私が内面的に自己と同等であり続け、私の思想、確信などを変えては行けないという道徳的根拠からではない。そうではなくて、私はそれを変えることができるのであるが、しかし、私の意志は承認された意志としてのみ現存在しているからである」(GP II, S. 219-220)。

(22) マルクス『経哲草稿』岩波文庫、八七ページ。

(23) 同書、九五ページ。

(24) 同書、九七〜九八ページ。

(25) 有井行夫『株式会社の正当性と所有理論』青木書店、一九九一年、二五七〜二六七ページ。「取得法則の転回」の意義に関しては有井は六点にまとめている。第一に、「『資本論』が出発点において想定した諸前提は、対象自身が措定し、対象は対象自身にそくして現実的なあり方として現れているということ、すなわち自己の前提を不断に措定することにおいて存立している有機的システムとして現れるということである」。第二に、「商品のシステムが自身を資本のシステムとして実現したということは矛盾のシステムとして実現したということである」。第三に、「自己の前提を措定する矛盾したシステムとは、自己の隠された前提（疎遠な前提）を社会関係に措定するシステムであり、社会的石木に自己の真理をあらわにするシステムだということである」。第四に、「取得法則の転回論において、理論的にはじめて、資本家的所有ないし資本家的私的所有が措定されている」。第五に、「単純な私的所有のそれだけではなく、蓄積論は、資本家的私的所有そのものの自己批判の場面でもあるということである」。第六に、「資本のシステムの現象は真のシステム産出根拠としての『疎外された労働』の措定だということである」。

(26) 同書、二六一ページ。

(27) 同右。

(28) 神山が、山口正之の議論、有井行夫の議論に言及しながら、この点を指摘していることは重要である。CRI協同組合総合研究所『研究報告書』第三二巻所収の神山義治「成熟する資本のシステム——現代企業の脱資本主義性と自由の成熟」を参照。

(29) 有井、前掲書、二七五ページ以降。

(30) 同書、三四七ページ以降。

(31) 同書、三四八ページ。

(32) 本稿で使用するテキストは、ハンナ・アレント『人間の条件』、『革命について』ちくま学芸文庫である。ともに志水速雄訳を使用する。なおアレント論としては、今回目を通すことができたのは川崎修『公共性の復権』講談社、一九九八年、および、斉藤純一『公共性』岩波書店、二〇〇〇年、である。

(33) ハーバーマス「労働と相互行為」『イデオロギーとしての技術と科学』(長谷川宏訳)紀伊国屋書店、一九七〇年、同(細谷貞雄訳)『理論と実践』未来社、一九七五年、同(渡部祐邦他訳)『認識と関心』未来社、二〇〇一年、同(平井俊彦他訳)『コミュニケイション行為の理論』全三巻、未来社、一九八五—八七年。なお最初のものはヘーゲルの二つの「精神哲学草稿」を分析し、一八〇三/〇四年草稿にヘーゲルの理論発展の異なった道の可能性を見、ここにその後のハーバーマスの労働領域と相互行為連関という二つの区分の原型を示した。この論文はヘーゲル研究としてはすでに、その妥当性は否定されているけれども、ハーバーマスの思想発展の根底に座る基本的な考え方が出ていることで重要な論文である。

(34) 『ニコマコス倫理学』(全集第一三巻、一九八八年)および『形而上学』(全集第一二巻、一九八八年)、また出隆『アリストテレス哲学入門』岩波書店、一九七二年、藤井義夫『アリストテレス』勁草書房、一九五九年。

(35) 『ニコマコス倫理学』第六巻、第三章から第一一章。

(36) この「家政」が、「オイコノミア」であり、今日の経済学に通じるものであることは注意。古代、中世における「家」が血統にもとづく単位であるばかりではなく、そこに経済活動を含んだ経済単位であり、かつポリスとの関係では政治単位でもあった。オットー・ブルンナー(石井紫郎他訳)『ヨーロッパ—その歴史と精神』岩波書店、一九七四年(一九七六年)。

(37)　M. Riedel, in: *Studien zu Hegels Rechtsphilosophie.*

(38)　前掲アレント『人間の条件』七二～七四ページ。

(39)　同書、七四ページ。

(40)　同書、七五～七八ページ。また斉藤純一前掲書第一章は、「公共性」と言う概念の整理を行い、また日本で「公共性」がどのような文脈で使用されるようになってきたかを分析している。

(41)　同書、八七ページ以降。

(42)　だが、このヘーゲル解釈そのものにおいて対立しているのはドイツ観念論の理論的圏域におけるシェリングモデルとヘーゲルモデルの対立だと言えるだろう。だから筆者はこの点で、この間のハーバーマス研究がシェリング論を評価の対象に入れていないところに不満を持っており、シェリングモデルの限界がハーバーマスの限界を示すことになっていることが見られていない原因ともなっている。実際問題としてハーバーマスを持ち出す論者の場合に、基本的に、現実認識のリアリティを無視して、ユートピア的な「理想」論を提案することになるのは、プラクシス派のアグネス・ヘラーらの議論と同一のものを持っていると言えるのではないか。そして今日のマルクス主義の「解体状況」を先取りした現象であると同時に、今日の雰囲気に見合った現象であるとしても、それはやはり、哲学が、そして社会科学の課題が現代認識にあることを放棄したところに成り立つ議論であるだろう。

(43)　とりわけ重要なのは、邦訳『理論と実践』に付論として付加された「理論と実践を媒介する試みにおける若干の難点」(邦訳五六三～六二三ページ)である。ここで彼の「認識関心」論の総括がなされていると言えるだろう。その意味で、『コミュニケイション行為の理論』以前の理論的総括である。またハーバーマスのシェリング論 *Das Absolute und die Geschichte*, Bonn 1955 は邦訳がないが、それについては「唯物論への移行における弁証法的観念論――『神の収縮』というシェリングの思想からの歴史哲学的推論」『理論と実践』一五九～二四六ページ、および「マルクス主義的シェリング――エルンスト・ブロッホの思弁的唯物論について」『理論と実践』五〇九～五三四ページを参照。

(44)　矢代梓『啓蒙のイロニー』未来社、一九九七年、本書はハーバーマスの思想展開における様々な論争を概観したものであり、参考になる。

第2部　資本主義の転回と国際公共性

第6章　資本主義的社会化の最高の段階としてのグローバリゼーション

大西　広

ブッシュ米大統領の時代となって以降、アメリカを起点とする戦争が絶えなくなり、今や誰もが現代を「帝国主義時代」の一時代として認識せざるをえなくなっている。が、しかしこの時代と同じく戦争の絶えなかった二〇世紀初頭にこうした「帝国主義」もまた「国際化」の一つの形態、「経済生活の国際化と諸国民の相互依存関係の発展」の「新しい段階」であることを宣言したのもまた「帝国主義論」の著者たるレーニンであった。レーニンは「諸民族間の種々の関係が発展し頻繁になること、民族的隔壁の破壊、資本、経済生活一般、政治、科学、等々の国際的統一の形成」が「成熟した資本主義」の「特徴」であり、「帝国主義は諸民族の統合の時代である」と指摘している（この点は山口正之『資本主義はどこまできたか』参照）。本章はそうした進歩的本質が暴力的な戦争や金融支配などの形態を通じてもなお貫徹すること、そしてその貫徹の現段階を明らかにすることを目的としている。

1　帝国主義的国際化の現段階＝定義

1　資本主義の最高の段階としての「帝国主義」

レーニンのこうした「帝国主義」理解はそれが「資本主義の最高の段階」として定義されていることとも関わる。『共産党宣言』は「古い地方的で国民的な自給自足や閉鎖に代わって、諸国民の全面的な交通とその全面的な相互依存関係が現れてくる」ことを、資本主義的発展のもっとも基本的な法則としたが、このように「資本主義」が捉えられる限り、その最高の段階は定義的にも「諸国民の全面的な交通とその全面的な相互依存関係が現れてくる」ことにおいてもその最高の段階でなければならない。この意味で資本の全面的な国際的移動の段階であるとのグローバリゼーションのイメージはレーニンにおける「帝国主義」の段階的認識と基本的に一致している。

またさらに、そもそも「帝国主義論」でレーニンが述べたことの基本線としても、同じことが言える。マルクス派の理論界でも戦争がなければ「帝国主義時代」でないかのごとく理解するものがあるがそうではない。確かに「帝国主義論」は「戦争の不可避性」を論じたが、重要なのはその論理であって、ただ単にその結論を述べたものではなかった。つまり、「帝国主義論」における「戦争の不可避性」の説明は次のようなものであった。

すなわち、先進資本主義と後進資本主義との間の資本の希少性の相違は各国間の利潤率格差を生じさせ、それが国際資本移動を先進資本主義から後進資本主義への流れとして生む。その結果、後進資本主義の成長率の方が上回るという形で各国資本主義は不均等に発展する。そしてその時間の経過の中で強大化した後進資本主義はそれに相応する市場を要求し、先進資本主義との市場再分割が国家間紛争という形で不可避となる。というものである。後進資本主義の発展、すなわち資本主義の世界的拡張がこの前提となっていることとともに、たとえば戦後期間における「日米摩擦」のようなものも論理の基本線として「帝国主義戦争」であったということを見ておく必要がある。戦後の日本はアメリカからの援助を含む資本流入が生産力を急速に拡大し、その結果としてアメリカ市場に逆に諸商品を大量に輸出するようになり、摩擦が発生したのである。その典型としての日米の自動車摩擦を考えると、アメリカの自動車市場は自動車の「世界市場」であったから、その分割がすなわち「世界市場分割」であり、その分割比率をどうするかに関する激しい攻防＝「世界市場の再分割」が日米政府間でめぐらされていた。ここでは、日米資本の利益が日米政府のそれぞれによって担われ、したがって資本間の闘いが政府間の闘いとして繰り広げられている。

過去にはこの「政府間の闘い」に武器弾薬が直接に用いられ、現在ではマスコミやお雇いイデオローグや外交機密費が用いられているという違いがあるが、それは本質的な問題ではない。国際資本移動を通じた各国資本主義の不均等発展が政府間摩擦に昇華されるという論理において完全にレーニンの論理が貫かれている。筆者はこのことを明確にすべくこうした帝国主義に特殊的な国際的摩擦を「レーニン的紛争」と名づけ、またそれを戦後環太平洋諸国を事例に国際連結計量経済モデルとして表現する作業にしばらく従事した(1)。ともかく、こうして「帝国主義論」は狭義の戦争の説明の理論としてだけ捉えられてはならない。現在のように戦争が続くときのみをもって「帝国主義時代」と捉えるのは誤りであり、その趣旨から現代の発達した世界資本主義を「帝国主義論」の枠組みで捉え直さなければならないように思われるのである。

実際、この戦後期間においては、こうした世界資本主義のメカニズムによってともかく世界の資本主義の発展はさらに推し進められた。後発の資本主義国にすぎなかった日本も世界最高水準の一人当たり国民所得に達し、輸出工業は多くの途上国でも形成をされ、彼らの所得水準もその程度に応じて上昇をした。つまり、資本主義の生産力と生産関係は一部諸国のものではなく、全世界において存在するものとなり、「諸国民の全面的な交通とその全面的な相互依存関係」がこうした摩擦と犠牲を伴いつつ全世界を覆うようになった。前述のようにこれが帝国主義の歴史的役割である。言うまでもないが、世界の所得水準の平準化にとってはこのように後進資本主義・途上国の発展スピードが先進国のそれを上回ることが絶対の条件である。その過程もまた、途上国の工業化とともに進行しているのである。

2　帝国主義の最高の段階としてのグローバリゼーション

が、しかしもう一度議論の出発点に戻って、こうした基本的特徴が戦後期間にただ一貫していただけでなく、「グローバリゼーション」という時代に新たな段階規定を伴って進んでいることを認識することも重要である。つまり、「資本主義の最高の段階としての帝国主義」のそのまた「最高の段階」としてのグローバリゼーションの段階的特徴が明確にされなければならないのである。

ただし、その特徴に関する筆者の認識はそれほど特殊なものではない。やはり八〇年代頃から言われた企業の多国籍化がさらに「金融商品市場の国際化」にまで進んだことがその中心的内容であろう。(2) とりわけ一九九〇年代のアメリカ・クリントン政権はドル高政策によって世界の資金のニューヨークへの集中を促し、その結果世界の主要企業はすべてニューヨーク金融市場の投資対象とされるようになった。今やサムスンが増資をしたいならアメリカ人にわかるようにその企業業績を示さねばならず、従来の簿記や会計の方式によることはできなくなった。証券市場のグローバリゼーションによって世界の会計基準の一元化が急速に進められるようになったのはこうした背景からである。この意味で、現在のグローバリゼーションは覇権国アメリカの「戦略」と深く関わり、したがって特定の国家の特定の利益が別の利益を損ないながら進行しているということも事実であって、それが現在の国家間摩擦の重要なイシューとなっている。がしかし、ここでわれわれが見ておかなければならないのは、ともかくも世界の諸企業の資金調達が国境の枠をはみ出し、世界大の規模となっていることである。自分の知人からのみの資金の調達で企業を作れるのであれば株式の上場もアメリカ流の会計も要らない。が、しかし現在の資本主義はもはやそのような段階でなくなっている。何らかの反動的志向性としてこのグローバリゼーションが捉えられるのではなく、資本主義の必然的な発展の結果としてグローバリゼーションがあることがわかる。なお、このような経営方式の世界的な標準化が企業社会の進歩的転換を導いていることは筆者の第1部第1章を参照されたい。

したがって、ここでのポイントは多国籍企業化の末に至った金融商品市場の世界化である。これはもちろん、資本が国際的に移動することを前提にし、その意味で「国際資本移動」をもって特徴づけられた帝国主義時代の一小段階であることとなる。「帝国主義」はレーニンの定義以前に「自由貿易帝国主義」と呼ばれる体制が一九世紀にあったが、これは商品貿易（と移民）のみをその特徴としていた。それが資本主義的国際化としての（レーニン的）帝国主義時代に突入をして、資本の国際間移動を特徴とするものになった。そして、それがさらに、金融商品市場の世界化の段階となって「グローバリゼーション」と名づけられるようになったのである。いわば、「モノの国際化」に対する「カネの国際化」が帝国主義段階であり、グローバリゼーションはそのまた最終段階にあると言える。

2　グローバリゼーションの矛盾＝対立構造

1　階級社会における「抑圧」の本質

しかし、上記のような諸矛盾の指摘にもかかわらず、資本主義の必然的な発展の結果としてグローバリゼーションを進歩的現象と見る本章の主張は読者に違和感を引き起こすかもしれない。現実の社会ではこのために多くの業者が倒産をし、搾取が国際化し、また児童労働が途上国に広がっているからである。総じて言えば、このグローバリゼーションの過程はとくに社会的弱者に過酷な競争を強いている。そして、このために現実社会ではこのグローバリゼーションをめぐって紛争が生じ、WTOやIMFの会議場前ではいつも衝突が起きている。こうした激しい対立の性格や必然性もまた本章の説明対象でなければならない。

そこでわれわれは少し原論的な問題に立ちかえる必要がある。たとえば、階級社会における国家は階級抑圧の手段か共同業務の担い手かといった論争があった。これは階級社会における「抑圧」の本質を知るためには解決されねばならない理論上の課題であった。なぜなら、この論争では、抑圧手段か共同業務かといった二者選択の議論となっていて、「支配」自体が共同業務であること（弁証法的な認識の発展においては「合」たる位置にある認識）が理解されていなかったからである。たとえば、国家はある段階で保護貿易政策を採用する。これは国家の単位で幼稚産業を発達させるという共同業務の一部である。が、かといってそれが自由貿易で利益を得る一部業者を抑圧していることを何ら否定しない。国家はその決意を強制できる手段である以上、それは全面的に抑圧手段である。が、しかしそうした抑圧自体が何らかの社会的な普遍性を持つことはありうる。あるいは、そうした行いをしない限り、当該の国家は長期には存続しえない（これが真の「正当性」である）。階級社会における「抑圧」は原理的にこのように理解されねばならないのである。なお、こうした理解は権力的強制にのみ言えることではない。市場競争による強制にも同じく言えることである。長期に存続しうる競争システムは、強制＝抑圧装置であるとともに社会の普遍的な利益を実現している。現在の市場経済システムの正当性はここに存しているのである。

したがって、われわれが対象としているグローバリゼーションでもまた、それが抑圧的であるからといって全面的に否定されるものではなく、また逆に進歩的であるからといって抑圧的でないというわけではない。被抑圧者は自らの利益のために抵抗するのは当然の権利である。が、しかしラッダイト運動がそうであったように、この歴史的転換が進歩的なものであるかどうかという判断なしにはその運動もまた成功することができない。グローバリゼーションに反対することでその傾向を阻止できるかのように考えること、その歴史的進歩性を理解できないためにそうすることはその運動それ自身にも痛い打撃を与えざるをえない。これが今われわれが直面している問題なのである。

2　社会化の推進者としての強者

そのような視角からこのグローバリゼーションの過程を振り返って見た時、ここでの対立構造はまずは各国間の利害衝突として前面に出てきている。簡単に言えば、アメリカ産農産物の高い競争力を先進国の例外として扱えば、先進国ブロックと途上国ブロックが、前者は技術集約的な産業を、後者は労働集約的な産業の競争力を武器に互いに市場開放を要求して相争っているのであるが、ここでは言うまでもなく、「市場開放」＝グローバリゼーションを要求する側は当該産業に強い競争力を保持している側であり、それを阻止しようとする側はその産業において弱い競争力しか持ちえていない側である。つまり、強い側がグローバリゼーションを推進し、弱い側はそれを阻止しようとする。これは、各国国内におけるグローバリゼーションの支持勢力と反対勢力のパワー・バランスにも反映され、このパワー・バランスが各国政府のグローバリゼーションへの態度を決めているのである。

したがって、ここで言えることがいくつかある。まずその一つは、グローバリゼーションの推進者は「強者」であるということであり、それが弱者の利益代表としての左翼が強くグローバリゼーションに反対する理由となっていることである。アメリカがグローバリゼーションの推進者となってきたのはこのためである。農産物において圧倒的な競争力を持つと同時に、航空機や金融サービスなどの競争力もなお絶大である。「グローバリゼーション」の本質が時に「アメリカ化」と呼ばれる理由はここにある。以上では、貿易紛争を例に述べたが、第2章で問題にした国際会計基準の統一問題など、他の「グローバリゼーション」分野においても言えることである。

が、しかしここで同時に知らなければならないことは、この「強者」と「弱者」の関係が世界資本主義の不均等発展のもとで大きく変化をしてきていることである。というのは、アメリカが世界のGDPの半分以上を占めたような時代は終わり、その貿易収支は一九六〇年代末にとうに赤字化している。そして、それに代わって日本が、否、中国をはじめとする東アジア途上国の急速なキャッチ・アップがあり、今や中国一国でも全世界のパソコンの四五％が、録画再生機の三九％が、カラーテレビの二五％が、冷蔵庫の一八％が、粗鋼の二〇％が、デジタル・カメラの二二％が、モーターバイクの四六％が、携帯電話機の二六％が生産されるようになった（以上は二〇〇二年実績）。ちなみにこれら以外でも中国はエアコンのシェアを一九九九年から二〇〇〇年にかけて何と一〇％も拡大させている。これらの多くは当然、世界市場に向かって供給されているが、そのために「家電大国」「自動車大国」であったはずの日本にさえこれら分野の輸出が始まっている。この分野がもっとも強かった日本に対してさえそうであるというところが重要である。(3)

あるいは、こうした生産力・競争力の変化に対応して、先進諸国の方がより保護主義的であると言えるような状況が出てきている。アメリカが鉄鋼のセーフガードを発動し、日本に各種の輸出自主規制を迫っていたことは言うまでもない。問題はその動きが日本にも波及し、通産省→経産省の「自由貿易」の看板がここにきて塗り替えられつつあることである。たまねぎ、しいたけ、タオルといった品目の対中セーフガードは形式はともかく実質的には発動され、二〇〇二年夏には韓国・台湾の繊維メーカーに対する反ダンピング課税の実施が始まった。反ダンピング措置はセーフガードの場合と違い、補償の提供や相手国の対抗措置の受け入れが要求されないために乱発・乱用が目立っている。そのために日本政府は従来反ダンピング措置一般に反対をしてきたが、その日本が今回発動に踏みきったことの意味は大きい。

したがって、われわれがここで認識しなければならないことは、「グローバリゼーションの推進者」としての「強者」もここにきて大きく交替する兆しが出てきたということである。少なくとも貿易面では米国を中心とする先進国がその抵抗勢力として機能することが多くなっている。われわれは今や先進国の不生産性部門と一緒に「反グローバリゼーション」を叫ぶだけでは、これからようやく工業化せんとする途上国の利益を踏みにじることにしかならない。守旧的な「反グローバリゼーション」論はますます途上国に対する敵対勢力、先進国の利害代表としての性格を強めつつある。「マルクス派」に「反グローバリゼーション」論者が多数見受けられる今日、看過できないポイントである。

さらに第三に議論しておきたいもう一つのポイントは、こうしてグローバリゼーションによる対立は本来は産業間のそれであるものが国家間のそれとして現れているという点であり、あるいはその背景たる資本・賃労働の対立はここではどのような位置に存在しているかという問題である。筆者はこの問題は都市・農村間の対立問題として次のように捉えることができるものと考えている。

すなわち、たとえば今、農業と伝統産業の衰退過程にある農村に唯一の希望として近代工場が建設されたとしよう。しかし、そうした工場建設の才覚を持つ者も、その製品を売るための市場も、さらにまたそのための資金もすべてが都市に集中している限り、この工場は都市の住民によって投資され管理されざるをえないだろう。とすると、この工場の資本家は都市住民であり、農村住民は（失業するか都市に移住しない限り）労働者にしかなれず、その結果、資本と賃労働との関係は都市と農村との関係に、つまり、資本と労働の対立は都市と農村の対立として現れざるをえないだろう。われわれがここで論じている問題に言いかえれば、「都市」は先進国に、「農村」は途上国となるだろうか。途上国の資本のほとんどは先進国からの投資によるものであり、その本社は先進国に位置しているとしよう。この時、こうした国家間矛盾の背景には産業間矛盾があり、また資本所有者のほとんどが先進国人である時それはさらに階級間矛盾として理解されることができる。グローバリゼーションの過程を世界の無矛盾な一元化としてではなく、国家間対立としてより現実的に捉えるとしても、その本質は階級間矛盾と深く関わっている。(4)

この視点は筆者の考える限り非常に重要である。なぜなら、たとえば先の都市・農村間の対立についても農村にも資本が蓄積され企業家が生まれるようになれば、そこでの対立はもはや都市・農村間の対立ではなく、両地域にまたがる資本家階級と労働者階級の対立に転化をするであろうからである。つまり、この問題は農村の近代化、そこにおける資本主義の成熟なくしては本質的に解決されない。(5) したがって結局のところ、途上国をどう工業化していくかが南北の国家間矛盾の解決にとって基本的な方向となるのであって、少なくともその意味ではグローバリゼーションによる途上国への資本主義の拡張、工業化は歴史的前進であると理解しなければならないのである。

3　ブッシュの軍事的帝国主義をどう見るか

もう一つ、こうした「国際的対立構造」の問題としては、アメリカでブッシュ政権が成立して以降の軍事的帝国主義の問題がある。日本や世界で「グローバリゼーション論」が様々に議論されたクリントン期には基本的にこのような事態は想定されておらず、クリントンの金融帝国主義が続くものと考えられていた。が、事態は変わり、筆者としてもその正確な理解のためにイラク戦争直後に『グローバリゼーションから軍事的帝国主義へ』(大月書店)という書物を出している。

しかし、この点で私の書物への誤解を解消するためにも申しておかなければならないことがある。それは、この戦争時代は永遠ではないということであり、こうした戦争とともに進んでいるグローバリゼーション=不均等発展の現代的展開が、その次の時代にはまた別の安定時代を形成することである。つまり、レーニンが正しく述べたように、「世界の再分割戦争」は変化した経済的パワーバランスに対応した新しい政治的パワーバランスを獲得するためのものであって、とするとわれわれの直面しているそれは「パックス・アメリカーナ」という一つの安定時代(前述のようにそこにも国際的な摩擦があったが)から別の安定時代への変化(中国を中心とする、あるいは中国をその重要な一つの中心とするそれ）であって、それだからこそグローバリゼーションによる不均等発展の展開が大変重要となるのである。中国を中心とする東アジアの途上国の発展こそが「不均等発展」の中心内容を形成し、それが過去の安定を壊し、また新しい安定をより確実なものとするからである。

3　アメリカ覇権の消失と新しい国際的秩序

1　国際的「工場法」の役割

したがって、こうしてわれわれはこのグローバリゼーション過程自体に様々な矛盾の解決方向を見出しているのであって、それは「国際総資本」に動かされた国際協定の作用についても言うことができる。

たとえば、カリフォルニアではアジアに存在するナイキの工場での労働条件が問題とされ「不公正商慣行」（これではカリフォルニアにある同種の工場が「公正」に競争できないという意味）で消費者法違反とされるということがあったが、この圧力でナイキはそのアジア工場の労働条件を引き上げざるをえなくなった。「工場法」の国際的適用というべきであろうか。ここでは、「国家」もまたこの限りで肯定的な役割を果たしている。

ただし、とはいえ、これを原理的に「工場法」として理論化できる以上、こうした積極的役割とともに、その積極性が資本間の矛盾の産物であることを同時に理解しておく必要があるだろう。資本の運動はいつの世も善意にもとづくものではない。労働者に時短を実現することのできる競争力ある資本がそれのできない資本を駆逐する目的で法制定を要求したのであって、ここでも「強者」が制度を前進的に後押ししていることがわかる。(6) ただし、上記のナイキの場合はカリフォルニアの弱小資本がナイキのアジア工場を追及したのだから、「弱者」の大資本への闘いであるとともに、米国資本のアジアへの闘いとしての性格を持っている。その点ではこの「工場法」がアジアの労働条件に積極的な作用を及ぼすと同時に、低賃金でしか勝負できないアジアの工業化に障害となるという影響についても理解しなければならないだろう。当該のアメリカでも、こうしたハイ・スタンダードを途上国に押しつけることへの批判は強く、(7)これはこうした国家規制が資本間の激しい競争の賜物であることによる限界をよく示している。アジアの労働者の側から見れば、こうした規制によって労働条件を引き上げてもらうことの利益と、ともかくも投資が続くことによる経済発展で長期には所得も上昇するということの利益の秤量が問題となろう。現在の中国におけるように後者の効果の発現が非常に速い時には後者の利益が、そうでない時には前者の利益が優越する。なお、このどちらの面が上回っているかの基本的な判断基準は現地労働者がどちらを望んでいるかであろう。その点では、一時の日本のインドネシアなどへの資本進出は後者の例として、現在の中国への外国企業の進出は前者の例として考えることができる。

2　国際機関の「正当性」

しかし、このように保護主義の疑いのある「国家」規制ではなく、もっと直接に「グローバルな利益」を代表する制度的諸装置にも注目しなければならない。国連や世界銀行やWTOやIMFといった国際機関の役割がそれである。これらの機関もまた国連の常任理事国制度やIMFと資金提供国＝先進国との関係の深さなど民主主義原則に問題なしとしないが、しかしそれでも、サミットやG7、NATOといったような露骨な先進国同盟ではない。たとえば、WTOは全参加国合意を建前としており、それが中国をして加盟を決意させた大きな原因となっている。この原則のもとで途上国の発言力は日に日に増しており、それをベースに影響力の拡大ができると踏んだのであるが、このことは中国が沖縄サミットに参加を断ったことと対照的である。サミットやNATOなどは先進国同盟だが、国連やWTOなどの民主主義原則にはそれなりの信頼を置いているのである。WTOシアトル会議での騒乱のようなことが起きつつも、ともかくも現在のグローバリゼーションが諸国家の合意をもって前進しているのにはこのような制度的諸装置＝正当化の手段があるということがある。

ただし、とはいっても、こうして「民主主義的」な決定がなされているからといって、この決定がそのまま「労働者の利益」を反映したものと捉えるのは性急である。なぜなら、「途上国の利益」がWTOなどの場で現実に影響力を持つようになった根源的な基礎には途上国自身もが労働集約的な産業の発展を実現し、その利益を国際機関の場で守ることを強く必要とするようになったからであり、その意味でここで直接に守られているのは途上国労働者の利益ではなく、その産業利益であるからである。これなしには途上国もまたWTOへの加盟のインセンティブもなかったし（「WTOに加盟して輸出を強化する」という中国の加盟動機を見よ）、またこのために途上国は「国際総資本の決定」を行うWTOなどの諸機関に介入することができるようになったのである。この意味で、こうした国際諸機関での決定を「国際総資本の決定」と理解することはできる。(8) あるいは、これら国際機関の設立目的が一般に国際的な通商の促進にあって産業保護にはないこと（さらにこのために途上国商品の通商促進も「目的」に適合すること）に注目すれば、これらの諸決定は単なる「諸利害の調整」ではなく本質的に資本の「超国家的利益」の実現と言うこともできる。

この「超国家性」は国際の舞台においては非常に重要である。なぜなら、個別国家の利益であればそれを国際社会での決定に持ち込む正当性に欠けるからであり、逆に言うと、現在のグローバリゼーションが現実には「アメリカの利益」としての性格を色濃く持ちながらも国際社会で強い指導性を持っているのはこうした「超国家性」を持っているためと言うことができる。アメリカによる戦後の「国際化」の主導はそれ以前のような植民地や勢力圏の設定という形をとらず、ただ諸外国での自由な企業活動を求めるという形をとった。(9) このことは戦後の国際化により大きな正当性を与えたのであって、それは現在のWTOなどの正当性にも通じている。「自由貿易」が「保護貿易」や「ブロック化」と違って本質的に国際的な相互依存性を高め、世界的な利益と結びついているとの基本的なイデオロギーもまた同じ役割を果たしている。

3　生産力発展の重要性

ただし、それぞれの社会はそれぞれの発展段階に応じてそれ相応のイデオロギーを産出する。そのため、こうしたイデオロギーや諸制度が外から注入されるだけでは当該社会の発展は望めない。そうしたイデオロギー（ここでは価値観）や諸制度がその当該社会で真に「正当」なものとなる歴史の発展段階に達することが何よりも根本的な条件である。中村政則氏はかつて各国の民主主義は一人当たりＧＤＰである段階を突破して初めて成立すると述べたが、それもまたこの一例である。

このことを示すために、「正当化イデオロギー」の果たす役割の制限的な性格をもう一つ挙げておきたい。それはイギリスにおける動物愛護の思想や制度とその野蛮な植民地支配との連続性に関する問題である。イギリスでは一八二〇年頃から動物愛護の市民的動きがあり、一八四〇年頃にはそれが「王立」となって（つまり国家政策となって）動物警察が設置されることとなった。二〇〇二年七月のＮＨＫテレビの報道によると、たとえばある家庭がペットのラットに餌を十分に与えていないとなるとこの動物警察が出動して強制的にこのラットを保護する。テレビでは保護されて幸せそうなラットが映し出されていた。が、しかしこのイギリスはその当時中国に阿片を輸出し、野蛮な戦争を繰り返していた。この落差を「落差」と捉えるか、こうした戦争遂行のための一種の正当化イデオロギーとして動物愛護の思想を捉えるかというのがここでの問題である。動物でさえ保護すべきという思想はヒューマニズムに結びつくことは言うまでもないが、ヒューマニズムに結びつく前に「文明化されていない遅れた諸国民」に対する「我ら文明化された市民」としての自民族の優越感に結びつき、それが「文明化されていない遅れた諸国民」に対する植民地支配に正当性を与えたというのが現実であった。正当化イデオロギーに肯定的な役割の可能性があることも事実であるが、その過大評価もまた禁物である。植民地諸国の飢えが癒されることなくアフリカのサルの密漁が止まることはないだろう。「狩猟民」が労働者に転化をし、さらにその所得水準の上昇とともに人間に対する人間の扱いが改善されることなく、「動物愛護」は当該社会の基本的な課題にはならない。生産力発展を基礎とした当該社会の基本的な社会発展なしには本質的な解決がなされえない（社会的な価値規範は生産力に依存する）というのが史的唯物論のテーゼであるというのが筆者の理解である。

4　グローバリゼーションはどこまできたか＝発展の現段階

1　不均等発展の現在

したがって、以上の分析の結果は次のように要約することができる。「都市・農村間矛盾」としての対立は「農村」たる途上国の工業化以外に解決することができず、国際的な「工場法」の是非は途上国の工業化のスピードに依存し、国際協定・国際機関の「超国家性」もまた途上国の工業化の程度に依存し、最後に述べた国際的な「進歩的」イデオロギーの役割も途上国の経済発展がなければ十分なものにはならなかった。総じて、途上国の工業化が判断の基準になっており、その意味で結局のところ、このグローバリゼーションがそうした経済的発展に寄与するのかどうかが問われることになる。そして、（性急な自由化が途上国の工業化を時に阻害するとはいえ）その基本的な回答は「YES」である。冒頭に述べたように、帝国主義の一段階としてのグローバリゼーションでは国際資本移動がますます大きな役割を果たすようになっており、証券などの国際的金融フローの活発化も基本的にはそれを促進するものと理解

表6-1　世界資本主義の不均等発展と工業化の地球的広がり

	先進国	「後進国」	途上国	〈覇権国〉	〈WTO〉
至一次大戦	英仏	独伊（日）	AALA	英→米	bloc 化
至二次大戦	米英仏	日独伊	AALA	米国	bloc 化
20C後半（日米摩擦期）	米英仏	日独 NIES	AALA	米国	自由貿易
21C初頭（米中摩擦期）	欧米日 NIES	東アジア	ALA	中国の勃興	bloc化？
21C中葉	欧米日東アジア	南アジア、LA	A		
21C後半	欧米アジアLA	アフリカ			

される。したがって、後進諸国の成長率が先進国のそれを上回るという不均等発展法則はますます顕著になっており、途上国の工業化は急速に進んでいる。「資本主義的社会化の最高の段階としてのグローバリゼーション」は途上国にもまた資本主義的社会関係をもたらさなければならず、それは途上国にも途上国出身の資本家階級が出現することを必要条件とする。(10) こうした外延的拡大がそれまでの規模をどのように上回っているか、あるいはどこまでの外延的拡大が進行しつつあるかが現在の「グローバリゼーション」の段階性を規定する。

そこで、その段階性をどこまでの範囲に工業化が及んでいるかという点を基準に整理したのが次の表6-1である。

見られるように、この表には「先進国」と「途上国」の二大区分の間に「後進国」という範疇が置かれている。これは、工業化の離陸に成功せず先進国の成長率を下回っている諸国・諸地域＝「途上国」と区別された「途上国」である。言うまでもなく、現在の東アジア諸国を指しているが、これらはレーニン『帝国主義論』で「後進諸国」と表現されているため、このように表現した。レーニンはこうした「後進国」はそれが資本流入によって先進国以上に成長するためには鉄道などのインフラ整備が先行しなければならないと主張しており、それが完成している「途上国」とそうでない「途上国」との差と認識されたい。

そうすると、表のように、大きな時代の流れに応じて「途上国」からひと地域ずつ「後進国」に移行する諸国をわれわれは並べることができ、あるいはそうした「後進国」から先進国段階に達した諸国を並べることができる。従来とても成長できないといわれていた中国の高成長を見るとき、今後この成長地帯が南アジアに、ラテンアフリカにと拡張することはわれわれの対象とする「グローバリゼーション」が続く限り筆者はありうると考えている。そして、もしそうすれば、二二世紀の初頭にはわれわれ人類は「途上国」も「後進国」もない時代、つまり南北格差の消滅するような時代を迎えることができる。われわれはそこまであと百年というところにまで到達した。東アジアの急速なキャッチアップはそのことを信じさせるに足りる希望の源である。「現代」を過大視するのでなく、また軽視するのでない、そうした視点からはこうした現局面の理解がもたらされる。

2　「レーニン的紛争」の現局面

しかし、今まで繰り返し論じてきたことであるが、こうした歴史的な前進は厳しい矛盾と対立なしには実現されない。前節ではあえて明示的に論じなかったが、レーニン『帝国主義論』の基本的枠組みは先進国と「後進国」との最終的な市場再分割戦争であった。その意味で、われわれの歴史段階把握もそれは「どこまで後進国範疇が広がったか」「どこまで先進国となったか」の理解（「正」）だけではまだ不充分であって、その段階ごとの先進国／後進国間摩擦（「反」）を見なければ具体的なものとはならない。そして、その意味では、戦後期間の日米摩擦、現在現れつつある中米摩擦あるいは前述の先進国・「後進国」間摩擦がこの理論枠組みで確認されねばならず、そして将来における南アジアやラテンアメリカに対する「欧米日東アジア」ブロックの抵抗、あるいは成長を開始したアフリカ諸国への「欧米アジア、ラテンアメリカ」ブロックの抵抗を覚悟しなければならないだろう。

さらに言うと、本来はこうした各国産業間の矛盾であるものが、各国国民の間の感情的なレベルに昇華されてしまう危険性がある。たとえば、世界のＧＤＰの半分を占めたアメリカが日本のキャッチアップに脅かされた時、誇り高いアメリカ人は相手が相手だけに（アジア人への蔑視があっただけに）深いコンプレックスを感じることとなった。

日本で確立されたQCサークルは元々アメリカが考案したものであり、アメリカに輸出攻勢をかけている電気製品はエジソンが発明したもの、自動車はアメリカで発展したものであったが、それらが「野蛮」で得体の知れないアジア人の手になり、今やアメリカでは職が次々と失われ、逆に日本製品が市場にあふれる。この意味で〝ジャパン・バッシング〟は単にアメリカの資本家階級の意図にもとづき展開されたのではなく、「国民的」なレベルでの経済的基礎を持っていたのである。もちろん、このバッシングを受ける側の日本にも激しい反米感情が起こったのも当然のことであった。

あるいは、この「国民感情的」なレベルでの摩擦は戦前期の不均等発展期にもわれわれは体験した。先発帝国主義はアジアを植民地化し、そこでの市場を独占している。より優れた日本製品を供給できないような不当な障壁を形成し、われわれ大東亜の地を縦《ほしいまま》にしている。これへの怒りは実は正当なものであった。あるいは、より正確に言って、このような感情レベルの背景なしにはあのような戦争にまで政治家は導けなかったのでないだろうか。

そして、ここまで行くとわれわれが考えなければならないのは、今後不均等発展の局面が「欧米日NIES vs 東アジア」となった際の国民感情レベルの矛盾をどう予測し、どう対処するかであろう。この対立は前述のようにすでに中米摩擦、日中摩擦という形で始まっている。こうした現象をわれわれは単にそれ自身として認識するのではなく、世界資本主義の不均等発展による国際摩擦の国民意識における反映として、つまりある種の法則的な現象として認識しなければならない。それによって初めて、現在の自分達の反中感情を過去のアメリカ人のジャパン・バッシングなのだと客観化することができ、そのことで現在の感情を抑え、また相手の感情を理解することができる。あるいはより本質的に、この諸民族の対立の最終的な解消は不均等発展の終了＝諸国がともに「先進国」となることを要するということがわかる。つまり、やはりここでも前の諸節の結論と同様、途上国の経済成長（「途上国」が「後進国」となってさらに「先進国」に前進すること）がもっとも根本的な必要事として結論づけられるのである。

3　アメリカの衰退と「アジア危機」、「日本危機」

そこで、その中国の問題についてもう少し補足を行いたい。それは急速にキャッチアップするこの国がとくに巨大な人口サイズを持っていることの人類史的意義が特別に認識される必要があるからである。

具体的に言えばこういうことになる。よく中国の人口が世界人口の五分の一（一三億）を占めると人は言うが、それがヨーロッパ＋北アメリカの総人口を上回っていること、あるいは南北アメリカの総人口を上回っていることまで考え至っている人は少ない。とすると、このことは中国が工業化されるということは工業化諸国に占める西欧世界とアジア世界のバランスが逆転をするということ、あるいは現在の欧＋米＋日の「先進国」の総人口サイズ（約五億）以上の「先進国」が誕生するということを意味する。(11)もちろん、現在の中国の勃興は中国全土で完全に同じスピードを保っているわけではない。よく言われるように農村との格差は拡大している。が、しかし沿海部のみでも数億の人口サイズを持っているばかりか、その農村部でさえやはり高成長をしていることを認めないわけにはいかない。毎年十数パーセント成長をする沿海部の成長率をいくらか下回っているというにすぎない。あるいは、この農村部から常に大量の人口が都市部に移動をしているという意味で、実は農村住民の多くが移住先の都市部で成長の恩恵に与っている。そして最後に、もしかなり「先進国化」しているマレーシアなども含めるなら現在の「東アジアの勃興」が持っている世界史的意義はさらに大きくなるのである。

それからもう一つ、中国は絶妙のマクロコントロールによってその影響を免れたものの、その他の東アジア途上国が被った一九九七年の「アジア危機」についても言及しておく必要がある。というのは、この危機は当時「やはり東アジアのキャッチアップは無理。アメリカはやはり強い」との認識を生んだからである。筆者は上の常識に反して、この危機こそ米国覇権の衰退を表現するものと理解しているからである。(12)

さらにもう一つ、実は日本の長期不況もまた「アメリカの衰退」と深く深く関わっている。というのは、日本の長期不況は現在もその不良債権処理問題が続いているように、それはバブル崩壊という事態がその原因となっているが、しかし、それではなぜバブル崩壊が起きたのか。「バブル」という現象は無限に崩壊なく続くことはできないから、この原因はなぜバブル経済が生じたのかという問題に行きつく。そして、それにはやはりアメリカの対日政策、あるいは日本の側の対米追随政策が決定的な役割を果たしているからである。(13) ともかくこうしたアメリカの対日政策の前提にあった「アメリカの衰退」という事態を正確に見る必要があるというのが筆者の主張である。ここで説明する余裕がないのが残念であるが、ともかく指摘のみをここでしておきたい。

4　米国覇権とその衰退の歴史的役割

したがって、グローバリゼーションという現在の資本主義的国際化は「米国覇権の終焉」として展開をされており、そのためほかでもない「アメリカ」というある特殊かつ固有な国がこれまで世界を支配し、またこれからは支配できなくなる、そのことによる時代の特殊性を理解しなければならないだろう。そして、その「特殊性」、すなわちイギリス覇権とは異なる特徴はイギリスを上回るその普遍性であった。前にも記したように植民地を分割所有するのではなく、ただ各国が貿易と金融の面で開放をしさえすればよい。少なくとも建前の上ではそうした要求だけで諸外国に影響力を拡大できるようになったという資本主義的国際化の段階に対応した「覇権」のあり方をアメリカは持っていた。

こうしたある種の普遍主義はそもそもアメリカの「国民性」に非常に適合的であった。「アメリカ論」はマルクス＝エンゲルスやレーニンやグラムシも没頭したように古くから一つの大きな社会科学的テーマとなっていたが、とくにマルクス、エンゲルス、グラムシが注目したようにアメリカ社会が古い封建社会を建国以前に持たなかったことはその国民性を大きく規定しているように思われる。「自由、平等、博愛」の資本主義の精神を純粋に発展させられただけでなく、封建制と深く結びついたカトリシズムの教会権力が存在せず、あるいはヨーロッパの各国国教会からも自由であったことは封建的でもなくまた民族にも囚われない、そうしたきわめて普遍的な国民性をつくり上げることとなった。とりわけ、日本やフランスやインドや中国のように「国」自体が原初的に存在したわけでなかったこと、そして実際にバラバラな民族の移民の国として出発したことは自分自身のアイデンティティをこの時期に確立せねばならなかったことを意味し、それがジェファーソンの自由主義と個人主義にもとづく民主主義という普遍的な旗印に国民を結集させることを基本的に成功させた。マルクスやエンゲルス、そしてグラムシがアメリカ社会がもっとも先進的でかつ社会主義に一番近いと認識した理由もここにある。すぐれて「世界的」=「普遍的」な、あるいは社会構成体論的に言って「進歩的」な国として世界をリードしたのはこの意味でも良いことであり、あるいはそれがゆえにリードできたのである。

しかし、こうした「崇高な」理想を持ち、したがって純粋培養されたピューリタン国家はそれゆえに「不寛容性」という問題をも持つようになった。この点はすぐれたアメリカ研究者である亀井俊介氏が主張され続けていることであるが、酒が悪いとなると禁酒法を制定してしまうアメリカ人、タバコが害だとするとまた法律で禁じるアメリカ人、妊娠中絶もまた国家として良いか悪いか結論づけないと済まないアメリカ人は他の諸民族、とりわけアジアの諸民族の目から見ると非常に余裕のない精神構造のようなものを感じさせる。いわば「善悪二分論」に囚われたところがあり、これはたとえばアメリカ映画のほとんどで善玉・悪玉がはっきりしていることからも理解される。あるいは9・11一周年での発言など大統領の発言がいつも宗教的な用語に満ちていることも「使命」というものを言うことなしに自らを正当化できない（もちろん、このことをよく言うと「正当化」できないすべての行動が抑制されていることとなるが）、そんな余裕のなさ（よく表現すると純粋さ、あるいは原理主義）を表現している。そして、それが国際関係に反映される時、常に「悪玉」を探し出し、探された「悪玉」は一切の弁解なく否定されることとなる。反テロ戦争も現在の対イラク戦争ももちろんそれを支配層の石油権益や国際戦略で理解するのが正道であるが、ともかくそうした戦争への「国民の動員」を可能にしているものという点では以上の「国民性」は重要である。このために非常に野蛮な戦争行為が常にこの覇権国によってなされることとなり、したがって「米国覇権」の数十年はこうした戦争の時代とならなければならなかった。もちろん狭義の戦争だけではなく、「共産主義への闘い」としての「冷戦」、ＣＩＡを通じた「非民主主義国」の転覆、ＩＭＦなど国際機関を通じた途上国主権の侵害などもその結果である。こうした「米国覇権」の特徴はそうであるがために逆に普遍性を損なう結果にもなっている。

こうしたアメリカの独善性が今一番目立っているのはイスラム諸国・諸民族への対応であろう。ハンチントンの『文明の衝突』によって「イスラム文明」が冷戦後の新しい「悪玉」とされ、その戦略の上に湾岸戦争、スーダンへの介入、アフガン戦争、イラク戦争などの対外戦略が展開されてきた。よく言えばこれらもアメリカ人の使命感にもとづく「善意」の仕業ではあるが、しかし問題はこの「使命感」が普遍的なものに見えてやはりある独善にすぎないこと。あるいは、その「使命感」が前述の経過よりキリスト教に過度に色づけられていることである。そして、このキリスト教とユダヤ教とはイスラム教という共通の敵を持ち、したがってこの戦略の共同の担い手となっている。というより、国民レベルはともかく、国家戦略の策定レベルではユダヤ人＝イスラエル・ロビーが少なくともパレスチナ問題でアメリカのイスラエル擁護を不動のものとしており、その結果、アラブ＝イスラム勢力は本質的にアメリカを世界の指導者と認められないような関係が構造化している。つまり、こうしたアメリカのユダヤ人との同盟関係がアメリカの世界外交を縛り、それが真に世界をなびかせることができないアメリカの限界をもたらしている。アメリカ中心の覇権システムの限界はここにある。

したがって、世界資本主義が真にグローバリゼーションを成し遂げるには、こうしたアメリカの限界を超えることが必要になる。そして、それは不均等発展の現在の局面、つまり米国覇権から米中時代への転換が確かに一つの歴史的解決を準備しているように思われるのである。というのは、米中間の対立が前面に立つか協調が前面に立つかは別として、ともかく世界に影響力を発揮する二つの超大国が存在するようになった場合に、ただ一つの主義、ただ一つの原理が世界政治を覆うことができなくなるという意味で世界の支配原理はその硬直性を修正されざるをえないからである。ただし、この点で十分に理解されなければならないのは、そうした寛容な世界システムへの転換はアメリカ人に対する誰か優秀な語り手の説得によってなされるのではなく、アメリカの世界支配が力をなくすことによってなされるだろうということである。たとえば、上述のような経済力の後退によって他国への様々な発言力を弱くする、イスラム原理主義のテロに対する防衛戦にアメリカが疲れる、中国が急速に国際的影響力を増す、などの径路が考えられる。ともかく、その意味で現在のアメリカの衰退＝覇権システムの転換、要するに不均等発展の現局面は新しい世界システムへの過渡を意味しているのである。

5　二二世紀にまで引き継がれる問題

1　民族の行方

以上に見たように、現在のグローバリゼーションは未来を拓く明らかに新しい段階である。そのことは様々に確認された。が、しかしこうしてこのグローバリゼーションが新しい未来を拓くといってもそれでその「未来」が終わるわけではない。未来への課題はいわば永遠に続くのであって、そうした課題の無限の連続性の中では現在の「グローバリゼーション」のなしうる課題がまだ歴史限定的なものであることを理解しなければならない。これはいわば「世界経済」が広義にはもっと以前からあったことと対応している。言葉の広い意味では「世界経済」は「グローバリゼーション」によって初めて形成されたものではなく、たとえば、五〇〇〇年前からという説もあれば、一二五〇～一三五〇年頃からという説もあり、また一六世紀からという説もあれば一七五〇～一八〇〇年からという説もあるからである。これらの時期の主張にはどれもいかほどかの真理があるが、しかし、この「世界経済」性はまだまだ部分的なものであった。そして、それとまったく同じ意味で、現在の「グローバリゼーション」もそれ以前の「世界経済」性を超える画期的なものでありながら、実は今後起こりうるさらなる世界の「グローバリゼーション」から見ればまだ初歩的なものであったと後の世には理解されるであろう。その意味で、それ以前とは異なる現在の画期的側面にのみ議論を集中させるのではなく、まだまだ長く続くいわば永遠の「グローバリゼーション」の一部分にすぎないこともまた認識されなければならない。

たとえば、よく「ヒト、モノ、カネ」という三種類のものの内、最初の国際化では「モノ」が、そして帝国主義段階では「カネ」が重要（といってもこの中には間接投資中心の段階、直接投資が重要となった段階、それに現在の証券市場の国際化の段階など小段階があるが）となったものの、まだまだ「ヒト」の国際化は端緒についたばかりということができる。旅行好きの日本人は毎年延べ一〇〇〇万人以上が海外に出るが、それも「延べ」にすぎず、またそれは移住ではない。あるいは、この日本社会自体民族の多様性に欠ける。世界第二の経済大国においてさえそのような段階にまだある。「ヒト」の国際化・グローバリゼーションはまだまだ決定的に遅れている。

この点で筆者が比較の対象として考える問題は「中華世界」の中心地域（モンゴル、チベット、ウイグル、チワン、回族地域を除く全中国）で形成された漢民族という存在である。知られるように中国人の顔や背丈は今もなお南方、北方、長江デルタ、四川あたりなどで異なっている。だから本当は完全に混血しきっていない。が、しかし彼らの誰もが「漢民族」としての自覚を持っている。つまり、中国ではこうして本来異なる別々の民族が長い歴史の中で融合を果たした。つまり、世界人口の五分の一ないし六分の一を占める地域（繰り返すがこのサイズは全欧州＋南北アメリカの全体に匹敵する）で元々の民族の壁が破られて一つの「世界人類」が形成されるに至っている。

ただ、ここで問題として認識されねばならないことは、それでもこの「世界人類」の形成に途方もなく長い時間がかけられていることである。今では「漢民族」である限り全国どこでも北京語は通ずるが、十数年前の広州ではお店の店員が数字さえ北京語で話せなかったそうである。だから、「漢民族」という名の由来の漢代から数えても二千年の歳月が費やされている。つまり、「漢字」という異言語統一能力の高い言語と共通の歴史を持った「民族」でさえその形成に二千年の時間を要した。この基準からするとき、レーニンが主張する「資本主義の世界史的な傾向」としての「民族的隔壁の破壊、民族的差異の除去、諸民族の同化[14]」の全世界的な実現にはどれほどの時間が要せられるのであろうか。

もちろん、そのような同化を積極的なものと見ずその傾向を否定する考え方もあろうし、たとえばアメリカでも諸民族は「るつぼ」になるのではなく「モザイク」になるべきだとの議論が知識人の間でなされている。しかし、主に封建制という孤立経済時代における「漢民族の形成」よりは今後の民族同化のスピードは一般的に速い（これがレーニンの考え方）ものと思われるし、実際この「漢民族」という歴史の実験は民族それ自身が固定したものでないことをよく示している。民族間矛盾が世界の各地で悲劇を引き起こしている事実を見る時、また個人を単位とする社会の建設が人類の究極的目標と理解する者として、その意味でやはり筆者はこうした無理のない民族同化を歴史進歩的なものと理解したいと考えている。

2　宗教の行方

ただし、再びこの進歩的な民族同化の問題に立ちかえった時、その困難さを考える上でのもう一つの例は現在のアメリカ合衆国である。アメリカでは移民の開始以来約四百年をしてすでに（「イギリス人」と異なる）「アメリカ人」という特殊な存在を持つに至っているから、これは現代の「超民族」の実験と理解することができる。民族は数百年で乗り越えられることを示している。がしかし、それでも知らなければならないことは、前述のようにこの国のキリスト教国家としての性格が他の宗教を持つ「アメリカ人」を（こんな言葉はないが）「純アメリカ人」と常に区分された人々としてきていることである。具体的には、イスラム教徒、アジア系あるいはユダヤ人は市民権を持っている者でも明らかに自分たちと「純アメリカ人」とを区別して認識している。あるいは逆に言って、所得格差こそ残っているものの、黒人はかなり「アメリカ人」としての自己認識を獲得している。彼らのほとんどはキリスト教徒となっており、またそれに代わる他の何らのアイデンティティももたないからである。

しかし、このことを逆に言うと、宗教は諸民族の同化に対して非常に大きな障害として存在していることを示している。たとえば、このことは「純アメリカ人」以外でも、現地諸民族が融合して成立しているインドネシアの「プリブミ」と華僑の関係(15)、中国におけるイスラム系諸民族と他の諸民族との関係に見ることができる。筆者が付き合っている中国ウイグル族の友人も宗教が違えば通婚は無理と語っている(16)。そして、こうした文化的差異は多くの場合、一つの「国」の中に複数の「国」を作るのと同じような作用を及ぼす。ユダヤ人コミュニティや中国人コミュニティの特殊性がその典型である。彼らの場合、ただ信ずる宗教が異なるばかりではなく、（同じ地に住んでいたとしても）「他民族」とは異なる貯畜性向を持ち、子供の数も違い、またその子供達に教育をどれだけ施すかも違っている。中国人社会が東南アジアでは事業家階級としてその成長を牽引し、アメリカ社会では一種の国内的途上国として成長を下支えしているのは、上から引っ張るか下から支えるかは別として、異なる経済的発展段階がこうした「民族」の存在によって一国内に同居していることを示している。これらは異種民族の並存の積極性を示していると同時に、並存以上のものになりえていないこと、民族がまだ乗り超えられていないことを示している。

（1）大西広『環太平洋諸国の興亡と相互依存――京大環太平洋計量モデルの構造とシミュレーション』京都大学学術出版会、一九九八年、参照。

（2）ただし、「マルクス派」のすべての議論がこうした証券市場の国際化をもって「グローバリゼーション」の指標としているわけではない。たとえば、Robinson, W. I. & Harris, J., "Towards a Global Ruling Class? Globalization and the Transnational Capitalist Class," *Science and Society*, vol. 64, no. 1, 2000 はFDIの増大を基本指標としている。また、Arrighi, G., "Global Capitalism and the Persistence of the North-South Devide," *Science and Society*, Vol. 65, No. 4はこの点を批判し、私的セクターの国際金融フローをより重視している。

（3）日本政策投資銀行が二〇〇二年八月に発表した日中製造業競争力比較レポート「世界の工場、中国の躍進と実像」では調査一五業種のうち、価格・技術とも日本優位な産業は自動車とIT、技術のみで優位な産業は造船、鉄鋼など一三業種、価格で中国が優位な産業は一〇業種と報告されている。ただし、たとえば自動車の優位も今後五～一〇年のもので、その後は逆転することも示唆されている。この危惧は直後に経済産業省が提起した自動車業界への技術流出防止策にも通じる。中国は今後巨大な自動車輸出国になるとの警戒から、日本自動車業界からの技術流出を防止しようとするものであるが、この呼びかけが成功するかどうかは疑わしい。なぜなら、従来技術流出に警戒的であった日本の家電産業もその方針を転換し、中国工場への積極的な技術移転に相次いで踏み切っているからである。たとえば、上海日立は洗濯機について、ソニーはハイビジョンについて二〇〇二年から新製品を日本より先行販売するようになっている。技術移転に消極的であっても中国家電業界は自力で技術開発をするようになった。そのような状況下では技術移転を渋る企業は中国市場で生き残れないとの判断からである。こうした判断が自動車業界のものとなるのもそう遠くないものと思われる。

（4）現代の世界システムもまた南北対立を中心として見るArrighi前掲論文の基本的主張もここにある。

（5）資本と賃労働の対立が多数派民族と少数民族の対立に転化をしているところではこれとほぼ同じ論理によって民族問題は激化をしている。問題解決の方向が（資本主義の枠内では）少数民族の経済発展とその一部の資本家への上昇にしかないこともまた本稿の論理と同じである。この点については、大西広「中国少数民族問題への経済学的接近――マルクス主義と民族問題」『政経研究』第七五号、二〇〇一年、参照。

(6) 工場法を基本的に肯定的に捉える基礎経済科学研究所の議論においても、この面は正しく指摘されている。島恭彦監修『講座　現代経済学』第II巻、青木書店、一九七八年、の第四章参照。

(7) この論争を扱った M. E. Williams, ed., *Child Labor and Sweatshop*, Greenhouse Press, 1999 では以下の三論文がアメリカによるアジアの低賃金・児童労働への非難は一種の保護貿易主義として途上国の利益を踏みにじっているとしている。L. H. Rockwell, "Campaign against Child Labor are Protectionist and Imperialist", M. Weidenboum, "A Defense of Sweatshops", A. R. Myerson, "Sweatshops often Benefit the Economies of Developing Nations".

(8) この「超国家的利益」を Robinson & Harris 前掲論文や W. I. Robinson, "Global Capitalism and Nation-state-centric Thinking – What We *don't* See When We *do* See Nation-states: Response to Critics," *Science and Society*, vol. 65, no. 4, 2001 のように直ちに「超国籍資本（transnational capital）の利益」と捉えるのは性急である。まだ国籍を持った先進国と途上国の資本の利益衝突の過程での諸決定というのが現実的理解である。

(9) S. Huntington, "Transnational Organization in World Politics", *World Politics*, April, 1973 の主張点である。山口正之前掲書の言葉では次のようになる。

「第二次世界大戦後の『パックス・アメリカーナ』体制は、十九世紀の『パックス・ブリタニカ』体制よりも、はるかに発達した資本主義の段階で、したがってまた、はるかに緊密になった国際的相互依存関係を基礎として、形成された。『パックス・ブリタニカ』がほとんど完全な『イギリスの独占』であったのにたいし、『パックス・アメリカーナ』は、国際連合や国際通貨基金や世界銀行やガット（関税貿易一般協定）などの一連の国際的管理システムを必要としたのは、そのためである。だが、これもアメリカによるアメリカのための国際的システムであったかぎりでは、国際関係の帝国主義的な支配＝管理の一形態であり、アメリカの世界支配のシステムであるにとどまった」（七二ページ）。

(10) この点が、途上国が完全にペリフェリーのままでいたとしても「超国家的な資本家階級」が成立するならば「グローバリゼーション」と呼べるとする前掲 Robinson らの議論との相違である。

(11) Frank, A. G., *Re-orient: Global Economy in the Asian Age*, University of California press, 1998（山下範久訳『リオリエント：アジア時代のグローバル・エコノミー』藤原書店、二〇〇〇年）がヨーロッパ中心主義からの決別を主張する一つの論拠もこうした人口サイズの認識にある。
(12) 大西広「アジア危機の計量分析：原因・展望および教訓について」『阪南論集　社会科学編』第三五巻第二号、一九九九年、参照。
(13) 大西広「『小泉改革』と対米追随外交の接点」『経済』二〇〇二年三月号、参照。
(14) レーニン「民族問題についての論評」『レーニン全集』第二〇巻、邦訳大月書店版一二ページ。
(15) 現在のインドネシアはいくつかの地域で分離独立問題を抱えるが、そのどこでも宗教上の違い（イスラム教原理への帰依度の違いも含めて）が分離主義の大きな根拠となっている。このことも同じ文脈で捉えることができる。
(16) 大西広「中国少数民族問題への経済学的接近——マルクス主義と民族問題」『政経研究』第七五号、二〇〇一年、参照。

第7章　現代グローバリゼーションと国際公共性

細居俊明

本章の課題を次のように設定したい。第一は現代グローバリゼーションがもつ歴史的位置とその条件を明らかにすること。その際、現代とは戦後、とりわけ一九九〇年代以降明らかな姿となって現れつつある事態をさす。第二に二一世紀初頭にその姿を明らかにしつつあるグローバリゼーションをレーニン帝国主義論の論理で把握することの意味と限度を検討し、市場分割の舞台が国際公共性の場面に転回していることを示すこと。第三に現代グローバリゼーションが生み出しつつある国際的な共同管理の要請を明らかにすること。以上をもって現代グローバリゼーションが現実の課題として提起しつつある国際公共性の現在を明らかにすることとしたい。

1　現代グローバリゼーションの歴史的な位置と条件

現在のグローバリゼーションの特徴については様々な角度から語ることができるが、ここでは資本の生成とともに形づくられ、展開してきた世界市場が、どのような段階に立ち至っているのかを、労働の社会化（国際化）の進展という視点から特徴づけ、その歴史的位置を総括してみたい。

そうした視点でみるならば、次の三つの点で、グローバリゼーションの歴史は今日新たな地平を築きつつあるといわなければならない。第一は国際的な農工分業下に編成されていた途上国が本格的な工業化の過程に入ってきたということ。第二に多国籍企業が国境を越え、その事業活動を国際的に展開するようになっていること。第三に賃労働関係が世界大の広がりをもって形成されつつあること。

以上三つの点は相互に関連していることは言うまでもないが、空間的な広がりの点で言えば、第一の点の画期的な意味合いを押さえておかなければならない。画期的というのは次の三点においてである。第一に、人口の圧倒的多数を占める途上国の工業化と伝統的な農工国際分業の再編が進行しているという点、第二に、途上国の工業化が世界市場において競争力をもつ強力な輸出産業として、国際的な資本の運動の中に位置づけられて登場してきている点、第三に、かつて植民地支配のもとにあった国々が工業化しつつあり、しかもその工業化が他国に対する植民地支配を伴うことなく進行しているという点、である。

とりわけ第一の点は決定的であり、その意味は以下のとおりである。

西欧世界の資本主義化は、大工業の爆発的な拡張能力に対応する形で世界市場を再編し、非西欧世界を原材料資源の供給地として、また工業製品の販売市場として位置づけていくことになる。国際的な農工分業の成立と言われる事態である。通常、これをもって資本に適合的な世界市場の形成と言われる。しかし、途上国を農業地域として位置づけることは途上国の成長を抑制し、販売市場としての途上国市場を狭い限界に押しとどめることを意味する。それゆえ、旧来の農工国際分業はそれ自身資本にとっての制限である。この制限を乗り越えようとする動きは、植民地拡大への動きを加速し、やがて再分割戦争へ向かう。二度の世界大戦を経て現代、ようやくこの伝統的な農工分業という限界がその再編という形で打ち破られる過程が始まったといえよう。これは国際分業の新たな局面であり、国際分業

図7－1　世界の地域別GDPシェアの推移

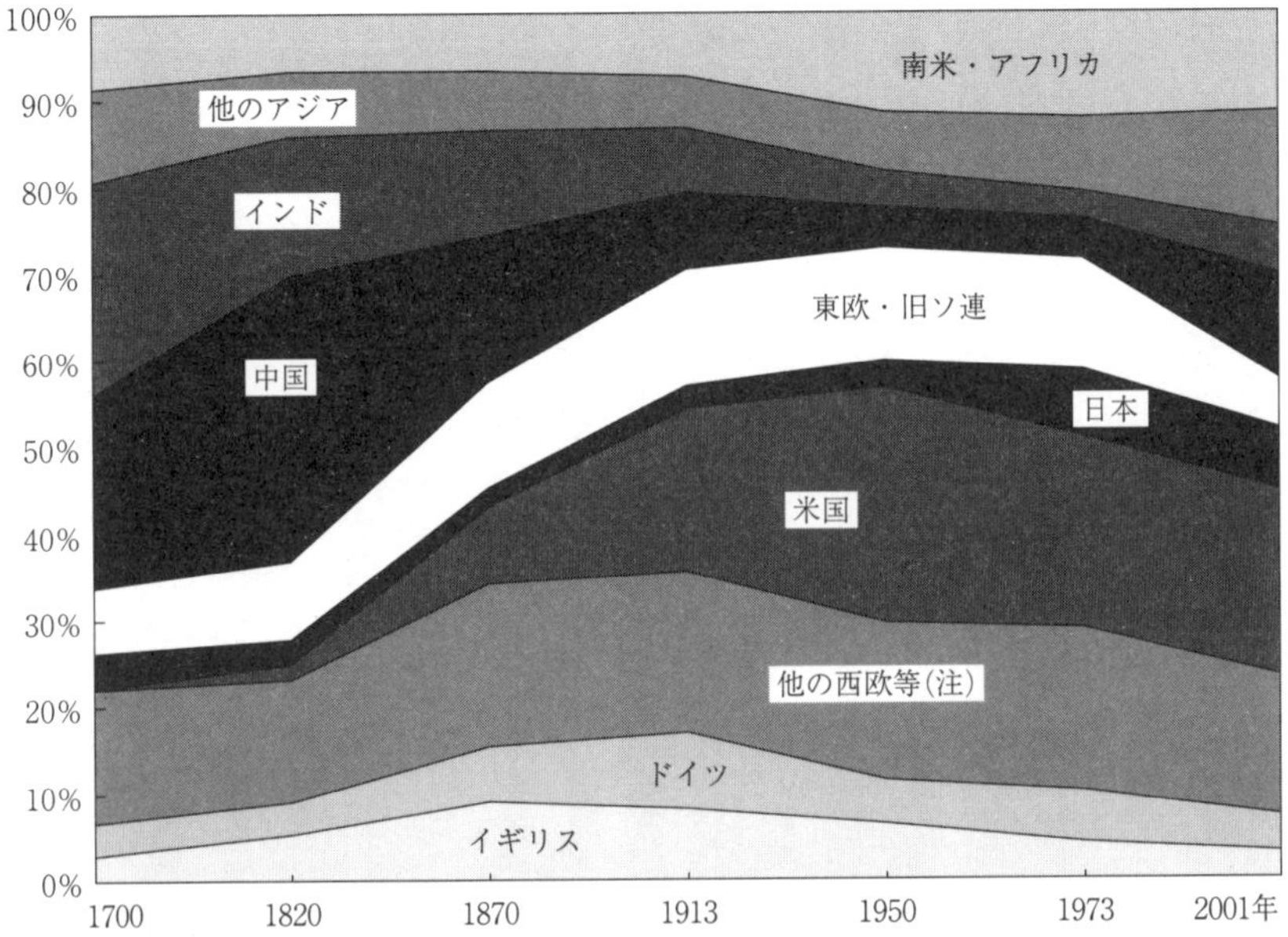

出所：Angus Maddison, *The World Economy; Historical Statistics*, OECD, 2003.
注：他の西欧等はカナダ、オーストラリア、ニュージーランドを含む。

の形で進む労働の社会化（国際化）の新たな地平を示すものものといえよう。図7－1は世界のGDPに占める地域別シェアの推移を見たものだが、産業革命を通して圧倒的なシェアを獲得するに至った欧米先進国（日本を含む）が、第二次大戦を経てそのシェアを減少に転じていることがはっきりと示されている。

具体的にはアジアNIESの工業化、それに引き続く中国などアジア諸国の工業化過程がこのことを端的に指し示している。とりわけ中国の工業化の進展は、特殊・例外的な事象としてアジアNIESの成長を評価する見方を転換させるだけの重みをもつ。アジアの工業は世界的な産業再編の一環として位置づけられ、アジアの労働市場は世界的な労働市場の再編の中に組み込まれつつある。商品生産は細分化され、もっとも収益性の高い資本と労働の結合を生むところに、世界のどこであれ、その工程が配置されるようになる。途上国において、性、年齢、技能など望みの労働力が、安い賃金で、四六時中、調達可能となり、先進国の労働はこうした国際的な労働市場の競争の中に放り込まれることになる。労働市場に統合されていくのは生産部門の単純労働だけではない。サービス化、情報化、知識産業化といった現代産業の新たな展開に対応して、サービス部門、企業の事務部門やソフト開発その他の研究開発部門においてさえ、それを支える重要な担い手として、途上国の労働が組み込まれつつある。米国で進む外部調達(アウトソーシング outsourcing)、業務の海外委託(オフショアリング offshoring)の対象は、コールセンターのオペレーターなど単純なサービス業務にとどまらず、ハイテクの顧客サポート業務、人事、不動産管理など企業の事務部門、ソフト開発その他の研究開発部門におよび、その主な調達先がインドや中国などになっているのである。一〇年後には全米の雇用の約一割にあたる一四〇〇万人分の職が海外に移転される可能性があるという推計が出され、注目を浴びた。[(1)] 対応して途上国の製造業の成長ばかりでなく、ソフトウェア産業なども急速に拡大している。インドはその典型である。[(2)]

途上国の工業化過程は途上国間格差や先進国の産業空洞化など新たな軋轢を生み出しながら進行するとともに、資源・環境問題を深刻化させ、資本に新たな制限を自覚させるようになってきている。この制限を乗り越えようとする時、資本自身の制限性が明らかになってくると言えようか。

現代グローバリゼーションの歴史的位置を示す第二の点は多国籍企業による世界大の展開である。多くを語る必要はないであろう。企業内分業が国境を越えて展開し、開発・生産・流通・管理が国際的に再編・配置され、それを結ぶ国際的ネットワークが形成されている。企業内の計画的な労働の社会化が国際的に展開する新たな段階を示している。企業内の国際的ネットワークは、国際的な競争の激化、急速な技術革新と製品開発の展開、激変する需要動向などに対応するために、企業外に多様なアウトソーシング先を拡げ位置づけながら進展している。Cross-border Production Network(CPN)などと呼ばれる事態である。[(3)] 途上国の工業化はこうした先進国企業の国際的展開と不可分に結びついて進展しているのだが、途上国企業自体も多国籍化、国際的展開を急速に進めている。

第三の点は賃労働の国際的な広がりという点である。途上国の工業化は途上国における農村共同体の解体と資本賃労働関係の生成・拡大を伴って、あるいはそれを前提にして進行している。しかもその資本賃労働関係は国境を越えた関係を形成しつつ、多様な形態で展開している。途上国へ進出した先進国企業の子会社による現地労働者の雇用という形で、さらには先進国企業による様々な財・サービスの海外からのアウトソーシングの形で、そして途上国からの労働力移動を通じて先進国における外国人労働者の比重増大という形で現れている。各国労働市場は国際的な労働市場と重層的に結びついている。

こうした労働の社会的（国際的）結合は、国際的に展開する資本のもとで賃労働として結び合わされ、この労働の社会的結合によって生じる生産力は資本の圧倒的な力として現れる。このことはやがて、国際的に展開する資本自身が社会的（国際的）労働の産物であることを物語ることになる。途上国に対するＩＭＦの救済資金の性格をめぐるジョセフ・Ｅ・スティグリッツの次のような主張は、米政権と世銀の中枢にいた第一級の研究者の発言だけに興味深い。

「アメリカのオニール財務長官〔当時――引用者〕は、数十億ドルの救済資金をだしているのはアメリカの納税者であり、アメリカの配管工であり大工なのだと言い、費用を負担しているのだから〔ＩＭＦの〕投票権があって当然だと言わんばかりだった。だが、これは間違っている。ＩＭＦはほとんどいつも返済を受けているのだから、その資金は究極において途上国の労働者、納税者がだしているのだ(4)」。

国際機関の資金の性格をめぐるこうした議論は民間資金についても当てはまるということは、今後様々な局面で明らかになっていくことになろう。途上国にとって外部の資金が実は内なるものであることが明らかとなっていく過程が進行するということである。

現代グローバリゼーションの歴史的位置を以上のように捉えるとして、そうした局面が戦後、とくに九〇年代以降になって現れたのはなぜなのか、それはどのよう条件のもとであったのかが問題となる。ここでは途上国の工業化という点に焦点をあてて整理していくことにしたい。

一九六〇年代後半に見られた途上国の工業化を輸出工業化と捉え、伝統的な農工国際分業の再編の動きに早くから注目した議論として「新国際分業論」がある。「新国際分業論」はこのような展開の条件として、第一に、事実上無尽蔵に利用可能な労働力の貯水池（reservoir）が途上国で生まれてきていること、第二に生産工程の分割が進展し、分割された工程が最低限の熟練・技能で実行できるようになったこと、あるいは工程間国際分業を可能にする技術と労働組織が発達してきたこと、第三に交通・通信技術の発達によって世界のどこでも生産が可能になったこと、すなわち産業配置・生産管理が地理的制約から解放されてきたこと、をあげている。[5] これら三つの条件はそれぞれ、七〇年代から八〇年代を通じてさらに成熟していく重要な条件であったと言えるだろうが、現代グローバリゼーションを歴史的な視点でみるならば、なお次の点を基本的な条件として押さえておく必要がある。

第一に二つの「戦後」がもたらした統一的な世界市場の形成という事態である。二つの「戦後」とは言うまでもなく第二次世界大戦後と冷戦後である。

まず第二次世界大戦とその後の展開は、植民地体制の崩壊をもたらし、先進国による途上国市場の排他的領域的な分割・支配を困難とする時代を登場させた。同時に先進国市場そのものもまた相互に開放せざるをえない状況を生み出した。これは統一的な資本主義市場を生み[6]、統一的な市場形成は先進諸国にとって内包的な市場拡大の条件となり、戦後の高度成長をもたらすことになる。同時に、先進国市場の相互開放は、先進国企業間の競争を激化させ、まずは現地市場確保のための先進国間相互投資を活発化させ（六〇年代以後の米欧間相互投資に始まる）、多国籍企業時代を現出させることになる。しかし先進国市場をめぐる競争は、低賃金労働力を豊富に抱える途上国への先進国の生産拠点の本格的な移転を引き起こすに至る（八〇年代以後、ＮＩＥＳに始まるアジアの工業化）。

さらに冷戦体制の崩壊は、世界に統一的で単一の市場を出現させることになった。それまで閉鎖的であった旧社会主義国や、保護主義的な傾向の強かった途上国も、ＩＭＦ・世銀から債務救済を受けるために仕方なく、しかし同時にアジアＮＩＥＳの「成功」を見習って積極的に、自ら進んで市場開放へと向かった。統一的な世界市場を前提とする大競争時代の到来である。

急いで付け加えておかなければならないのは、統一的で開放的な市場という場合、その中心となっているのが米国市場であり、その開放性を支えているのが、国際通貨としてのドルであったということである。輸入大国米国の存在である。

第二にこうした統一的な市場のもとでの先進国経済の高成長は、サービス産業や先端産業など新たな産業の生成条件をつくり出すとともに、成熟産業の停滞を生み出し、人口高齢化ともあいまって産業の世界的な再編を余儀なくしているという点である。さらに金融自由化の下で進む金融市場の統合が、国内外の遊休資金を吸収し、貸付可能な貨幣資本の巨大なプールを形成している。活性化し、暴走する金融市場の中心には、やはり国際収支のルーズな管理者としての米国が存在している。

こうした競争市場の存在とともに、多国籍企業の途上国への展開の条件として指摘しておかなければならないもう一つの条件は、途上国自身の内的条件の成熟である。独立した途上国における経済開発・農村開発の進展、農村共同体の解体と都市化、教育制度の整備と普及、インフラストラクチャーの整備等である。「新国際分業論」においては、単純労働や低位な技能労働を担う工程の途上国への移転が想定されていたが、途上国の教育水準の向上、経済成長とともに、途上国は安価で従順な単純労働の供給源として位置づけられるだけではなく、安価で優秀な熟練・技能労働の貴重な供給源としても位置づけられてきており、途上国の担う産業も次第に高度化する条件が生まれている。

以上要するに統一的で開放された市場、先進国における資本蓄積と産業の成熟、途上国における内的条件の成熟と安価な労働力プールの形成が重要な基盤となって途上国を巻き込む工業化を進展させている。そしてそれを可能にする技術的条件、「新国際分業論」において指摘されていた交通・通信・生産技術の革新は、ＩＴ革命とともに新たな段階に引き上げられているのである。

2　現代における帝国主義論の射程――市場分割競争の政治的舞台としての国際公共性――

さて、統一的な市場の下で進む現代グローバリゼーションはレーニン帝国主義論の射程をどのように限界づけるのか、次にこの点を明らかにしておきたい。これは市場分割競争の今日的なあり様を明らかにすることでもある。レーニンの帝国主義論は二〇世紀初頭の資本主義世界経済の概略図を描くという目的で展開されているが、レーニン帝国主義論の普遍的な意義は、労働の社会化が競争の否定、独占を生み出すまでに進展していること、さらに国際的な生産の社会化と相互依存の関係が敵対的な形態で、すなわち、先進資本主義国による政治的軍事的支配によって統合されていることを明らかにした点である。この点は今日においても不動の意味をもつ。

しかし同時に次の点をレーニン段階の歴史性として限定しなければならないであろう。先進資本主義列強による世界の領土的分割の完了と再分割戦争の不可避性という把握である。再分割競争を余儀なくさせる列強の不均等発展そのものは今日においても進行している。しかし、矛盾を領土的再分割によって解決しようとすることは二度の世界大戦を経て困難となってきていると言わなければならない。植民地体制崩壊の現実である。さらに重要な点は、戦後の植民地体制崩壊とともに、列強による世界の領土的分割が認められなくなっただけでなく、対外的な勢力圏はもとより、自国の市場についても排他的領域的な市場支配を主張することが困難となってきた、あるいは、排他的な市場支配を許さない状況が現れてきたという点である。(7) これは市場分割をめぐる争いを大きく変容させることになった。

第二次大戦後の植民地体制崩壊は、植民地独立運動の高まりとともに、資本主義世界におけるアメリカの圧倒的優位という戦後状況、さらには冷戦という条件のもとで不可避の事態となった。アメリカはその経済的優位性を反映した世界市場の再分割を、英連邦の事実上の解体と統一的な市場形成という形で求めたのである。アメリカにとっての市場再分割の論理は、領土的分割の否定と市場の排他的な領域支配の否定＝自由貿易の実現にあったのである。(8) これは戦後資本主義世界の理念として成立することになる。通商ルールとしての自由貿易の国際的な確立である。冷戦後、これはほぼ世界の全域を覆うルールとなる。

もちろん、こうした領土的支配の終焉は、アメリカを中核とする政治的軍事的支配による世界の「安定」を前提としている点を付け加えておかなければならないだろう。しかしこの政治的支配も各国の政治的独立ないしは「民主的な政権の樹立」を前提としたものとならざるをえない。

かくして、市場分割の舞台は大きく転回していくことになる。政治的軍事的な力による露骨な領域的な市場分割に代わって、開放された市場における競争戦を有利にすすめるための、国際的な制度、ルール、政策の設計をめぐる争いが登場する。舞台は、統一的な世界市場を支える国際的な公共性へと転回している。

貿易摩擦はこうした市場分割の主戦場となる。しばしばそれは、制裁をちらつかせた力による一方的押し付けとなって現れる。半導体など日米貿易摩擦における、アメリカの露骨な、報復措置を辞さない構えで突きつける市場シェア要求と、それに対応する日本の「自主的措置」などがその典型である。日米だけではなく、事実上のシェア要求とそれに応える輸出自主規制、輸入自主拡大が一方的な制裁の圧力のもとで拡大するという局面が進行する。しかし、こうした一方的で露骨な押し付けを排除するルールもまた作られてくる。WTOは一方的制裁を排し、紛争処理機能を強化させた国際機関として成立しており、貿易摩擦は国際機関を舞台とした、「公正貿易とは何か」をめぐる争いとなってきている。(9) 別言すれば、少なくとも表向きは国際的な公共性をめぐる論争として展開していかざるをえないということである。当然のことながら、摩擦の決着は政治的・経済的な力の論理が働く。しかし設計された制度やルールの妥当性は現実によって試される。それが公共的な目的に反する事態に至った場合、制度やルールの改変が問題となるという建前であり、WTOはその公共的な目的として、前文で、各国の協調的な発展、途上国開発への配慮、環境に配慮した持続的成長を謳っているのである。

まずは市場の開放の進め方あるいは貿易自由化の進め方をめぐっての争いがあり、公正貿易ルールをめぐる議論があり、さらに各国の制度と政策の調整をめぐる対立が展開する。こうした争いが、どのような意味で市場分割の舞台となるのか。

戦後、自由貿易が通商ルールとなったといっても、一挙にすべての領域で完全な市場開放が進んだわけではない。その意味で戦後合意された通商原則は「より自由な貿易」の実現であり、したがって、どの領域でどの程度自由化を進めるかという選択が常に問題となる。どの領域を自由化するかによって、各国の利害は大きく左右される。どの国も自国に有利な領域において自由化を進めようとする。この意味で市場分割競争の舞台となる。貿易自由化においては繊維貿易の規制が残り、農産物貿易の自由化が遅れ、モノの貿易自由化の一方でヒトの移動については自由化原則の外に置かれる。これらはいずれも異なる国々と異なるグループに異なる利害をもたらす。しかし自由化の是非、産業の保護如何をめぐる国際的な議論においては、各国の利害を露骨に主張することは通用しない。また各国が主権を振りかざして産業保護を主張できる状況でもなくなっている。互恵の原則のもとで、産業保護がどのような公共的性格を持つのか、その点で国際的合意が得られるのかどうかが問題となる。途上国の産業育成への配慮は一応成立するに至った国際的合意だが、先進国の衰退産業の保護については緊急輸入制限以外、今のところ承認されてはいない。WTO下で農産物のさらなる自由化をめぐって議論が行われているが、これも世界的な食糧の安定確保や環境の保全、地域社会の維持などの公共性との関係で農業の役割がどこまで国際的合意となるかがポイントになってきている。

公正貿易のルールをめぐっては、反ダンピング関税の発動の要件や手順、補助金のあり方に始まり、今日では児童労働や強制労働の廃絶に向けた国際的な取り組みと貿易ルールのあり方、環境保護のための国際的協定と貿易ルールのあり方などが問題となり、ＷＴＯにおいても環境と貿易についての議論が進んでいる。さらには各国の制度、政策の調整もまた市場分割の場面となっている。遺伝子組み替え食品の表示と規制をめぐって、予防原則の考え方をめぐって、医薬品特許の取り扱いをめぐって、さらには会計や金融のグローバル・スタンダードをめぐって、各国とも競争上の優位を確保するという狙いを背景に議論が進められる。しかしここでも表向きは制度や政策それ自体の妥当性をめぐる論争として展開する。国際的な制度としての妥当性を持ちえない制度が導入された場合、いずれは改変を余儀なくされるであろう。

さらには為替相場をめぐる争いも市場争奪戦としての性格をもつ。しかし、この場合も戦前のような為替切下げ競争は排除されている。自由な為替取引と為替相場の安定を目的とするＩＭＦのもとに、通貨協力の体制が曲がりなりにも維持されている。主要国の為替相場は、各国が恣意的に変更することは不可能であり、政策協調と協調的な介入によって限定的な範囲で調整が実現するに過ぎない。自国通貨を国際通貨として使うことができるという特殊な地位を得ている米国も、その地位を維持するためには国際的な協力を求めざるをえない。通貨協力の目的は、国際通貨体制の安定と各国の成長にあり、ドル安への誘導もドル安の防止も、こうした目的との整合性が絶えず問われることになる。

以上、要するに現代における市場分割競争の政治的舞台は、国際的な制度、ルール、政策の設計と決定の領域に移ってきているということである。露骨な市場分割の要求を持ち込むことは困難になりつつある。市場分割の舞台がこのような場面に転回していくのはなぜなのか。市場の開放とともに、国際的な基準作りをはじめとする国際的な共同

表7-1　代表的な国際ルール・メイキングの進展

	第二次世界大戦以前		第二次世界大戦〜1980年代以前		1980年代以降	
特徴	・基本的な経済活動の円滑化 ・欧州中心		・国境措置の調整 ・GATT／IMF体制中心		・国内措置の調整 ・多様化	
	郵　便	万国郵便連合(1878)				
	通　信	国際電気通信連合(1932)	通　信	国際電気通信衛星機構(1972)		
	交　通	国際河川委員会				
	規格・標準	国際電気標準会議(1906) 万国規格統一協会(1928)	規格・標準	ISO(1946)	規格・標準	TBT協定(1995)
	知的財産権	パリ条約(1883) ベルヌ条約(1886)	知的財産権	WIPO(1970)	知的財産権	TRIPS(1995)
			モ　ノ	GATT(1948) 世界関税機構(1950) GATTラウンド交渉 ・第1回交渉(1947) ・第2回交渉(1949) ・第3回交渉(1950〜51) ・第4回交渉(1956) ・ディロン・ラウンド(1961〜62) ・ケネディ・ラウンド(1964〜67) ・東京ラウンド(1973〜79)	モ　ノ	GATT／WTO(1995) ラウンド交渉 ・ウルグァイ・ラウンド(1986〜94)
			カ　ネ	IMF(1945)		
			環　境	ワシントン野生動植物取引規制条約(1975)	環　境	オゾン層保護ウィーン条約(1985) モントリオール議定書(1987) バーゼル条約(1989) 気候変動枠組条約(1992) 生物多様性条約(1992)
			競争法	米独独禁法協力協定(1976)	競争法	米豪独禁協定(1982) 米加独禁協定(1984) 米独独禁協定(1984) 独仏独禁協定(1984) 米EU独禁協定(1991) 加EU独禁協定(1999) 日米独禁協定(1999)
			地域統合(分野横断的)	欧州経済共同体(EEC)(1957) 欧州共同体(EC)(1967)		
					銀行制度	BIS規制(1986)
					地域統合(分野横断的)	欧州連合(EU)(1993) NAFTA(1994)

資料：経済産業省作成。
出所：『通商白書2001』より。

管理の必要性が高まるからである。(10)『通商白書二〇〇一』はグローバリゼーションの進展とともに国際的な制度構築が進むとし、国際的なルール作りの進展を表7-1のように整理している。戦前、交通、通信、郵便、度量衡など国境を越える経済活動を円滑に進めるための限定された範囲でのルール・メイキングであったものが、戦後、水際措置の撤廃・自由化を中心とするルールが形成されていく。そして一九八〇年代になると、国境調整から、規格、認証、商慣行など国内制度調整へとルール・メイキングが進展していく。以下、戦後の貿易の自由化と資本の自由化に伴う国際的共同の現状を見ていくことにしたい。

3　貿易・資本の自由化と国際的共同

貿易の自由化はまず、数量制限の撤廃や関税引下げのような明瞭な国境障壁の除去と削減の形でルール化された。しかし、そうした自由化のもとで拡大する貿易は、各国国内において形成された制度や政策を、一方では輸入を阻害する障壁として、他方では不公正な安値での輸出を支える仕組みとして、貿易ルールの中で是正すべき問題として浮かび上がらせることになる。安全・衛生・品質などの基準、税制、補助金、政府調達等が問題となり、さらには先にも述べたとおり、労働基準、環境政策等が問題となってきている。各国国内の制度の調整、国際的な基準の形成、国際的な公正貿易の基準、違反の認定と違反した際の措置のあり方等について、国際的なルール作りが必要となり、その監視と紛争処理の機能を持つ国際機関の形成が課題となる。WTO成立の背景となった事情である。WTOはまた取り扱う範囲もモノの貿易からサービスの貿易へ、知的所有権保護、投資関連措置へと拡大している。表7-2はGATT・WTOにおける交渉が、マーケットアクセスの分野で範囲を拡大しつつ、AD（反ダンピング）、TBT（貿易の技術的障害に関する協定）など各国国内の制度や政策に関わるルールの分野へ次々と交渉事項を拡げながら

表7－2　WTOにおける自由化交渉の流れ

〈マーケットアクセス分野〉　　〈ルール分野〉

	鉱工業製品関税 45000品目	第1回 関税交渉				
1948年1月GATT発足						
	鉱工業製品関税 21000品目	第2～5回 関税交渉				
	鉱工業製品関税 30300品目	1964～67年 ケネディ・ ラウンド	AD（反ダンピング関税）			
	鉱工業製品関税 33000品目	1973～79年 東京ラウンド	AD TBT（貿易の技術的障壁） 政府調達 補助金 ライセンシング			
サービス 農業	鉱工業製品関税 305000品目	1986～94年 ウルグアイ・ ラウンド	AD TBT 政府調達 補助金 ライセンシング	繊維協定 PSI（船積み前検査） 原産地規則 TRIPS（知的所有権） SPS（衛生・植物検疫） DSU（紛争解決了解） TRIM（貿易関連投資措置）		
1995年1月WTO発足						
サービス 農業	鉱工業製品関税	2001年～ 新ラウンド	AD 補助金 地域貿易協定	TRIPS	投資 競争 貿易円滑化 政府調達の透明性 電子商取引	環境

出所：『通商白書2000』、『通商白書2002』より作成。

進展していることを示している。

ＷＴＯを中心とする公正貿易のルール作りとその監視、紛争処理システムの整備にむけた取り組みは、大きく前進しているといえるだろう。しかしこうした枠組みに大きな限界があることも見ておかなければならない。公正なルールと紛争処理の枠組みだけでは、ＷＴＯが目的とする各国の協調的な発展等を実現することは困難だという点である。ＷＴＯが公正な貿易であるかどうかの基準を設定し、それに合わない場合には不公正措置の是正を迫り、是正されない場合には、提訴国による国境での輸入規制や関税賦課などの報復措置を認める、これが現在の基本的な枠組みとなっている。しかし、①

モノの取引の自由化を進めながら、ヒトについては規制を原則とする現在の体制のままで、②労働法制、教育・福祉制度の成熟度合いが異なり、労働条件、教育・福祉水準などが大きく異なっている状況にあって、したがって公正な競争ができるという実質が形成されていない中で、公正貿易の基準を言わば外から与えようとしても、各国経済の協調的な発展、もしくは安定的な成長は期待できない。貿易の自由化をさらに進めようとするならば、必然的にこうした競争条件を実質的に平準化するための政策、遅れた地域の開発に対する財政的資金援助などを含む、国際的な共同の取り組みが求められることになる。これは現在のＩＭＦや世銀の機能強化だけではすまない領域を含むであろう。欧州における地域統合の動きはこうした課題に応えようとする先駆的な取り組みを含んでおり、後に述べるように今日のＦＴＡ締結ブームも単なる貿易自由化とルール作りを超えた課題への対応が求められることになろう。

貿易の自由化が戦後の通商理念となった際、資本の自由化については限定的であった。すなわち、貿易決済など経常取引に関しては資金移動と為替取引の自由化が合意されたものの、資本取引については規制を認め、金ドル交換と固定相場制を柱とするＩＭＦ体制が成立した。基軸通貨国アメリカもドル防衛のためにしばしば資本規制を試みてきた。しかし七〇年代になって資本自由化は新たな段階に立ち至る。金ドル交換停止、変動相場制への移行と引き換えに、アメリカは資本規制を撤廃し、企業の世界大での展開を全面的に支持し、資本自由化を進めることになる。(11)冷戦崩壊後、資本の自由化は旧社会主義国、新興工業国、その他途上国をも巻き込む形で推進され、ＩＭＦも資本取引についても自由化を原則とする方向でＩＭＦ協定改定の検討を始める。ところが、その検討作業を開始しようとしたまさにその直後、一九九七年七月、資本自由化を進めるアジアで通貨危機が起きたのである。好調な経済成長を遂げていたアジア諸国が、大量の短期資本の流出によって一転、通貨・金融危機に陥り、大幅なマイナス成長に転落していくことになった。現代グローバリゼーションのもっとも大きな特徴の一つは資本移動の活発化だが、アジア通貨危機はこの評価をめぐり大きな議論を巻き起こすことになった。(12)資本自由化を進めながら事実上の固定相場を維持しようとしたアジア諸国の側の対応の誤りを強調する議論が影響力をもつようになると同時に、巨大な資本の流出入を招いた資本自由化に否定的な議論がそれに対抗して登場することになる。しかしいずれも問題の基本的部分に注意が払われていない。資本自由化の進め方は検討されるべき問題の一つだが、より基本的な問題は、資本自由化とともに進む各国の政策の有効性の低下に対して、国際的な政策協調をいかに実現するか、また投機的な資本移動による破壊的な影響を国際的にいかにして抑止するかという点なのである。

アジア諸国が資本自由化を進めながら事実上の固定相場を続けていたことに対する問題の指摘は、しばしば「国際金融のトリレンマ」という議論に立脚して語られる。「トリレンマ論」は、「為替相場の安定」、「資本の自由化」、「各国金融政策の自律性」という三つの政策目標を同時に成立させることはできないというものであり[13]、自国通貨の対ドル相場を事実上固定させながら、資本の自由化を進め、なおかつ裁量的な金融政策を維持しようとしたことが、アジア諸国を通貨投機に対して脆弱なものにしたとされるのである。金融政策の自由度を維持するためには、固定的な為替相場制度をあきらめ、変動相場制を採用することが必要だったということになる。しかし変動相場制を採用したとしても、資本の大規模な流出入に伴って為替相場が大きな変動に晒されることになれば、それを放置することはできず、為替安定化のための為替介入が不可避となる。この点で各国金融政策の自由度は変動相場のもとでも大きな制約を受けるのである。しかも金ドル交換停止以降、変動相場制のもとで、資本移動は投機性を増しつつ大規模化し、各国通貨当局による政策的な舵取りをますます難しくしている。「トリレンマ論」に従えば、「為替の安定」を放棄すれば、「資本の自由化」と「各国金融政策の自律性」を両立させることができるということになるのだが、現に進行している事態が語ることは、「資本の自由化」と「各国金融政策の自律性」は両立しがたいという「ディレンマ」なのである。すなわち、「資本移動の自由化」は、各国が通貨制度として変動制を採ろうが、固定制を採ろうが、各国の「金融政策の自律性」を脅かすものとなってくるのである。より一般化して言えば、資本自由化と各国独自の政策的有効性確保の両立は困難だということである。したがってありうる選択は、資本自由化の方向を容認するか、それを抑止して自国の政策的自律性を重視するか、なのである。(14)

現代のグローバリゼーションは「資本の自由化」を不可欠の要素として組み込みつつ進行せざるをえないであろう。とするならば、選択は現実には「資本の自由化」の方向でしかありえない。その場合、もちろん「資本の自由化」の進め方が慎重に検討されなければならない問題となるが、「資本の自由化」の進展とともに失われていく各国の政策的な有効性の低下に対して、各国が独自に採用しうる政策や制度の幅を残しつつ、各国間の政策上の協調と協力をいかに強めていくか、さらには国際金融の安定化などに向かって国際的な共同管理の体制をどのように構築していくかが、より基本的な問題となろう。アジア通貨危機の教訓もまた、ここにもっとも重要な部分があると言わなければならないし、現に「国際金融システム改革」、「国際金融アーキテクチャー」の構築に向けた国際的な議論と取り組みが進んでいるのである。(15)

実際に、資本の自由化は各国の金融制度・金融政策に対する国際的な共同規制を伴って展開してきている。(16)

一九七〇年代、複数国に営業拠点をもつ国際的な銀行の活動が活発になり、ドイツのヘルシタット銀行など国際的な銀行の経営破綻が生じるようになると、こうした銀行破綻が国際金融システムの安定性を損なうことへの懸念が強まり、国際決済銀行（BIS）にバーゼル銀行監督委員会が作られ、国際的業務を行う銀行に対する監督の問題が議論されるようになる。そこではまず、銀行の外国事業拠点に対する監督責任の明確化についての合意が成立し（バーゼル・コンコーダット［一九七五年］、同改定［八三年］、同追補［九〇年］）、さらに国際銀行業務を行う銀行の健全性確保のための国際的基準としての自己資本規制に関する合意が形成されていくことになる（バーゼル・アコード［八八年］、同改定［九五年］）。

銀行に対する国際的規制と監督は、国際的な銀行業務を行う銀行に対する規制・監督として始まるが、さらに、①

各国の監督当局による規制・監督それ自体についての国際的基準の形成へ発展するとともに（バーゼル・コア・プリンシプル［一九九七年］）、②金融コングロマリットやヘッジファンドなど、銀行以外の金融機関に対する規制・監督、オフショア金融センターに対する規制・監督へとその対象範囲を拡大し、それとともに③それに照応する国際的組織が整備されていく。金融コングロマリットに関するジョイント・フォーラム（構成はバーゼル銀行監督委員会、証券監督者国際機構、保険監督者国際機構という三者［九六年］）はその一例だが、より包括的な組織として、九九年のG7で「金融安定化フォーラム」（構成は各国当局、IMFなど国際金融機関、バーゼル銀行監督委員会など国際的規制機関、その他）が作られる。[17]

このように国際金融システム安定化のための国際的規制は、国際金融固有の領域において行われるとともに、各国国内金融システムの安定性と強化をも課題に組み込むようになってきている。また、資本自由化と国際的規制は、新たな問題が生じるたびに、一定の見直しや軌道修正を伴いながら、進展してきている点にも注目しておきたい。国際公共性の陶冶の過程と言えよう。

たとえば資本自由化の進め方をめぐっては、アジア通貨危機という大きな犠牲を伴ってではあるが、国際社会の基本的な認識の転換が生じている。IMFの政策アドバイザーであったバリー・アイケングリーンは次のように述べている。

「IMFは資本取引の自由化についてより慎重なアプローチを採ることとなった。資本取引の自由化は無条件に望ましいとするIMFの従来の考え方は消え去った。むしろ、当該国がまず経済政策と制度を強化し、すなわち外国金融資本を生産的に配備できる能力を持ち、これによって破滅的な危機のリスクを制限できる場合に限って、資本取引自由化の便益がコストを上回るとIMFは今では主張している[18]」。

さらに資本規制についても、否定的な議論が広く語られていたが、短期資本の流出入に対する規制は承認されるべきだとする議論が一般的になってきている。たとえば資本流入規制として、対外借入に対する無利子の中央銀行預託の義務づけを行うなどの措置は、貿易自由化に際して関税が容認されるのと同様に、認められるべきだとされる。貿易自由化を進めるＧＡＴＴ・ＷＴＯに、いかに多くの自由化例外規定があるかを考えれば、資本自由化のルール化に際しても、資本規制をルールの中に位置づけていかざるをえないであろう。また、国際的な金融不安に結びつくような債務返済困難が生じた場合、債務救済のために先進国や国際機関の公的資金が動員されるだけではなく、貸し手の責任として、民間債権者の負担を求める仕組みも検討されている。

また、金融システムの安定化のために、銀行健全性規制の中心に据えられているＢＩＳ規制（自己資本比率規制）をめぐっても、ＢＩＳ自体は相変わらずその中心的役割を強調しているが[19]、次のような問題が国際的に議論されている[20]。自己資本比率規制による個別の銀行に対する健全性規制は、好況期には銀行信用の拡張を促進し、不況期には貸し渋り等の信用収縮を激化させるなど、景気変動を増幅させる効果（プロシクリカリティ procyclicality）をもつという指摘や、アメリカ型の直接金融を前提とした銀行をチェックするための自己資本比率規制は、顧客との長期の取引関係から情報を得て融資をするリレーションシップ・バンキングの役割が期待される地域金融機関などに対する規制には馴染まないといった問題である。リレーションシップ・バンキングについては、金融庁も二〇〇二年の金融再生プログラムで中小企業金融におけるその意義を認めてきている。その他にもオフバランス取引への傾斜の問題など、自己資本規制をめぐっては、アメリカン・スタンダードの押し付けという問題とは別に、グローバル・スタンダードとしての適格性が問題にされてきている。

国際金融システムをめぐる国際的な議論は、現在のところ銀行経営の健全性を中心に進んでいるが、いずれは単なる健全性問題だけではなく、国際的銀行業務の社会的責任論（国際的責任論）が本格的に議論に登場してくるであろう。トービン税（為替取引税）導入論は、その政策的有効性は別として、投機を抑制するとともに、税収を途上国開発へ投入するという形で国際的な貢献を提起している点で、国際金融の社会的責任を問う議論として注目すべきであろう。ＢＩＳ規制は短期の収益を求める投資家のための基準といわれるが、社会的責任を自覚した投資家のための基準もまた求められることになろう。実際各国国内レベルにおいては、たとえばアメリカにおける地域再生投資法にもとづく銀行評価など、自己資本比率などの健全性基準とは異なる銀行評価システムが生まれている。

さらに国際金融をめぐる国際的規制の議論は、やがてはそのもっとも核心的な部分に及ばざるをえないであろう。国際金融システムを不安定化させている最大の問題、ドル問題である。国際金融システム安定化に向けて、途上国の金融問題に議論が集中しているが、アメリカからの歯止めなきドル流出の管理の問題が、あるいはアメリカの金融政策の健全性問題が本格的なテーマとなっていかざるをえない。

4　アジアにおける地域的共同の現在

ＷＴＯ交渉が難航する中で、二国間あるいは数カ国による地域的な自由貿易協定（ＦＴＡ）がこの間、急激に締結数を増やしている。国際的な合意形成は、ＷＴＯのように参加国が平等の権利をもち、その数が一五〇カ国近くなると、簡単には進まない。そこで、利害関係の調整が比較的容易な二国間であるいは地域的なレベルで、貿易と投資の自由化が図られることになる。いったんＦＴＡ締結の動きが始まると、それに乗り遅れまいとする動きも加わって、締結の動きが加速する。日本もまた世界的なＦＴＡ締結の動きの中で、消極的な意味で言えば市場で不利な扱いを受けないように、またより積極的には成長するアジア市場との結びつきを確固としたものにするために、それまでの消極的な姿勢からFTA推進の方向へ舵を切った。

現在、締結が進められているFTAは、「自由貿易協定」といっても、単なる貿易の自由化にとどまるものではない。投資の自由化の促進が大きな柱となり、さらには知的財産権の保護や各種の制度や資格に関する各国間の調整や統一を含んでおり、単に貿易を促進するためというよりも、国境を越えた自由な企業活動を保障するための環境づくりが基本的な目的となっている。さらには労働市場の一部開放も重要な要素となりつつある。FTAはしばしば「経済連携協定」という名で締結されているが、協定の内容やその目指しているところを考えるならば、より的確な表現と言えよう。『通商白書二〇〇三』の表現を借りれば、日本が東アジアでFTAを通して進めようとしているのは「東アジアビジネス圏」の形成なのである。

EUの統合と深化、NAFTAの形成、近年のFTA締結の活発化など地域統合や地域連携の動きは、経済のブロック化へ導く危険性があるという指摘もある。しかし、こうした動きは国境を越えた企業活動が求めるグローバルな市場統合への過程を、二国間で、あるいは地域的に先取りし、促進するものと見るのが妥当であろう。たとえばメキシコは、NAFTAの一員でありつつ、EUとFTAを結び、日本ともFTA締結で基本合意をし、三つの地域をつないでいる。また基準・制度等の統一やより立ち入った通商ルールの形成を地域的なレベルで進めることは、グローバル・スタンダードやグローバルなルール形成の際に主導権を確保するためにも必要となっているのであって、それを地域的なスタンダードや地域的ルールとして固定化することを予定しているとは到底思えない。

最後にASEAN＋3（日、中、韓）を中心に進められている東アジアにおける地域統合の動きをとりあげ、それがグローバルな市場統合に向かう動きとしてどのような課題があるのかを検討し、グローバリゼーションの現局面を確認しておくこととしたい。

東アジアの地域統合がこの間、急速に現実的な課題として浮上してくる背景には次の事情がある。まず第一に、実体として、アジア経済の相互依存が拡大し、深化していること、しかも潜在的成長能力の高い中国を抱え、アジア域内の相互依存を深めていくことは、アジアの成長にとって不可欠となっていること、第二にアジア諸国は経済的な相互依存を深めながらも、域内の相互協力は、ASEANを除き、非常に遅れていること、そして第三に、アジア通貨危機が相互協力の遅れを深刻な問題として認識させることになったこと、である。通貨危機は、アジア地域が共有する危機の存在を顕わにするとともに、危機に対する国際社会の対応が必ずしも充分でも、迅速でもなかったことを示し、アジアが自らの手で問題に対処する地域的な協力体制を形成する必要性を自覚させたのである。

すでに通貨協力では、二〇〇〇年に「チェンマイ・イニシアティブ」が合意され、ASEAN＋3の間で外貨準備の相互融通を進めるスワップ・ネットワークが形成されている。また域内資本市場の育成への協力も進められている。食糧やエネルギーの安定確保に関しても、備蓄などが検討され、コメについてはすでに実験的プロジェクトが始まっている。FTAについても、中国がASEANと二〇一一年までにFTAを締結する合意を行い、特定の農産物については〇四年から前倒しで自由化を実施しているほか、日本がシンガポールと経済連携協定を締結し、引き続きフィリピン、タイ、マレーシア、韓国とFTA交渉を行っている。さらに日中韓、ASEAN＋3のFTAも検討が始まっており、二〇〇二年には日本から「東アジア共同体」の構想が打ち出されている。

様々なレベルで地域協力が進むことが予想されるが、東アジアの地域共同の動きは、通貨協力や「経済連携協定」を通じた「ビジネス圏」の形成に主たる関心が集中しており、次のような問題を指摘せざるをえない。

第一にビジネス環境整備の大前提となる地域的な安全保障に関して、東アジアでは未だに共有できる平和構想が生まれていないということ、平和構想に先んじて「経済連携」強化が進められているという点である。日本による「東アジア共同体」の提起では安全保障面にまで踏み込んだ協力の必要性が語られてはいる。しかし戦争の反省を踏まえた具体的な構想があるわけではなく、またアジアが主体となった地域安全保障の枠組みを形成しようという提起があるわけでもない。この点では「東アジアビジネス圏」は非常に危うい基礎の上に構想されているのである。

第二は「東アジアビジネス圏」が安定的に、そして有効に機能するための経済的社会的基盤に関わる構想が欠落している、あるいは非常に弱いという点である。東アジア地域は依然として大きな地域的な経済格差、労働条件や福祉・教育水準の格差を抱えており、こうした格差を放置したままで域内自由化が進展しても、安定的で公正なアジア経済の成長は展望できない。同時に、エネルギー、食糧の安定確保に関する協力と共同の構想も不可欠だが、今のところ「備蓄」構想などに止まっている。環境保全や安全性をめぐる問題も自由なビジネスが行われる基盤として、成長著しいアジアにおける最重要課題ともいえる分野である。こうした領域に関して、東アジアで共有しうる理念とそのもとで実現すべき目標や協力のあり方を明確にしていくことが求められる。アジアにおける「人間の安全保障」の課題と言ってもよいであろう。

この二つの領域の問題は、EUの成り立ちと比べると対照的である。欧州における共同体形成の第一の目的、狙いは欧州における平和の実現にあり、東アジアにおける今日の共同の目的がとりあえず経済成長にあることとの落差は大きい。注意すべき最大の問題である。また欧州共同体の場合、貿易自由化等の市場統合の動きに先行して、あるいはそれとともに、地域の経済的社会的基盤に関わる共同の取り組みを進めてきている。石炭・鉄鋼共同管理に始まり、共通農業政策、経済格差是正のための「結束基金（Cohesion Fund）」などの地域開発政策への取り組みなどである。さらに人権、社会政策等の問題においても、欧州人権条約（五〇年）、欧州社会憲章（八九年）、欧州基本権憲章（二〇〇〇年）等の合意を積み重ねてきている。

政治統合をも視野に入れた欧州との違いと言ってしまえばそれまでだが、重要なことは、経済的な統合はこうした領域における共同を進めることなくして安定的前進は得られないであろう、ということである。ところが、こうした領域に本格的に踏み込もうとする場合、アジア各国の合意形成の問題とは別の次元の問題にも直面することになる。

米国との深刻な摩擦と調整の問題がそれである。アジアが自ら主体的に平和を構想する場合、力の論理に立脚する米国に依存する日本などの姿勢は見直しを迫られる。またエネルギーや食糧の安定確保に関して、アジアが共同で取り組む方向に歩み出せば、アメリカのエネルギー政策や農業政策と緊張を生むことは避けられない。日本は今までのような日米安保を基軸とし、もっぱら米国に付き従う姿勢では、アジアにおける平和構想においても、アジアにおけるエネルギー、食糧、環境問題などの領域における共同の取り組みにおいてもリーダーシップを発揮することはできないであろう。こうした領域に踏み込み、「東アジアビジネス圏」を超えた地域共同を模索することによって初めて、日本とアジアとの共生の見取り図を描くことが可能となり、東アジアの地域統合がグローバルな市場統合のプロセスに積極的な意味をもつものになるであろう。

（1）『日本経済新聞』二〇〇四年三月八日付。
（2）国連開発計画『人間開発報告』各年版、国際協力出版会、とくに一九九九年版「グローバリゼーションと人間開発」、二〇〇一年版「新技術と人間開発」などを参照されたい。
（3）Borrus, Michael, Dieter Ernst, and Stephan Haggard, eds., *International production Networks in Asia*, Routledge, 2000.
（4）ジョセフ・E・スティグリッツ『世界を不幸にしたグローバリゼーションの正体』鈴木主税訳、徳間書店、二〇〇二年、三二〇ページ。
（5）Fröbel, Folker, Jürgen Heinrichs, and Otto Kreye, English edition, *The New International Division of Labour: Structural Unemployment in Industrialised Countries and Industrialisation in Developing Countries*, Cambridge, 1980. 平川均『NIES——世界システムと開発——』同文舘、一九九二年、参照。「新国際分業論」を批判的に検討したものとしては、田中祐二『新国際分業と自動車多国籍企業』新評論、一九九六年、藤森英男「ASEANの輸出指向工業化と『新国際分業論』」拓殖大学経営経理研究所『経営経理研究』第五八号、一九九七年、宮本健介『開発と労働』日

本評論社、二〇〇一年、など参照。

（6）戦後資本主義世界における統一的な市場形成とその意義については、佐藤定幸『多国籍企業の政治経済学』有斐閣、一九八四年、を参照されたい。

（7）戦後、領域的市場支配が困難になったということが帝国主義の理解にとってどのような意味をもつのか、若干補足しておきたい。

戦前・戦後の時代に共通する論理を強調している中村雅秀『帝国主義と資本の輸出』ミネルヴァ書房、二〇〇〇年は、「レーニンにあっては植民地支配と帝国主義諸国間の競争の現実を対立の裏面における依存の関係を基礎に理解し」（一五一ページ）、資本輸出が「分割・対立」とともに「相互依存の網の目」を形成する点を重視していたとし、「『アウタルキー経済』なるものは、たとえばブロック経済化への傾向が激しかった一九三〇年代をとっても、その内部的矛盾のゆえに現実には完成されることのない帝国主義の抽象的政策理念のひとつにすぎない」（一五八ページ）としている。

いずれも重要な指摘であり、戦前の領域的市場支配は必ずしもアウタルキー的なブロック経済の形成を意味するわけではない。しかし、領域的市場支配とその分割の論理は、帝国主義の経済的基礎たる国際的な相互依存関係それ自体の破壊にまで進んだのであり、帝国主義が相互依存の進展をその歴史的使命とする限り、それ自身の論理にしたがって、領域的市場支配を許さない段階へ進まざるをえないのではないか、ということである。

また、9・11以後活発化している「帝国」をめぐる議論については、とりあえず次の指摘が基本的認識として重要であろう。もちろん「資本主義的な帝国」という独自の理解については別途検討を要する。

「アメリカの外交政策は第二次世界大戦から基本的に一貫している」。「アメリカはイラクを占領することで昔ながらの帝国に逆戻りしようとしているとか、これが以前の政権との大きな違いだとか考える論者もいるようだ。しかしこうした見方は、過去と現在におけるアメリカの帝国主義に固有な性格を見損なっているのであり、資本主義的な帝国に固有の特徴を十分に理解していないのではないかと思える」。「アメリカの帝国主義は、そして原則として資本主義的な帝国主義は、植民地を直接に支配することは避けようとする」。「アメリカ帝国主義の目的は、植民地を支配せずに経済的な覇権を確保することにある」（エレン・メイクシンズ・ウッド『資本の帝国』中山元訳、紀伊國屋書店、二〇〇四年、一一～一四ページ）。

さらに植民地制度崩壊の意義については木下悦二『現代資本主義の世界体制』岩波書店、一九八一年を参照されたい。『段階としての帝国主義』論は植民地制度の崩壊後には維持できない」(三四ページ)として帝国主義の段階規定の見直しを提起している点も注目すべきである。

(8) これをもって「アメリカ版自由貿易帝国主義」とする議論もある(後藤道夫「現代帝国主義の段階と構造」渡辺・後藤編『講座・現代日本2』大月書店、一九九七年)。しかし「自由貿易帝国主義」は植民地帝国の形成に帰結したのであって、現代を「自由貿易帝国主義」、「非公式の帝国」とすることには疑問が残る。また、「非公式の帝国」の場合、「多国籍企業が利用する途上諸国の低賃金労働力プールの急増と旧社会関係の急激な解体にともなう、各種の社会的コストを負担するのは現地国家である」とし、「こうしたコストの放置、すなわち端的な収奪は、現代帝国主義の植民地放棄=『非公式の帝国』戦略と一体のものである」(後藤「現代帝国主義の社会構造と市場秩序」渡辺・後藤編『講座・戦争と現代1』大月書店、二〇〇三年、二三五ページ)としているが、「公式の帝国」でないにもかかわらず、途上国への「支援」と「介入」に乗り出さざるを得なくなるという点に、グローバリゼーションの進展をみるべきではないのだろうか。

(9) 「管理貿易」を合理化してきたローラ・D・タイソン(クリントン政権下の大統領経済諮問委員会委員長)は、次のように自国の通商法にもとづく一方的措置を正当化している。

「日本市場の主な障壁は、日本特有の産業組織や、企業相互の関係、官民の関係に根ざしている。明白な貿易障壁は分かりやすいし、GATTのルールに従って対応することができる。対照的に、日本市場の構造障壁は見えにくいし、GATTのルールにも馴染まない。こうした障壁に取り組むには、強制力のある多国間ルールを作り、日本企業と産業政策に特有の国内企業に有利な制約的ビジネス慣行を制限することが一番よいのだろう。……だが、競争政策と規制慣行に関する強制力のある多国間ルールがないために、モトローラとクレイは米国通商法に救済を求めるほかなかった。どんな楽観主義者でも、近い将来にそのようなルールが成立するとは言えないだろう」(『誰が誰を叩いているのか』竹中平蔵監訳、ダイヤモンド社、一九九三年、一一五ページ)。

しかし、GATTからWTOへの展開は、未熟ではあれ、多国間ルールを新たな次元に押し上げるものと言えよう。それは同時に一方的措置を制約するものとしても現れる。

(10)　世界経済の共同管理への展開については、山口正之『社会主義の崩壊と資本主義のゆくえ』大月書店、一九九六年、とくに第三章を参照されたい。
(11)　アメリカの資本自由化を中心とする通商戦略の転換については萩原伸次郎『通商産業政策』日本経済評論社、二〇〇三年、を参照されたい。
(12)　ＩＭＦの議論に関しては、ローレンス・Ｊ・マッキラン、ピーター・Ｃ・モントゴメリー『ＩＭＦ改廃論争の論点』森川公隆監訳、東洋経済新報社、二〇〇〇年、Ｓ・フィッシャーほか『ＩＭＦ資本自由化論争』岩本武和監訳、岩波書店、一九九九年、などを参照されたい。
(13)　国際金融のトリレンマについては、さしあたり、岩本武和・奥和義・小倉明浩・金早雪・星野郁『グローバル・エコノミー』有斐閣、二〇〇一年、小川英治『国際金融入門』日本経済新聞社、二〇〇二年、などを参照されたい。
(14)　トリレンマ論の問題点については拙稿「グローバリゼーションと国際金融のトリレンマ論の陥穽」高知短期大学『社会科学論集』第八五号、二〇〇三年一一月、を参照されたい。
(15)　アジア通貨危機に関しては、白井早由里『検証ＩＭＦ経済政策――東アジア危機を超えて――』東洋経済新報社、一九九九年、上川孝夫・新岡智・増田正人編『通貨危機の政治経済学――二一世紀システムの展望――』日本経済評論社、二〇〇〇年、吉冨勝『アジア経済の真実』東洋経済新報社、二〇〇三年、などを参照されたい。
(16)　Ｊ・Ｌ・イートウェル、Ｊ・Ｌ・テイラー『金融グローバル化の危機』岩本武和・伊豆久訳、岩波書店、二〇〇一年など参照。
(17)　銀行監督をめぐる国際規制の展開についての整理は、打込茂子「国際的な金融規制・監督政策の展開」宇沢弘文・花崎正晴編『金融システムの経済学』東京大学出版会、二〇〇〇年による。
(18)　バリー・アイケングリーン『国際金融アーキテクチャー』勝悦子監訳、東洋経済新報社、二〇〇三年、日本語版序文、ixページ。
(19)　自己資本比率規制をいかに重視しているかは、永見野良三『〈検証〉ＢＩＳ規制と日本』金融財政事情研究会、二〇〇三年、に示されている。とはいえ、自己資本比率規制の中味については抜本改正が予定され、二〇〇六年から適用される新ルールでは、中小企業貸出に対する所要資本の軽減等が盛り込まれている。

(20) この点、鳥畑与一「竹中プランによる金融再編」『経済』二〇〇四年五月号、に多くを依拠している。

第8章　地域経済の転回と協同性・公共性

山田定市

1　地域経済の現代的課題

地域については古くから社会科学の諸領域で多様に論じられてきたが、とりわけグローバリゼーションが進む中で地域に対する関心がいっそう強まっておりこれに関わる議論もさらに活発になっている。

この間、多くの地域研究が集積されてきたが(1)、とくに最近はグローバリゼーションとの関わりで資本主義世界経済を視野に入れた世界システム論、ナショナルな視点を基軸にしてあらためて国民経済との関連で地域構造を論じた地域構造論、地域経済の自律的発展に力点を置く内発的発展論、などがそれぞれのフレームワークにもとづいて独自の地域論としての展開を示している(2)。

本章では、これらの地域論を踏まえながら、〝資本主義はどこまできたか〟という本書に共通した視点に立って〝資本主義と地域〟の到達点を明らかにし、さらに〝脱資本主義〟に向けた地域社会の変革の課題について考えてみたい。

本章の議論を進めるにあたって、まず地域を重層的・対抗的構造として認識することを重視する。農村集落や都市・市街地町内会などの比較的に小範囲な圏域から国家間の地域的統合体（たとえばＥＵ）や世界市場にわたる広範囲な圏域までを含めてこれを地域の重層的構造として認識する。その際に一般に言われているローカルないしリージョナル、ナショナル、グローバルという三層構造が思い浮かべられるが、その中間にはさらに幾重にもわたる圏域が重層的に存在し相互に関連している。

このような地域の重層的構造は、単に異なった圏域の重なり合いからなる地域の階層性を意味するだけではなく、それぞれの地域がそれぞれ異質な構造を持ち、同時に地域内および地域相互の対抗的関係を形成している。そのような地域の異質な構造は、単にそれぞれの地域が内包する経済構造の違いによるだけではなく、それぞれの地域の主体とその相互の社会的関係によって規定されている。そのような地域相互の主体をめぐる社会的関係の中でもとくに基軸になるのは階級的対抗関係である。このような地域の重層的構造・対抗的構造については、その歴史的な動態過程として考察することが必要であり、そのための分析枠を設定することが求められる。

このことに関わってＫ・マルクスは資本主義社会における地域の対抗的構造を資本・賃労働関係を基底に置きつつ、〝機械制大工業と農業〟、〝都市と農村〟の分化・対立とその相互関係として解明したが、(3) このことは現在の〝都市問題と農村問題〟さらには〝南北問題〟などにも投影されているといえよう。

そこで、このような地域の動態的な変貌過程について、生産力の不均等発展とこれを基底とする資本蓄積ならびに資本の集積・集中、さらにその対極で進行する貧困化や独占の現段階における到達点（多国籍企業を基軸とするグローバリゼーション）などを視野に入れながら解明することが必要である。

その際に、資本主義の再生産構造における農業の位置についても特別の留意が必要である。これまで各国の農業はそれぞれの歴史的条件のもとで絶え間なく資本主義化の道を歩みながら現在に至っている。この過程でその圧倒的部分は資本主義的市場に包摂され、今やグローバリゼーションの渦中にほぼ全面的に包摂されようとしている。しかし、その生産構造、経営形態を見ると家族農業経営がなお根強く残存していることも確かであり、むしろその現代的意義が見直されつつある。

さらに農業は土地を主要な生産手段とする産業であり、このことによって農地の所有と利用・管理をめぐって独自の経済問題を醸成してきた。農地については、わが国では現在も基本的に農民の所有に委ねられているが、これに対して資本による取得に道を開く制度改訂の動きがいっそう強まっている。農地を含む土地の所有に関しては、一方で本来的に資本主義経済法則にはなじまない矛盾を内包していること、さらに資本による土地の包摂が寄生的土地投機を助長し地域社会の発展を著しく阻害する要因となってきたことはバブル経済のもとで実証済みである。しかし他面では、農業・食糧問題、資源・環境問題などをめぐって土地の〝公共財〟としての意義とそれにふさわしい土地の所有・管理のあり方が問い直されており、その意味で土地問題は今や新たな地域問題になりつつある。(4)

これらのことを踏まえたうえで、さらに地域社会の主体をめぐる対抗的関係を明らかにしなければならない。その際に住民諸階層（とりわけ都市労働者）をめぐる労働の実態について労働の社会化を視点とする分析が重きをなすが、それと併せて住民諸階層の生活をめぐる諸活動（政治、教育、文化などの領域に及ぶ）も視野にいれなければならない。協同組合やNPO、NGOなど地域に基盤を置いた協同活動の現代的意義、さらにそれらが〝公共性〟とどう関わるか、などについても論点整理が必要になってこよう。(5)

2　地域の重層的・対抗的構造

1　地域の原初的生成

〝資本主義と地域〟の前提となる地域の原初的生成について考えるにあたって、地域を自然存在としての人間（の労働と生活）と土地自然（その内包する資源を含む）との物質代謝を基礎とする結合の場として認識し(6)、そのうえでさらに人間と土地自然の結合様式の歴史的変化に視点をあてて、歴史の諸段階に照応して地域がどのような転回を遂げてきたか、について考えて見る必要がある。まず、古代社会に端を発する共同体は、地域の原初的形成を理解するうえで一つの手掛かりを示している(7)。古代社会に端を発する共同体では、社会システムとして次のような特徴が見出される。

第一に、共同体の存立する地域は、自然存在としての人間と土地自然（資源を含む）との原初的結合の場としての性格を有する。ここで営まれる人間の活動は、自然存在としての人間と土地自然との結合のもとに成り立つ行為であり、その中に人間の生産労働の萌芽を見出すことができるが、それは生活に関わる活動とは未分離の状態にあり、生産労働が自立して存在するまでには至っていない。第二に、この共同体の成員はそれぞれ自立した存在までには至っておらず、個人（家族）はあくまでも全体（共同体）の一構成分子に過ぎない。その意味でこのような共同体は、自給自足を経済的基礎として個と全体が一体化した社会・経済システムである。さらにこの共同体における原生的な生産力は長期にわたって停滞的であった。

しかしながら第三に、その共同体の内部においても、やがて生産力の発展の契機が芽生える。それは自然改良技術の発達を基礎とする共同体内部の共同労働をめぐる協業・分業の展開などによって次第に現実のものとなる。とくに生産労働と生活労働の分業化は、労働生産力を少なからず発展させる契機となる。

第四に、この結果、共同体の存続に必要な最低限の量を上回る生産を可能とするような生産力が実現し、異なる共同体同士の交易が始まる。そのような共同体相互の交易は、以下のような経過を踏まえて可能となる。

すなわち共同体における共同労働によって生み出される労働生産物は、大別して共同体内における自給用生産物と他の共同体との交易を目的とする労働生産物（商品）とによって構成され、逐次、後者の相対的比率が高まる。このことは、それまでの絶対存在としての共同体を相対的存在に転化させる原初的な契機をなす(8)。

さらにこのような共同体同士の交易を基礎にして、共同体の圏域の外延的な拡大（生産力の発展を基礎とする武力による他の共同体の制圧を含む）が可能となり、それまでの共同体の同質性に加えて共同体内ないし共同体相互に見られる異質性が増大し、さらにそれにもとづく地域間格差が拡大し、このことがやがて共同体の解体ないし共同体同士の合体の要因をなすことになる。

さらにこれらの過程を通して地域的分業にもとづく生産力の発展と商品生産の広範な展開が見られる(9)。

2　都市・農村の対抗と協同

商品生産社会における地域的分業は、地域間の商品交換の領域を拡大し、それまでの自己完結的な自給経済を基底とする同質的な地域に代わって、それぞれの地域ごとの量的（生産力水準）、質的（地域的分業の違い）な経済格差を拡大する。

このような地域的分業の展開は、それ自体地域経済が資本主義的再生産構造に包摂される過程にほかならず、この過程で、都市と農村の分化・対立は大工業の発展を契機として急速に進展し、相互に異質な性格と構造を持つ地域の相互関係が、大工業・都市と農業・農村の関係を基軸にして形成される。さらにこの過程を通して両者の対抗的・相互依存的関係を必然化するとともに、相互の新たな結合・総合の可能性を内包することになる[10]。

このことに関わるマルクスの論述は示唆に富んでいる。マルクスは『資本論』、第一一章、第一〇節「大工業と農業」の中で、一方では労働生産力の発展を基礎とする合理的農業の展開が可能となるとともに他方では都市と農村の対立もまた鮮明になること、さらにその過程で農業と都市とのより高い結合と総合の可能性が芽生えることを指摘している[11]。

また、マルクスは資本主義的生産様式のもとにおける都市の発展が、一方で社会の発展の歴史的原動力を蓄積する積極面を持ちつつも、他方で経済の持続的発展の条件を破壊しつつ進行すること[12]、さらに社会的生産の合理的体系の形成が都市・農村労働者の人間破壊とひきかえに必然的になることを指摘している[13]。

しかし、併せて「より広い地面に農業労働者が分散していることは、同時に彼らの抵抗力を弱くするが、他方、集中は、都市労働者の抵抗力を高める[14]」と述べて、都市における労働の社会化の持つ進歩性を指摘している。

いま食の安全が社会的に大きな関心を集めている中で農産物についてトレーサビリティ（traceability、農産物の生産に関する履歴の追跡）の具体化がなされているが、これは消費者（都市住民）と生産者との協同なしには十分な成果を挙げることができないという意味では、都市と農村の地域間協同の現代的課題の一つとしての具体例ということもできよう。また、資源の再利用を含む循環型社会地域間協同を欠いては成り立たない。

さらにマルクスが『資本論』、「大工業と農業」の中で提示した視点を、独占と世界市場の展開、国際的分業と多国籍企業に至る現代のグローバリゼーションのもとにおいて創造的に展開することが求められている。また、現在ＷＴＯが直面している課題は、南北問題の新たな段階を示しているといえるが、その根底には農工間の生産力の不均等発展とそれに伴う構造問題が深く関わっているのである。

3　生産力の不均等発展と地域格差

生産力の不均等発展は、前述の地域問題（＝典型的には都市・農村問題）とも関わりながら農工間の不均等発展を基底としつつ、経済発展の地域格差を拡大する基本的要因をなす。それは国内では単に生産部門間にとどまらず独占体（大企業）と非独占体（中小企業、自営業者）との間における格差の拡大から工業国、農業国に大別される国際的な格差拡大に及ぶ。

とくに帝国主義の段階に入ると、国際的分業に伴う商品輸出入、資本輸出、金融市場の国際化に加えて先進資本主義諸国とそれに急迫する後発資本主義国との市場拡大競争をめぐる衝突として列強間の領土再分割（武力衝突）をも必然にしてきた。第二次世界大戦後は列強間の全面的な武力衝突はないが、戦後から現段階に至る過程でアメリカは軍事的・経済的に最強の国としての地位を保持し続けており、アメリカの世界戦略とそれにもとづくグローバリゼーションは現代の帝国主義ともいえる世界体制を作り出している(15)。

したがって現代における生産力の不均等発展は、これを単に生産力の部門間、地域間の格差の問題にとどめることなく、グローバリゼーションのもとにおける生産力構造の歪曲を内実として含んでいることを認識することが必要である。

このような社会的（世界的規模におよぶ）生産力の構造的な歪みは、生産力の資本主義的発展の必然の帰結であって、現代の環境問題にも多大な影響を与えている。その過程であらためて環境問題の主体的克服に向けて社会的生産力の民主的管理・統制の必要性が現実の課題として浮き彫りになりつつある。

労働生産力が資本の生産力として発現する資本主義的経済システムのもとでは、労働者（勤労諸階層）が生産力構造に主体的に関わることはきわめて困難であるが、そのような中にあっても労働の社会化の絶え間ない進展を基礎にして労働者が生産技術や生産力の内実に主体的に関与することが次第に現実味を帯びていることも確かである(16)。

4　現代の貧困のメカニズム

資本主義社会では、階級の一方の極に位置する資本家階級の側には富（利潤・資本）が蓄積し、もう一方の極に位置する労働者階級（勤労諸階層）の側には貧困が蓄積する、というのが貧困についての基本認識をなす。さらに現代の貧困の実態を明らかにするためには、貧困の概念自体を広げることが有効である。

そこで貧困の内実について考えるにあたって、社会的富の指標としての社会的生産力水準と関連づけて考える必要があろう。むろん、〝労働の生産力＝資本の生産力〟という資本主義的枠組みのもとでは、労働の産物である社会的富を労働者の生活条件として一義的に直結することはできない。

しかし、後述するように、労働者の消費・生活過程（狭義の生活）は、労働とは異なり資本の生産過程に全面的に包摂されているわけではなく、相対的な自立性を保持し、今や労働者が自らの生活様式を主体的に編成することが実践課題になりつつあるという認識に立つならば、貧困について次のように理解することは可能となろう。

すなわち、労働者階級の貧困に関する従来の基本的認識に加えて、〝実現可能な生活水準を裏打ちする客観的・主体的条件が実在するにもかかわらず、そのような生活水準が実現していないこと〟、つまり〝実現可能な生活水準と現実の生活水準との乖離〟を貧困の内実として認識する。

この場合、〝実現可能な生活水準〟を裏打ちする客観的条件としては、社会的生産力の水準と労働の成果としての社会的富の総体（その具体的・近似的指標としては、たとえば国内総生産）がこれに相当する。また、〝実現可能な生活水準〟の主体的条件は、勤労諸階層の労働と生活に関わる社会的欲望水準の主体的な高まりをその基礎に置いている。

さらにここで言う〝実現可能な生活水準〟については、単に勤労諸階層の生活要求水準にとどまらず、社会的生産力の到達水準によって裏打ちされた実現可能な生活水準を含み、それと現実の生活水準の格差が貧困の内実をなす、という理解に達することができる。

貧困をこのように認識することは、労働主体としての勤労諸階層が、自らの労働によって実現した社会的生産力とその労働の成果としての社会的富を基礎にして、労働の社会的生産力と富の社会的配分を統御し管理する主体になるという主体的認識と行動を可能にする。そのうえで生活主体としては社会の進歩に見合った社会的欲望水準を基礎とする生活の実現を目指し、そのために富の社会的配分と活用をめぐる階層的・地域的不平等を是正し、民主的に再配分することを目指す、という主体的認識と行動を意味している。さらにこのような貧困の認識は、労働者（より広い勤労諸階層）が主体的・能動的な社会変革の主体としての立場からの貧困についての認識を高めることに通じる。[17]

このような視点に立つならば、資源・環境問題は現代の貧困問題の重要な内実を示していると見ることができる。

5　資源・環境問題の対抗的構造

本章では環境問題を資本主義的生産力の構造的歪曲として理解しその解決のためには生産力の社会的な管理と統御が不可欠であるという理解に立っている。

人間の生存条件をなす合目的的な活動としての生産活動は、人間の保有する労働能力と生産手段（労働手段および労働対象）との結合によって実現し、その結果、労働生産物を得る。このような人間の労働の営みは、それ自体、自然存在としての人間と自然素材との間の物質代謝の過程を意味する。このような合目的的な自然改良は時に自然環境の悪化・破壊をもたらす。このことは資本主義的生産様式のもとではとりわけ顕著であるため、環境破壊を防ぐためには生産活動そのものの意識的統御とそのための社会システムの改良と変革が必要である。

したがって環境問題は同時に資源（生産手段）を含む生産力構造の社会的編成の問題であり、その意味では環境問題は資源・環境問題であって、それは生産力の主体的統御、生産力構造の再構築とそのための社会システムの変革を目指す実践的課題である。(18)

このように社会的生産力の民主的統制を含む資源・環境問題、ひいては社会・経済システム（地域社会システムも含めて）のあり方について考える際に、「IT革命」や「情報化社会」といわれる現代の技術革新がもたらす影響をどう評価するかということは重要な意義を有する。

情報化は現代の科学技術や生産力構造ならびに諸個人の労働と生活の社会的諸関係を規定的に条件づけている。情報化は、一面では、現代においてなお残存する様々な差別や不平等を是正し、平等な社会を実現する手段として役立つが、反面では、情報化自体が新たな格差や差別を作り出す条件として作用する。(19)

機械制大工業が工場内における技術体系を基軸としているのに対して、情報手段の体系はさらに広域にわたり、やがてグローバルな圏域にも及んで普及し、そのことを基底として労働の社会的生産力も飛躍的に発展する。この過程で、一面では大企業による情報手段の独占的所有・利用・管理と情報化を「てこ」とする新たな差別・不均等が労働や生活の様々な領域に及び、勤労諸階層の労働疎外をグローバルな規模で推し進める。

しかし、他方では、情報化がより広く諸個人の生活領域（教育、健康、医療、福祉、文化、芸術、スポーツなどを含めて）に及び、情報（手段）の利用が中小零細企業から個人にまで広く普及する過程で、地域社会に根ざした企業活動や人間的で個性豊かな労働と生活を実現する可能性もまた広がる。また、これらの条件を生かして独占的大企業を軸とする社会システムの中に中小零細企業・自営業や諸個人などが参入し、産業と生活に関わる社会的諸諸領域においてコミュニケーションや社会的ネットワークを新たに形成し展開する可能性もまた広がる。情報化はさらに地域社会において地域を基盤とするネットワーク化を軸にしてNPO、NGOをはじめとする多彩な地域活動や社会運動、協同組合などの様々な協同活動や地域民主主義運動を前進させる可能性を広げる。さらにネットワーク自体も地域のネットワークからグローバルなネットワークに広がる。

さらに情報化の進展によって環境問題が緩和されるとする議論についても留意しておく必要があろう。たとえば、重化学工業を基軸とする近代工業社会が情報化・消費化社会に移行する過程で、資源・マテリアル消費はおのずから抑制され、環境問題が緩和される、との見解はその一つの例である。これは情報化自体がマテリアル消費を節約する方向性を含んでいるとする理解を基礎としているが、この点は資源・環境問題の基本認識とも関わって看過できない論点を含んでいるといえる。(20)

現代社会の構造変化は、一義的に「脱工業化」(=「工業社会から情報・消費社会」への移行)の道を歩んでいるわけではない。したがって〝脱工業化〟に環境問題の緩和を託するのではなく、むしろ〝ものつくり〟の産業部門を含めて経済構造全体にわたって環境に優しい産業と生産力構造を構築することが地域社会の持続可能な発展の課題となっているのである。(21)

3　地域社会の持続的発展と主体形成——労働の社会化と協同の視点から——

1　持続的発展をめぐる対抗的構造

主に環境問題にかかわっていわれている“sustainable development”に関しては、その訳語をめぐっても、“sustainable”は「持続可能な」ないし「持続的」、“development”は「発展」ないし「開発」と訳され、それぞれ特有の含意のもとで用いられることが多い。元来、sustainable development自体、必ずしもその内容が明確になっていることは言えないので、訳語の厳密性にも限界があるといえるが、多く用いられている「持続可能な発展」については、文字通り当為としての認識を含意しかねないので、理念にとどめないで実態に含まれる対抗的本質を認識するためには「持続的発展」のほうが妥当のように思われる。(22)

いずれにしても〝持続的発展〟が二一世紀以降の人類社会に課せられた共通課題であることは言うまでもない。しかし、持続的発展をめぐって、誰が誰のために何を行おうとしているのか、という観点から捉え直すならば、問題のありようは決して単純ではない。

まず、近代以降の社会の発展の基礎をなしてきたのは資本主義経済であり、そのもとでは労働の社会的生産力＝資本の生産力として現れる。

このような脈絡で考えるならば、持続的発展は何よりも生産力の発展とその資本主義的性格にもとづいて考察されなければならない。このことによって持続的発展それ自体が内包する対抗的構造を浮き彫りにすることができる。これはさきに環境問題を生産力の資本主義的な本質と関わらせて資本主義的生産力の社会的統制・管理の問題として認識し、そのうえで社会的再生産構造をどのように持続的に発展させるかという論点を提示したこととも共通している。

このように持続的発展の対抗構造に着目するならば、まず、資本の側から見た持続的発展は、資本主義的生産力の持続的発展とそれを基底とする資本（企業）の持続的蓄積にほかならない。このことと関わって資本主義的生産力構造の持続的発展には労働力の確保が必須の条件をなすが、この労働力の再生産の過程は、労働者にとっては自らの生活過程として自身と家族の生活を持続する過程にほかならない。その意味で後者は自然存在としての人間の本源的な活動の一環をなすとともに、主として労働力の売買と生活用諸商品の購入を通して資本主義的市場に結びついている。(23)したがって労働者にとっての持続的発展は自らの労働と生活の持続と発展を意味する。

このように、持続的発展をめぐっては、資本と労働者との間に対抗的な関係が存在している。その際に労働者は資本の生産（労働）過程に身を置いている間は直接に資本に包摂されているが、自らの生活過程においては資本に対して相対的な自立性を保持しており、資本が労働者の生活を直接的に包摂し完全に支配しきることはできない(24)。

このような持続的発展をめぐる対抗的関係はたとえば失業において鮮明に浮き彫りにされる。失業は労働者にとっては自らの生活を持続することを一方的に否定される条件となるが、資本家にとってはむしろ労働力を持続的に保持するための必須の調整手段（資本にとって不必要な労働力の排除）である。さらに資本は労働力を持続的に保持する（必要な時期に必要な労働力を確保する）ために、資本過剰に必然的に伴う完全失業を含む相対的過剰人口を〝調節弁〟として機能させる。このような相対的過剰人口は、労働者にとってはとりもなおさず自らの生活の持続を否定しないしは絶えず脅かされる条件となる(25)。また、労働者の生活過程が地域を基底として存立している中で、失業問題は地域社会の持続的発展を根底から脅かす条件となる。現に地域ごとに見られる失業率の格差が地域経済の発展を重く条件づけていることは周知の事実である。

2　労働の社会化と結合生産の過渡形態

資本主義的商品生産のもとでは、直接的生産者である労働者は労働の疎外に直面するが、反面ではその過程で資本に対抗する主体的条件もまた熟成される。その一つの契機は、労働の社会化の中に見出される。

機械制大工業のもとでは大規模な分業と協業にもとづく結合労働がますます広がり、生産過程においても個別的労働にもとづく社会的生産がいっそう重きをなすようになる。同時に社会的分業の発展によって各生産部門相互の社会的連関を通して、地域市場から全国市場、世界市場に及ぶ市場の展開と重層化が進む。

労働の社会化を基底においた結合労働の展開は同時に資本主義的企業にも波及して個人企業から株式会社という社会性を持った企業形態を生み出すとともに、労働者による結合労働の形態を生み出す。この点に関わってマルクスは協同組合工場に言及し、「資本主義的株式企業は、協同組合工場と同様に、資本主義的生産様式から結合的生産様式への過渡形態とみなされるべきであるが、ただ対立が、前者では消極的に止揚され、後者では積極的に止揚されるのである」[26]と述べている。ここから読み取ることができるのは、資本主義的企業と協同組合工場とが、資本主義的工場制度と信用制度の発展を共通の基盤として結合生産様式へ移行する過渡形態として有する両者の共通性についてである。

また、資本主義的生産様式に内在する対立が協同組合工場において積極的に廃止されていると述べているのは、すでに労働者の直接的な工場の所有・管理が実現しているという点で積極的であり、他方、資本主義的企業（株式会社）の場合には、結合的生産が形成されつつも、依然として資本家による所有と経営管理が支配的であるという点で消極的である、と指摘しているのであって、積極的かそれとも消極的か、という対置の中で両者の違いを際立って強調しているわけではない。

さらに労働の社会化は資本主義的生産様式から結合的生産様式への過渡形態を生み出す基底的条件となるが、このような過渡形態とそれに類する協同の形態は労働者の生活過程にも及ぶとともに、都市経済の底辺を支えている中小企業や資本主義的生産が主軸をなすまでには至っていない農（林漁）業にも波及しつつ協同の諸形態を生み出している。

3　生活の社会化と協同労働

都市労働者（住民諸階層）の生活過程は、資本に直接に包摂された労働過程とは異なり相対的な自立性を保持しているが、反面、生活過程は資本主義経済に組み込まれる過程で絶え間なく変化し、資本に新たな市場を提供する。家庭内の自給的・私的労働が社会的労働に置き換えられること、商品経済を媒介とする生活様式の社会化と「押し付け」、さらにそのことを契機とする社会的欲望水準の高まり、それに伴うより高い賃金要求とそれへの抑圧、全生活時間における自由時間の拡大（労働時間の短縮）要求の高まりとそれをめぐる対立、などの諸変化が見られる。これらのことは労働の社会化と同次元で論ずることはできないとしても、生活の社会化ないし生活労働の社会化として位置づけることもできよう。

さらに生活関連労働の社会化の中で、主体的な協同の諸形態が生成・展開しつつあることも確かである。生活用商品の共同購入、家庭内育児に代わる共同保育、協同による社会サービス、生活情報、学習機会の提供、などがその例といえるが、このことは生活の領域における協同労働の形成・展開の出発点となり、このような生活に関わる協同労働の社会的システム化（制度化）は、まず協同組合の形態をとって具体化する。とりわけ協同組合の発展過程では、成員の協同労働と社会的に自立した労働としての協同組合労働者の専門的労働とが併存して重層的に展開する。(27)

とくにこのような中で生協は一九世紀末から二〇世紀に入ってから以降、欧米をはじめとして多くの国々で多様に展開してきたが、近年、その多くが存続が危ぶまれるほどの危機に直面している。このような状況を踏まえて、国際協同組合同盟（ＩＣＡ）においても協同組合のあり方をめぐって議論が重ねられており、とくにＥＵでは様々な活動領域に及ぶ協同組合が〝社会的経済〟の一翼を担う存在として期待されている。しかし、アイデンティティや活動の方向性は依然として不鮮明であり、危機と混迷が続いている。

わが国の生協は一九七〇年代以降急速な伸展を示したが、バブル経済の破綻以降、その伸びも行き詰まり、経営の危機的状況が指摘されている。このような中で生協の社会的役割があらためて問われているといえる。その際に、現に生協が近年の食の安全をめぐる問題に対して果たしている先進的役割は、生協の今後の進路に向けて有効な示唆を含んでいるといえよう。これまで生協の組織問題と経営問題は統一した視点から論じられることが少なく、とりわけその経営問題は事業の成長の勢いに埋没して本格的に検討される機会が少なかったが、近年、ようやく生協らしい組織と経営の構築が議論される状況に到達したといえる。

4　農業労働の社会化と地域的・集団的生産力

資本主義の農業問題は、歴史的に独自の構造を持ちつつ現代に至っている。その独自性は農業が土地を主要な生産手段として成り立っていることに起因しており、農業の資本主義化が必然的であるにもかかわらず工業（非農業部門）と同様に進行しないことに伴う固有の経済問題として、それぞれの歴史段階で発現してきた。グローバリゼーションのもとで直面している農業問題は一九九五年に発足したＷＴＯ体制下において激しい矛盾と対立を含みながら顕在化しており、二〇〇三年のメキシコ・カンクンで開かれた関係閣僚会議の決裂以降の動向は事態の深刻さを端的に示している。

これらの経過の中で農工間を含む生産力の不均等発展が現代に特有な構造問題としていっそう浮き彫りになっており、その中で先進国の農業保護政策や労働力政策などに対して開発途上国の側から厳しい批判が向けられている。また、先進国の多くの国では、対外的には農産物貿易の自由化の徹底を主張し、国内にあっては農業保護政策の維持を打ち出しているなど、このこと自体が矛盾をはらんでいることはいうまでもない。その結果として、大規模経営への集中が顕著となり、逆に中小規模の家族農業経営の持続をいっそう困難にしているという事態の中で農業生産の全体的な衰退現象が生じている。

このような中で、近年、ＥＵ域内の諸国をはじめとする各国で、家族農業経営に対する再評価の動きが強まっている。言い換えると、地域社会の持続的発展や資源・環境問題への取り組みが焦眉の課題となる中で、家族農業経営の持つ農業生産様式としての合理性が現代の時代状況を踏まえて再認識されてきていることを示している。それにもかかわらず、わが国で進んでいる事態はむしろ逆の方向で進行している。(28)ここであらためて家族農業経営を存続可能にする条件の探索が求められているといえよう。

元来、家族農業経営が個別の農業経営システムとして自立して存続・発展することは容易ではない。それゆえ何らかの補完のための手段が必要とされる。そのような補完の手段として、農業労働の社会化を基底に据えた個別経営相互間の協同の諸形態を含む重層的な地域農業システムを形成し、それによって家族農業経営の存続を支えることが不可欠である。

その際に、農業労働の社会化は、家族農業経営において家族協業をベースにおきながら進行する。具体的には農業生産に関わる共同作業、機械・施設の共同利用、共同出荷、共同販売などの諸領域において個別経営の枠を超えた個別経営相互間の協同労働が展開する。このように農業労働の社会化が農家相互の協同労働として形成・展開する中でやがて制度化されシステム化した協同組合（農協）が存立することとなる。さらに農協が生成・発展する過程で協同労働の自立した形態としての農協労働者が位置づき、組合員の協同労働とともに協同労働の重層的構造が形成される(29)。このような農業労働ならびに農業関連労働の形成を含めて農業生産力は集団的・地域的に生成・展開するのであるが、このことの大要についてはすでに別の機会に述べた(30)。いま社会の持続的発展や資源・環境問題が問われる中で、農業の地域的・集団的生産力の現代的意義とそのシステム化・制度化の諸形態、とりわけ農協の位置と役割についての検証があらためて必要となっている(31)。このことをわが国の農業の置かれている状況について考える際には、少なくとも次の諸点を踏まえることが必要とされよう。

第一に、食料自給率は一国の農業の位置を示す基本的な指標の一つであるが、わが国の食料自給率は、現在、総合自給率四〇％、穀物自給率二八％で低迷している。これは人口一億人以上の国の中では異常な低さである。したがってその回復が急務の課題であるが、食料自給率の向上は環境保全型農業ないし持続的農業の構築と両立し、むしろ両者が技術的にも経済的にも密接に関連していることをあらためて確認し、より精緻な検証を行うことが必要である(32)。

第二に、そのような技術的・経済的合理性に裏打ちされた農業経営システムは、家族農業経営を基本単位および基本型としつつも個別の家族農業経営のみではその存続に多くの困難を伴う。それゆえ、さまざまな協同形態を含めた複合的地域農業システムがより合理的である。さらにこのような地域農業システムは、単に集落レベルにとどまらず一つの制度として定着した農協系統組織を含めて重層的システムとして展開することとなる。農民が主体となって進める主産地形成は地域的・集団的生産力の発展とそれを基底とする市場対応力を発揮する重層的な地域農業システムの具体化にほかならないが、これもグローバリゼーションのもとでは、その成果が著しく制約されていることも否定できない。

第三に、このような地域農業システムを実現するためには政策支援によるセーフティネットが不可欠である。政策支援の根幹をなす農業政策は価格支持政策を基本とする所得保障政策と金融支援システムが基軸となる。

第四に、地域農業システムにおける協同組織が同時に政策的な支援の「受け皿」としての役割を果たす際に、すでに定着している総合農協の基本枠を保持しつつ、それに各種事業ごとに組織されたいわゆる専門農協の諸形態を多彩に組み合わせて、全体として総合性と専門性を兼ね備えた地域協同組織として展開することが合理性を持っていると思われる（後述する公共性と協同性のいわば「農業版」）。

第五に、現代資本主義における土地問題についても視野に入れておく必要がある。土地は資本の手によって直接に再生産できない生産手段であり、その有限性によって土地をめぐる独自の経済構造が、その所有と利用・管理、地代、地価などをめぐって形成されてきた。

いま、農業においては、耕作放棄地の増加、農地所有への資本（株式会社）の本格的参入など、戦後農地政策の根幹に関わる諸問題が発生している。このことについては農地保全の国民経済的意義を基底にして、さらに地域社会の持続的発展における土地の所有、利用・管理のあり方の問題として、土地の公共性、協同性を踏まえて、公正な土地政策の確立をめざして検証する必要がある。その中でとくに農協や地方自治体、国家などがそれぞれの立場でどう関わるか、が問われているといえよう。(33)

5　地域産業の発展と中小企業

中小企業は古くから地域に存立の基盤を置いて存立しており、とりわけわが国では地域産業を支える役割を一貫して担ってきたが、そのことは正当に評価されることは少なかった。むしろ前近代的性格を残した非効率的な業態と見なされ、産業政策においてもこれまで「近代化」が一面的に強調されてきた。

しかし、最近になって中小企業が見直されている。それは独占的大企業を基軸とする現代資本主義の構造的矛盾がいっそう深まる中で、地域産業の担い手としての中小企業が次のような観点から再評価されつつあることを意味している。

第一に、中小企業が多年にわたって地域に立脚して蓄積してきた技術は環境にやさしい技術として再評価されており、とりわけ伝統と熟練に支えられたものづくり技術は、ＩＴ技術、ナノテクノロジーなどの先端技術の開発にも積極的な役割を果たしており、その活動領域がいっそう広がりつつある。

第二に、現在ならびに将来に向けての産業構造の変化のもとで、社会福祉、医療・健康、教育、文化・芸術など住民生活に直接関わる産業領域が次第に重きをなし、社会的需要が広がる中で、中小企業の活動領域がいっそう拡大しつつある。

第三に、中小企業の担い手は地域労働市場と結びついた存在構造を形成し、それを支える独自の人材養成システムを作りあげている。

これらの諸点を踏まえるならば、中小企業は地域産業の担い手として欠かせない存在であり、いっそうその位置と役割が増しているといえるが、反面、独占的大企業の地域支配と再編の動きがいっそう激化している現在の地域経済の中では、個々の中小企業が単独に存続することは容易ではなく、多様な協同システムによって補完することが必須であり、現にさまざまな協同の活動が多彩に繰り広げられている。

それと同時に、中小企業の持続的発展には中小企業の個別的、協同的活動とともに、さらにそれを補完する公的なセーフティネットも必須である。その際のセーフティネットの役割は画一的で規制力の強い施策ではなく、個々の中小企業の自主的発展への支援を内実とするものでなければならない。この点で、いま中小企業家同友会が中心となって進めている「金融アセスメント法」制定の請願署名の活動は重要な意義を有しているといえる。(34)

6　地域づくりと地域関連労働

地域産業の新たな構築においてその主軸となるのは、労働力の社会的再編・配置である。このような視点から地域において近年とくに注目されるのは、住民生活に直接的、間接的に関わる産業部門や社会サービス部門に関連する労働、総じて地域関連労働が多様に展開していることである。(35)

具体的には住民生活の中で、消費・流通に加えて、教育、福祉・医療・健康、環境、文化、芸術など広く生活と関わる労働、いわば生活関連労働が社会的に拡大しつつあり、それらの労働のありようが以下のような意味で問い直されている。

第一に、地域関連労働の中では諸個人の生活に直接に関わる労働が多く含まれている。これらの労働はその内容から言っても従来の労働生産性や効率に関する考え方だけでは律しきれない性格を持っている。省力よりはむしろ〝手間をかけること〟が積極的な意義を持つ場合もあり、生活にかかわる教育や医療・福祉など社会的サービスや生活関連労働の領域では、むしろそのほうが重要である。

第二に、地域関連労働の態様はいっそう多様な形態をとり、このことが地域労働市場のありようにもある程度反映している。このような多様性は、諸個人の生活が人権や生存権と深く関わっており、市場経済の論理だけでは律し切れない側面を持ち、それゆえに資本に全面的に包摂されない一面を有していることに由来しているといえる。

第三に、地域関連労働には住民諸階層の要求が少なからず反映する可能性を内包している。生活関連の労働力をどのような部門にどの程度の配置をするか、などについて住民の意志にもとづいて民主的に決めると同時に、住民が関連する事業部門の管理、運営に関与する可能性もあるといえよう。

いま広範にしかも多様に展開しつつある住民の諸活動は、様々な協同活動と協同ネットワークを基礎として新たな展開を示しつつある。農協や生協などの既存の各種協同組合をはじめとして、労働者協同組合、子育て・教育の協同ネットワーク、文化・芸術の協同活動、さらに広範な領域にわたるＮＰＯなど、その実践活動はいっそうの広がりを示しつつある。

このように地域産業や地域住民の生活の諸領域にわたる地域関連労働については、現実の事態が多様で流動的であるため即断はできないが、これを民間（企業）労働、協同労働、公務労働の相互の重層的構造として認識することが重要であろう。

4　地域協同システムと協同性・公共性

1　グローバリゼーションと地域づくりの対抗

現在、グローバリゼーションは資本主義の国際化の主な潮流をなしているが、それは決してストレートに進行してるわけではない。資本主義の市場経済と資本蓄積は、人類社会の経済活動を律する合理性と文明化作用を持っているとはいえ、その貫徹に当たって避けがたい対抗関係を生み出し、その過程で多くの犠牲と痛みを伴っていることも否定できない[36]。

人類社会の歴史的潮流が経済活動を基軸に形成されてきたとはいえ、民族問題、宗教問題、文化・生活様式の問題など、経済活動の枠内にとどまらない諸領域の潮流が重きをなしているとともに、それらをめぐる矛盾・対抗を実体的に浮き彫りにする場が地域であることも否定できない。

そのうえであらためて経済構造を主軸とする地域の対抗的関係を明らかにする際に、本章ではとくに都市・農村問題に着目してきた。この構図から明らかなことは、巨大化した現代都市が世界的対抗構造の中軸に位置していることは確かであるが、同時に現代の巨大都市が農村（都市以外の地域）との相互関係を抜きにして自己完結的に存続できないこともまた浮き彫りになっている。

ここで問われているのは、都市と農村（都市以外の地域）が単にそれぞれの自立を追求することではなく、都市と農村の相互の交流と連帯のもとにそれぞれの個性的な発展を探求することである。その際に、このような交流と連帯の圏域は、文字通りの狭い圏域からグローバルな圏域に至るまで重層的に展開するのであり、このことがグローバリゼーションのもとにおける都市・農村問題の現代的特徴を示している。

それにもかかわらずグローバル化が市場原理と資本の運動法則によって都市優位に進行し、その過程で地域経済の不均等発展がいっそう拡大することが避けられないとすれば、この過程で劣位に置かれる地域（それは都市内にも存在する）については、様々な協同活動とともに何らかのセーフティネットとそれに対する公的支援が必須の条件となろう。

この点ではグローバリゼーションに対抗する地域の自主的発展と関わって地域の内発的発展が重要な論点となるが[37]、

この議論については、少なくとも次の諸点についてさらに検証することが必要であろう。

第一に、内発的発展論には、欧米の近代主義への批判が込められているが、単に大企業主導の開発政策に対する外在的な批判にとどまることはできない。地域経済の不均等発展とそれにもとづく格差の拡大が、地域レベル、国レベル、さらにはグローバルなレベルにまで及んで重層的に貫徹している中では、内発的発展を実現するうえで果たす国家の役割もきわめて大きい。

第二に、内発的発展論は、文字通り地域の自立的発展を目指しており、その内在する論理には地域間競争に伴う弊害を克服する道筋までは示されていない。このことについての解明には、都市・農村問題の統一的認識にもとづいて地域間協同の視点が不可欠である。

2　地域協同システムの重層構造――協同性・公共性と関わって――

住民主体の地域づくりは、民主主義、とりわけ地域民主主義の視点を抜きには考えられない。その際に協同性と公共性はその結節点に位置するといえよう(38)。この点について本章では、とくに協同性を中心にしてその意義と実現の道筋を労働の社会化を視点として解明してきたが、さらに協同性と公共性の関連性を民主主義の次元に結びつけて解明することが求められる。

近代（ブルジョア）民主主義の基本原理は、〝すべての国民（人間）は法のもとで平等である〟とする近代社会の法体系に端的に示されており、このことが公共性の基礎にもなっている。しかし、ブルジョア民主主義は自由・平等の民主主義原理のもとにありながら、その中で実質的な不平等と差別ならびに対抗構造を生み出してきた。つまり自由と平等それ自体が近代（ブルジョア）民主主義のもとでは不平等と差別を生み出す根源にもなっている。このような近代民主主義の本質は、〝法のもとにおける平等〟という政治原理のみからは到底解き明かせない。

自由競争が必然的に独占（＝自由と平等の制限と否定）を生み出すという市場経済原理と資本の論理を基礎にして初めて近代民主主義の本質と限界を浮き彫りにすることができる（これは新自由主義の限界にも通じる）。協同性や公共性もこのような近代民主主義の枠組みを起点としている。[39] しかし協同性と公共性は、このような制約を持ちつつも、両者が相互に補完し合いながら、近代民主主義の改革を前進させる可能性も併せ持っている。この点に関して本章では協同労働の形成を軸にして述べてきたが、さらに公務労働との関連について解明することが引き続く課題である。公共性のめざす目的の一つはすべての国民（住民）が主体となって人権と生活条件に関わる公正・平等を実現することにあるといえるが、その際に国家や地方自治体の果たす役割はきわめて大きい。この点でたとえばセーフティネットについても、単にその欺瞞性や限界のみに力点を置く批判にとどめないで、その意義と役割を明確にする必要がある。それは地域社会の重層的・対抗的構造を踏まえた現代の民主主義の重層的構造の解明にも結びつく課題であるといえよう。

このような視点を踏まえるならば、地域協同システムは地域における地域住民や企業の活動を基礎にしつつ、それらの協同の活動と組織（協同性）に加えて公的機関による政策的支援（公共性）を含めた重層的な地域協同システムとしての内実を持つといえる。

その際にここで言う地域協同システムは、次のような意味合いを含んでいる。

第一に、その存立の圏域が小範囲の圏域からナショナルな圏域、さらにグローバルな圏域まで幾重にも形成されるという意味で地域協同システムは重層的構造をなす。

第二に、その存立の基礎をなす資本主義の市場経済構造と関わらせてみた場合、市場経済構造はローカル市場経済、ナショナル市場経済、そしてグローバル市場経済を含めて全体として重層的市場構造を形成している。したがってこれに対応する地域協同システムもこのような市場経済の重層構造によって強い影響を蒙る（市場原理、効率重視の市町村合併）。

第三に、この結果、地域協同システム自体が、そのよって立つ現代社会の重層的・対抗的構造のもとで自らの内部に矛盾・対抗関係を内包することが避けられない。地域的・階層的な格差拡大と貧困の深まりや資源・環境問題の深刻化とそれらをめぐる矛盾・対立もいっそう鮮明となる。

以上述べたことからも明らかなように、ここでいう地域協同システムは、単に公的セクターと協同セクターおよび民間セクターのいわゆる三極のセクターの平板な接合のうえに成り立つものとは異なる。それは資本主義的経済システムにおける矛盾・対抗関係の中にあって、それぞれの主体が相互に対立・協同して構築する行為にもとづくダイナミックな社会システム形成の動態過程にほかならない[40]。このことについての理論的ならびに実証的な検証は、今後に引き続く課題である。

（１）　地域経済の基本視点については、新日本出版社『経済』一九九八年四月号の特集「地域経済再生の課題」における「地域経済再生の再生に何が必要か岡田知弘さんに聞く」が示唆に富んでいる。さらに水岡不二雄「現代資本主義と都市・地域経済・社会理論」CRI協同組合総合研究所研究報告書『二一世紀への社会と生協理論研究会第二期中間報告』一九九四年一一月、水岡不二雄『経済地理学』青木書店、一九八二年、などを参照されたい。

（２）　地域経済や経済地理学の内外における主な研究動向については、矢田俊文・松原宏編著『現代経済地理学――その潮流と地域構造論――』ミネルヴァ書房、二〇〇〇年、岡田知弘・川瀬光義・鈴木誠・富樫幸一著『国際化時代の地域経済学・改訂版』有斐閣、二〇〇二年、富樫幸一「地域経済学の諸潮流と新たな地域経済の条件」『経済』新日本出版社、二〇〇二年九月号、山田浩之編『地域経済学入門』有斐閣、二〇〇二年、などを参照されたい。

（３）　この点に関わっては、とくにD・ハーヴェイ（水岡不二雄監訳）『都市の資本論』青木書店、一九九一年、が、国民経済から世界市場に及ぶ資本の展開とその過程における都市の構造変化について論じており、示唆に富んでいる。

（4）この点については山田良治「現代の都市と農村」橋本他編著『食と農の経済学』、ミネルヴァ書房、二〇〇四年、第一四章を参照されたい。

（5）この点については、先に山田定市『地域農業と農民教育』日本経済評論社、一九八〇年、および山田定市『農と食の経済と協同――地域づくりと主体形成――』日本経済評論社、一九九九年、において言及した。また、尾関周二氏は『言語的コミュニケーションと労働の弁証法』大月書店、二〇〇三年、において、農業労働の再発見に関わる論点として、農業労働の根底にある生命・生態系は、「生活世界」（ハバーマス）としての世界を成り立たせている基礎的基盤であること指摘している。この指摘は本章がめざす〝地域を基盤とする労働と生活の統一的認識〟という問題意識に照らしても示唆に富んでいる。

（6）地域の基本的な理解については、前掲山田定市『地域農業と農民教育』を参照されたい。

（7）この点については、資本論草稿集翻訳委員会訳『マルクス資本論草稿集①』大月書店、一九八一年、『経済学批判要綱』第一分冊、とくに訳本、二四八～二五〇ページを参照されたい。

（8）一般に、地域は、「ある空間の一部を何らかの特性にもとづいて他の部分と区別して指すときに用いられる」（山田浩之編『地域経済学入門』有斐閣、二〇〇二年）ことが多く、その意味では地域は相対的概念であるといってもさしつかえない。

（9）しかし、共同体同士の交易の歴史的条件については、共同体の内在的条件の成熟を基本としつつも、他の共同体によるいわば外圧や交易を媒介する流通（商人）の介入を契機とする場合などもあり、その契機は歴史的に見て多様である。この点については前掲、資本論草稿集翻訳委員会訳『マルクス資本論草稿集①』大月書店、一九八一年、のⅢ資本に関する章、「第一章　資本の生産過程」の「貨幣に資本への転化」の節を参照されたい。

（10）このような視点からの問題提起については、前掲山田『地域農業と農民教育』を参照されたい。

（11）『資本論』第一巻、五二八ページ、社会科学研究所監修（資本論翻訳委員会訳）『資本論』第一巻b、新日本出版社、八六三ページ。

（12）『資本論』第一巻、五二九ページ、前掲訳書、八六四ページ。

（13）同前。

(14)　同前。
(15)　この点については本書第6章の大西論文「資本主義的社会化の最高の段階としてのグローバリゼーション」に詳しい。
(16)　たとえば、資本家による科学技術の独占的支配に抗して自主・民主・公開の原則による科学技術（したがって生産力）の民主的管理が順守されており、近年はコーポレーガバナンスを通じて企業の生産・環境管理や企業倫理にも一定の影響を与えるようになっている。
(17)　現代の貧困に関するこのような認識については、詳しくは、前掲山田『地域農業と農民教育』を参照されたい。
(18)　環境問題の哲学的、思想的検証については、たとえば岩佐茂・劉大椿編『環境思想の研究』創風社、一九九八年、尾関周二編『環境哲学の探求』大月書店、一九九六年、などを参照されたい。
(19)　この点について「情報の非対象性」の視点から市場原理の欠陥を指摘したJ・E・スティグリッツの論説が示唆に富んでいる。J・E・スティグリッツ（藪下ほか訳）『ミクロ経済学。第二版』東洋経済新報社、二〇〇〇年を参照されたい。
(20)　見田宗介『現代社会の理論――情報化・消費化社会の現在と未来――』岩波新書、一九九七年、を参照されたい。
(21)　この点に関しては、例えば、吉川弘之氏を中心とする「新工学知」に関する共同研究が注目される。詳しくは、吉川弘之監修『新工学知　I・II・III』東京大学出版会、一九九七年、を参照されたい。
(22)　持続的発展、持続可能な開発については、小田清『地域開発政策と持続的発展』日本経済評論社、二〇〇〇年、高田純「『持続可能な開発』という用語の問題」札幌唯物論研究会『札幌唯物論』第四八号、二〇〇三年などを参照されたい。
(23)　ここで労働者の生活過程を、賃労働を含めて広義に理解して労働以外の生活を狭義の生活過程と見ることもできるが、生活の中に労働を含めるか否かということはここでの立論に影響はない。
(24)　たとえば、地域住民が地域を統治するうえで欠かせない権利としての自治権が地域を基盤にして成立する根拠について、これを生活の持つ相対的自立性と関連づけて考えることもできるのではなかろうか。このような論点については、山田定市「現代資本主義と『過疎』」北海道経済研究所『北海道における過疎問題』一九七二年、所収を参照されたい。
(25)　この点に関わってJ・E・スティグリッツが〝情報の非対象性〟が労働市場にもあてはまると指摘している点が注目

される。J・E・スティグリッツ（鈴木主税訳）『世界を不幸にしたグローバリズムの正体』徳間書店、二〇〇二年を参照されたい。

(26) 『資本論』第三部、第二七章、四五七ページ、邦訳、新日本出版社版、七六二ページ。

(27) これを協同労働の重層的構造ということもできよう。詳しくは山田定市『農と食の経済と協同――地域づくりと主体形成――』日本経済評論社、一九九九年、を参照されたい。

(28) 二〇〇四年三月、東京で開かれた全国食健連・農民連主催『WTO協定改定と食糧主権確立を求める国際シンポジウム』においても、家族農業経営の存続の危機が、わが国だけではなくアメリカ、メキシコ、インドネシアなど、世界各国で進行していることの実態が報告されている。

(29) このような協同労働の重層的展開については、前掲山田『農と食の経済と協同』を参照されたい。

(30) 詳しくは前掲山田『地域農業と農民教育』を参照されたい。

(31) 農協問題については、前掲山田「協同組合の経営問題に関する基本視角」を参照されたい。

(32) この点に関しては、前掲山田『農と食の経済と協同』を参照されたい。

(33) 詳しくは、前掲山田『農と食の経済と協同』を参照されたい。

(34) 中小企業については多くの著作があるが、たとえば渡辺幸男・小川正博・黒瀬直宏・向山雅夫著『二一世紀中小企業論』有斐閣、二〇〇一年、中小商工業研究所編『現代日本の中小商工業』新日本出版社、一九九九年、などを参照されたい。

(35) 地域関係労働については、宮崎隆志「地域関連労働の形成論理」山田定市・鈴木敏正編著『社会教育労働と住民自治――地域生涯学習の計画化（下）』筑波書房、一九九二年、を参照されたい。

(36) この点については本書の大西論文を参照されたい。併せて大西広著『グローバリゼーションから軍事的帝国主義への――アメリカの衰退と資本主義世界のゆくえ――』大月書店、二〇〇三年、も参照されたい。また、山田定市「グローバリゼーションと地域の重層的・対抗的構造」北海学園大学『経営学部経営論集』第一巻、第一号、二〇〇三年、を参照されたい。

(37) 内発的発展論については、たとえば鶴見和子・川田侃編『内発的発展論』東京大学出版会、一九八九年、鶴見和子

『内発的発展論』筑摩書房、一九九六年、宮本憲一・横田茂・中村剛治郎編『地域経済学』有斐閣、一九九〇年、守友裕一『内発的発展論の展開』農文協、一九九一年、などを参照されたい。

(38) 協同性と公共性の接点は、わが国の協同組合法の中にも見ることができる。たとえば、農業協同組合法には、「この法律は農業者の協同組織の発達を促進することにより、農業生産力の増進及び農業者の経済的社会的地位の向上を図り、もって国民経済の発展に寄与することを目的とする」(第一条)とある。このことは組合員である農業者の経済的社会的地位の向上(協同性)が国民経済の発展(公共性)に結びついている、という理解が可能である。同様の脈絡は消費生活協同組合法、水産業協同組合法、中小企業等協同組合法などにおいても見出すことができる。

(39) 協同性・公共性と民主主義については、前掲山田『農と食の経済と協同』を参照されたい。また、協同と正義については、宮崎隆志「協同における正義概念の構造」北海道大学教育学部『北海道大学教育学部紀要』五九号、一九九二年、を参照されたい。

(40) このことに関わる論点については、山田定市「協同組合の経営問題に関する基本視角」北海学園大学『経済論集』第四九巻、第四号、二〇〇二年、を参照されたい。

第9章　グローバルな公共性をめぐる規範的対立

伊藤　恭彦

今までの章で明らかになったように、経済学の観点からすれば、グローバリゼーションは「資本主義的社会化の最高の段階」であり、資本が世界統一市場を形成しようとする法則的な運動の帰結となるだろう。グローバリゼーションの本質を、このように捉えたとしても、その波に飲み込まれた現実の世界は、経済、政治、文化、価値にわたる複合的な対立と融解といった現象に覆われている。そして政治的にはグローバリズムと反グローバリズムという対立として現れてもいる。

価値多元主義（value-pluralism）の立場から、現代のグローバリズムを徹底的に批判したグレイ（John Gray）は次のように述べている。

「文化、体制、市場経済の多様性を永続的な現実として受け入れるような世界経済の改革が必要である。グローバル自由市場は、西洋の覇権が保証されているように見えた世界に属するものだ。普遍的な文明という啓蒙思想的ユートピアのあらゆる変種と同じように、それは西洋による支配を前提としている。グローバル自由市場は、イギリス、アメリカ、その他の西側の国が過去に保有したような覇権を行使しようと望む大国が存在しない、多元主義の世界とは合致しない。それは、西洋の制度や価値がもはや世界的な権威を持たなくなっている時代が必要とするものを満たさない。それはまた、世界の多岐にわたる文化がそれぞれの歴史、条件、独特の必要性に適合した近代化を達成することを許さない」(Gray 1998, p. 20：翻訳二八〜二九ページ)。

グレイのグローバリゼーション把握では、資本の運動、新レッセフェールを求める政治的なパワー(ワシントン・コンセンサス)、さらには普遍的な世界の構築をめざす啓蒙思想という異質でまったくレヴェルを異にする問題が、必ずしも整理されないまま「グローバリズム」という言葉で提示されている。しかし、今日のグローバリゼーションの現象的多様性を、ともかくも鋭角的に示していることは確かである。(1) グローバリゼーションがアメリカ主導で進められ、アメリカの政治力と軍事力のかつてない拡大と、アメリカ的価値＝アメリカン・ジャスティス(アメリカの正義)が世界に貫徹すべき唯一の価値であるかのような言説の拡大とを伴っている。さらに、その中でアメリカ的な文化(マクドナルド、ハリウッド映画、ミッキーマウスなど)が、世界文化の中で一人勝ちしているのも事実である。こうしたグローバリズムがもつ「アメリカ化」批判として読めば、グレイの議論は鋭く問題をついていると言えるだろう。

本章では、グローバリゼーションの現象的な多様性を念頭におきながら、「政治的なもの」がどのように変貌しつつあるのか、さらには、グローバルな公共性をめぐる規範的な言説が対立を伴いながらもいかなる展開を遂げているのかを検討することを課題としている。そうした検討を通じて、資本主義の新たな展開と国民国家(nationstate)の揺らぎの中で、新たな国際的公共性が形成される可能性について、限定的な観点からではあるが、考察をすることにしたい。

1　近代国民国家システムとその揺らぎ

近代国民国家システムの歴史的な出現を示す事件は、三〇年戦争を終結させた一六四八年のウェストファリア講和である。ウェストファリア講和によって、国民国家を唯一のアクターとする近代国際システム（国民国家システム）が形成された。その特徴は、次の二点にある。「その第一は、国際体系における唯一の主要な行動主体（actors）が諸国家（states）である、というものであり、もう一つは、国際体系はアナーキー（anarchy）の状態にある、というものである」（大西仁　一九八一、二四ページ）。そして、このような特徴をもつウェストファリア・システムが二〇世紀初頭までの国際社会の基本的なあり方を形成してきたと言ってよい。「近代国際社会の規範は、ナショナリズムとアナーキズムの支配する国際社会の現状を已むを得ないことと承認し、その上でそのような現状がもたらす害悪を極小化しようとしたものか、あるいはそれらの現状をそのまま規範化することによって、現状を積極的に価値づけようというものであった」（大西仁　一九八一、二五ページ）。

このようなナショナリズムとアナーキーを基礎とする国際システムにおいては、一元的なヒエラルヒー構造をもつ帝国や普遍的な正義は形成されない。また、国際社会における、唯一のアクターは国家であり、国家は自国の安全を最優先課題とする。そして自国の安全をもっとも効果的に確保する手段は軍事力＝暴力であると考えられた。国際社会の秩序は諸国家のバランス・オブ・パワーにもとづくものであった。したがって、そこはホッブズ（Thomas Hobbes）の言う「万人の万人に対する闘争」の場であり、各アクター＝国民国家においては、いわゆる「セキュリティ・ジレンマ」が恒常化することとなる。

近代に至って、このような国際システムが形成されたのは、言うまでもなく世俗的な国民国家の形成が、もはや後戻りできない事態として現出していたからである。前近代の帝国とも割拠的な領邦国家とも異なる近代国民国家の形成は、資本主義の形成と軌を一にしている。資本主義における国家の本質は次のように捉えることができる。

「生産の媒介は商品においては不可視化しているが、資本が商品としてではなく、資本として媒介されると、生産の媒介が人々の社会的関係として可視化し、実体的な共同性が形成され国家という意識的な姿を与えられる。……／現代国家の出現は、まず資本の生産過程に即して工場立法の形成が基点である。さらに資本の総過程において諸々の実質的社会性が国家というまとまった姿をもつこととして捉えられる。……／資本が立てる社会的生産について、商品世界に即しては、私的生産内部の公共化はできず、その外の公共性として媒介されなければならない」（神山義治　二〇〇〇、二八三〜二八四ページ）。

つまり、資本主義における生産の私的性格と社会的性格の矛盾、この矛盾への対応形態が近代国家である。国家は「私的空間から露出して承認されたもろもろの公共的形態化の総括」（有井行夫　一九九一、三四七ページ）なのである。そして、資本主義のもとで現れた国家は、公共的なるものを実効的に現実化するために、権力＝暴力を一元的に独占した。つまり「国家とは、ある一定の領域の内部で――この『領域』という点が特徴なのだが――正当な物理的暴力行使の独占を（実効的に）要求する人間共同体」（ウェーバー　一九八〇、九ページ）なのである。

資本主義のもとでの国家は、まずはウェーバー（Max Weber）が言うようにある「領域」をもったものとして、つまり、内と外との差異を前提とした国民国家として形成される。資本主義の市場は、商品交換の世界として、無限の脱領域化をモメントとしてもっていたとしても、生産力のレヴェルが、資本主義の展開をある領域の中に限界づける。つまり、商品の使用価値的側面＝商品の文化的性格によって、商品の販路が、ある文化的共同体の内部においてしか展開しない。だから資本主義の国家も、ある領域をもった国民国家としてしか確立しないのである。ここに近代ナショナリズムの客観的な基礎がある。(2) この点で国民国家の基礎には、スミス（Anthony Smith）が言う「エスニックな共同体」があることは間違いない。

「エスニシティは、その性格を問題にするならば、大部分『神話的』で『象徴的』なものである。また神話・象徴・記憶・価値は、非常にゆっくりとしか変わらない工芸品や人間活動という形態や類型によって、そのなかに『保存され』ている。それゆえにエトニは、いったん形成されると、『並の』環境的変化によっては左右されることなく、例外的ともいうことができるほど持続する傾向があり、何世代にわたり、ときには何世紀にもわたって持続する。それゆえエトニは、あらゆる種類の社会的・文化的過程がそのなかで展開し、あらゆる種類の環境や圧力によってインパクトが加えられる『鋳型』となる」（スミス　一九九九、一九～二〇ページ）。

しかし、近代国家のネーションビルディングあるいはナショナリズムにおいては、すでに形成された市場という客観的な領域が、そのまま国家の領域として確定するわけではない。領域の確定にあたっては、権力的な作用があったのである。つまり、市場として展開している事実上の領域を、国家の領域として囲い込むために、当該地域の文化的伝統を権力がいわば恣意的に取捨選択する。つまり、客観的に存在する文化的伝統、エスニックなものを権力が再構成し、新たな「民族の神話」「国の物語」などをつくり、ある領域とそこに生活する人間とを統合するのである。その意味で、近代国家はアンダーソン（Benedict Anderson）の言う「想像の共同体」（imagined community）なのである。「国民とはイメージ心に描かれた想像の政治共同体である――そしてそれは、本来的に限定され、かつ主権的なもの〔最高の意思決定主体〕として想像される」（アンダーソン　一九九七、二四ページ）。経済的合理性の世界としての資本主義の発生が、「血」「土」といった非合理的で自然的なものを伴い、ナショナリズムという民族運動を随伴した根拠もここにあると言ってよいであろう。そして、そのような非合理的な要素がポジティブには、各国の文化性＝個性として認識されることになるが、そうした要素が資本主義に旧い関係性＝共同体的人格的関係を呼び込むこととなる。いずれにせよ、このようにして形成された国民国家を唯一のアクターとして、近代の国際システム＝ウェストファリア・システムができあがったのである。

今日、グローバリゼーションのもとで現れている事態は、政治的にはこの国民国家ならびに国民国家システムの揺らぎだと言ってよい。この揺らぎを検討するために、さしあたり、マルクス（Karl Marx）の資本の国際化について認識を出発点としたい。マルクスは次のように述べた。

「自分の生産物の販路をつねにますます拡大しようという欲望にかりたてられて、ブルジョア階級は全地球をかけまわる。どんなところにも、かれらは巣を作り、どんなところをも開拓し、どんなところとも関係を結ばねばならない。／ブルジョア階級は、世界市場の搾取を通して、あらゆる国々の生産物と消費とを世界主義的なものに作りあげた。反動家にとってははなはだお気の毒であるが、かれらは、産業の足もとから、民族的な土台を切りくずした。遠い昔からの民族的な産業は破壊されてしまい、またなおも毎日破壊されている。これを押しのけるものはあたらしい産業であり、それを採用するかどうかはすべての文明国家の死活問題となる。しかもそれはもはや国内の原料ではなく、もっとも遠く離れた地帯から出る原料にも加工する産業であり、そしてまたその産業の製品は、国内自身において消費されるばかりでなく、同時にあらゆる大陸においても消費されるのである。国内の生産物で満足していた昔の欲望に代わり、あたらしい欲望があらわれる。このあたらしい欲望を満足させるためには、もっとも遠く離れた国や気候の生産物が必要となる。昔は地方的、民族的に自足し、まとまっていたのに対して、それに代わってあらゆる方面との交易、民族相互のあらゆる面にわたる依存関係があらわれる。物質的生産におけると同じことが、精神的な生産にも起こる。個々の国々の精神的な生産物は共有財産となる。民族的一面性や偏狭は、ますます不可能となり、多数の民族的および地方的文学から、一つの世界文学が形成される」(マルクス　一九五一、四四ページ)。

マルクスの認識に従えば、グローバリゼーションは資本の運動の必然的な帰結であるということになる。その帰結は単に世界市場の形成ということにとどまらない。グローバリゼーションは「民族相互のあらゆる面にわたる依存関係」をつくりあげ、「民族的一面性や偏狭」を不可能なものとする。これは先に指摘した近代国民国家の民族的基盤の動揺を意味している。グローバリゼーションがもたらしたのは、国民国家の民族性を基盤とした領域の動揺である。しかし、それは単に領域＝国境線の動揺には尽きない。資本主義における国家は生産の私的性格と社会的性格の矛盾への対応としての「公共的形態の総括」でもあった。グローバリゼーションは、生産の私的性格と社会的性格の矛盾を全地球的規模で拡大する。この拡大を前にして近代国民国家は「公共的形態の総括」としての限界を露呈しはじめる。

だが、改めて述べるまでもなく、グローバリゼーションが進んだ現代の地球において、地球政府とか世界連邦といった権力装置が生まれているわけでもないし、生まれる見込みもまったくないと言えよう。他方で、地球全体を揺がす様々な力の対抗や力を集約する高次の力が形成されているとも考えられる。そうした力の場を今日「帝国」と呼ぶことが一つのブームになっている。「帝国」について二つの対照的な議論を簡単に紹介しよう。

アメリカ合衆国の軍事的、経済的一人勝ち状況を念頭において、現代の世界はアメリカという「ボスのいる帝国」によって支配されているとする藤原帰一の議論が一つの典型である。藤原は次のように述べる。

「アメリカ主導し、各国が従う。誰がボスで誰が従うのか、それがはっきりした世界が生まれている。国際政治の秩序として普通に語られているような国家の体系のなかには、ボスは存在しない。というよりも、各国がボスの地位を求めて争うのが国際政治の特徴だったはずだ。しかし、現在の世界では、アメリカ政府の保持する権力は他のどの国ともかけ離れており、アメリカ政府の決定を拘束することも乏しい。アメリカ政府と国連の現状を比べれば、どちらが指導しどちらが従うのか、疑う余地がないだろう。／私たちが目の前にしているのは、それが独立した国家によって構成された国際政治でも、また世界各地の民主政治と市民社会が結びついて築かれたユートピアでも、そのどちらでもない。各国の独立が名目のものとなり、民主政治が軍事介入を正当化するための飾り言葉になっていないと、誰が言えるだろう。／そこに残されているのは、他国と比較にならない権力を保持する大国による支配である」（藤原帰一　二〇〇二、vii～viiiページ）。

他方、今日、形成されている「帝国」をまったく違ったイメージで語る議論もある。ネグリ（Antonio Negri）とハート（Michael Hardt）の議論がそれである。

「資本主義的発展にはそもそも初めから普遍的ないし普遍化を推進するような次元が備わっているという点に厳密な注意を払うことが、現代の資本主義的生産と権力のグローバルな諸関係における断絶ないしは転換に目を閉ざすことにつながってはならない。私たちは、この転換こそが今日、経済的な力と政治的な力を結びつけるような、言いかえれば、まさしく資本主義的な秩序を現実化するような、資本主義のプロジェクトを完全に明瞭にし、可能にするものであると信じている。法的構成化の見地からいえば、グローバリゼーションのプロセスはもはやたんなる事実であるにはとどまらず、政治的権力に関する単一の超国家的な形象を投射しようとする法的定義の源泉でもあるのだ」(Negri and Hardt 2000 p. 8-9：邦訳二二ページ)。

「つまり〈帝国〉とは、法権利の新たな概念というよりはむしろ、権威の新たな刻印のことであると同時に規範の産出のための新たな企てのことであり、そしてまた、契約を保証し紛争を解決することの可能な強制権からなる法的機関の産出のための新たな企てのことである」(Negri and Hardt 2000 p. 9：邦訳二三ページ)。

藤原の議論は現在、国際政治において絶大な軍事力を背景として、権力を行使しているアメリカ合衆国を「帝国」として捉えている。これに対して、ネグリとハートは、現在の「帝国」をかつての国民国家の主権の単純な拡大、すなわち帝国主義の延長とはみていない。むしろ、現代の「帝国」は中心がなく、国家、多国籍企業、NGOなどを巻き込むネットワーク的な支配機構であり、その支配は軍事的、経済的なものだけではなく、人々の生＝身体に生政治的(biopolitical)に及んでいるとする。

グローバリゼーションの中で新たな「帝国」が形成されているとするこのような議論の評価は分かれるところである。さしあたり確認すべきは、ポスト国民国家の時代にあって、国民国家を超える新たな「公共的形態の総括」の内実をめぐって新たな対抗関係が形成されつつあるということだ。

2　ポスト国民国家時代の公共性

それを「帝国」と呼ぶかどうかは別として、グローバリゼーションのもとで形成されつつある国際的政治構造は、国民国家の権力が徐々に国際的権力に委譲されていくことによって構築されるというような単純なものではない。国民国家のみでは対応できない問題群が多数発生しているが、依然として国民国家の権力は存在しているし、国家は国際社会のもっとも重要なアクターであり続けている。グローバル化と国民国家権力の関係については、サッセン（Saskia Sassen）の指摘が的を射ていると言える。

「グローバルな過程は、大部分、国家領土のなかで実現される。それゆえに、規制緩和と資本や商品や情報やサーヴィスの自由な流通を容易にするレジームの形成が必要となる。グローバル・シティは、グローバルな過程が国家の領土と国家の制度的布置をいかに拡大したのかを示す一つの例である。こうした条件の下におけるグローバリゼーションは、国家領土と部分的脱国家化と、国家主権のある種の構成部分の他の制度——超国家制度からグローバルな資本市場までの——への移行とを必然的に伴う」（サッセン　一九九九、四二ページ）。

サッセンはグローバルなパワー形成と国民国家の権力とはゼロサム関係にはないとしている。つまり、グローバル化はさしあたり国民国家の権力による国民国家内部の変革＝脱国民国家化として実現しているのである。たとえば、ある国家がグローバル・スタンダードを押しつけられ、それを受容することは、グローバル・スタンダードに従って国内ルールや国内の社会・経済構造を国家権力が改革していくことに結びつく。つまり、グローバル化という脱国民国家化は国民国家の権力を通じて作り出されるのである。サッセンは「グローバル資本は国民国家に要求をおこない、国民国家は新しい法形態を創りだすことによってそれに応じてきた」と言う（サッセン　一九九九、七五ページ）。この局面では、（過渡的現象であれ）国民国家の権力が拡大するのである。そしてこの拡大する権力を正当化する言説として、ある種のナショナリズムが喚起される場合もある（グローバル化対応として「構造改革」を推進する総理大臣の靖国神社参拝を想起）。ここでは、グローバリズムとナショナリズムの奇妙な併存がみられるのである。

グローバルなパワーの形成と国民国家のパワーの衰退が、サッセンの言うようにゼロサム・ゲームでないから、資本のグローバル化を規制しようとするガヴァナンスがきわめて混乱した印象をあたえているとも言える。たとえば、WTO（世界貿易機関）を例にしてみよう。WTOは、マラケッシュ協定にもとづき正式な国際機関として一九九五年に発足した。WTOは、モノの貿易のみならず、サービスや知的所有権を含む国際的な多様な経済問題でのガヴァナンスを効果的に進める機関として期待されている。確かにWTOは基本的には従来の多国間主義（multilateralism）の延長線上ある。しかし、WTO設立以降の経緯を見れば、従来の多国間主義の枠にはおさまらない国際的なガヴァナンスが課題として浮上してきている。第一は一九九九年のシアトル会議での混乱が示している先進国と発展途上国の対立である。この対立は狭義の経済的対立ではなく、労働と人権をめぐる対立でもある。先進国は発展途上国の劣悪な労働条件、児童労働などの改善をWTOの場で主張したが、発展途上国はそれらがILO（国際労働機関）の課題であるとし、WTOでの議論を避けようとした。こうしたアジェンダ設定をめぐる混乱は、現代における国際的な公共性の未成熟を端的に表していると言えるだろう。しかし同時に、このことは、もはや個別イシューごとの調整が、国際社会において成り立ち難くなったことを示しているとも言えよう。国民国家の権力に類似した包括的な統治に近いことが要請されている。第二は、世界的に拡大するNGOが、直接的にWTOのアクターとして重要な役割を担い始めている点である。こうしたアクターの登場も、従来の国際機関には見られない現象である。現実の国際的な公共性の実現の行方は依然として不透明であるが、少なくとも、国民国家を唯一のアクターとした国際社会の終わりの始まりを示しているとは言えるだろう。

グローバル・ガヴァナンスの混乱が示しているように、現実的な国際政治の中で公共的なるものを実体的に把握することは、現時点では難しいのかもしれない。他方、国際社会の公共性を導くべき理念や規範の世界では、新しい公共性とその規制理念をめぐる論戦が、現実を先取りにしながら活況を呈している。以下では、その一端を紹介しながら、国際的な公共性の方向について検討してみたい。

周知のように、一国レヴェルの資本主義＝市場経済は、アナーキーな世界として成立したわけではない。アダム・スミス（Adam Smith）が描いた「商業社会」は、ある種の倫理と規範が貫徹している社会であった。また、ウェーバーが描いた資本主義も宗教的禁欲をその出自とするエートスによって支配された世界であった。二〇世紀に至って、資本主義が福祉国家を伴って展開すると、市場を規制する公共政策を根拠づける新たな理念や規範が模索され始める。市場を含む「社会の基本構造」を規制する理念として正義＝分配的正義の洗練された定式化を試みたロールズ（John Rawls）の『正義論』（Rawls 1999a）は、さしずめその代表的な議論と言えるだろう。(3)

こうした二〇世紀までの資本主義下での公共理念をめぐる議論は、事実として成立している権力システム＝国家の存在を前提にしている。そのうえで、そうした権力システムの恣意的な発動を規制しながら、権力の公共性を高めることを目指した議論であった。他方、今日の国際社会では、かつて国民国家が一国レヴェルでもったような包括的な権力が形成されているわけではない。しかし、現代において国際的な公共性をめぐる規範を定式化しようとする議論は、統一的な権力がなくともそうした規範に対する合意が調達でき、グローバルな市場を規制することは可能だと考えている。この種の議論の代表はグローバルな正義（global justice）をめぐるものである。グローバルな正義論は次のようなよく知られた現実を出発点にする。

グローバルな正義論の出発点は世界的な貧困と飢餓である。『世界子供白書　二〇〇四』（ユニセフ　二〇〇四）によると、二〇〇二年時点で、乳幼児死亡率（五歳未満児死亡率）のもっとも高い国はシエラレオネで二八・四％、ついでニジェールの二六・五％、アンゴラの二六・〇％、アフガニスタン二五・七％、リベリア二三・五％という順である。ちなみに日本は〇・五％である。発展途上国において、このように乳幼児死亡率が高いのは、深刻な食糧不足が原因である。現在、地球上では低く見積もって八億人の人間が栄養不足状態にあると言われている。このような食糧不足が原因の飢餓は、言うまでもなく天災ではなく人災である。周知のように、現在地球では、一三〇億人に十分な栄養を与える量の穀物が生産されている。つまり、穀物は世界的に見れば過剰なのである。穀物が過剰であるにもかかわらず、飢餓が発生しているのは、先進国と発展途上国の間に巨大な経済格差が存在しているからである。発展途上国で生産された穀物は、高い価格のつく先進国へと流れ、さらに食の西洋化が牛の飼料としての穀物の大量消費を促進する。飢餓問題の解決のためには、発展途上国内部の社会的、経済的格差の是正と国際的に不平等（不公正）な分配メカニズムの改革が必要である。また国連の『人間開発報告書　二〇〇三』（国連開発計画　二〇〇三）によると、現在、地球上には地球人口の五人に一人に相当する一二億人が一日一ドル以下の生活を強いられ、その割合は過去一〇年間で減少したものの、絶対数は必ずしも減少していないのである。このような「絶対的貧困」という尺度でみると世界の貧困はきわめて深刻である。他方「相対的貧困」という尺度で地球を見ると、世界の二割の富裕層が世界の所得の八割以上を独占するという不平等な構造になっている。

こうした飢餓と貧困を克服することを緊急の課題とし、先進国を含むすべての人々が納得する正義＝分配的正義を定式化しようとするのがグローバルな正義論である。(4) その代表的論客であるポッゲ（Thomas Pogge）は、グローバル化した世界の構造を次のように把握している。

「実際、私たちと地球上の貧しい人々との間には少なくとも三つの道徳的に重要な関係性が存在する。第一に彼らの出発点と私たちの出発点は、巨大で悲痛な不正によって満ちあふれた単一の歴史的過程から生じたのである。ジェノサイド、植民地主義、奴隷制を含む同じ歴史的な不正義が、彼らの貧困と私たちの豊かさの両方を説明している。第二に彼らと私たちは単一の天然資源を基礎に存在しているが、彼らの多くは補償もなくその利益から排除されている。……第三に彼らと私たちはグローバルな経済的不平等を永続し、さらに悪化させる強い傾向がある単一のグローバルな経済秩序の中で共存している」（Pogge 2001, p. 14）[5]。

マルクスが描いた資本が国際化する地球を、ポッゲはある種の構造をもった世界と捉え、それをグローバルな「社会の基本構造」（the basic structure of society）と呼ぶ。ロールズが『正義論』で正義の対象を狭義の国家機構や政治権力だけではなく「社会の基本構造」だとしたことを援用し、ポッゲは現代の国際社会も十分に正義の対象となりうると考える。同時に、そうした国際社会は非対称な関係を内包しており、それが先進国の人々と貧困国の人々とを結びつける地球市民的な（コスモポリタンな）道徳的関係性を形成しているとする。つまり、ポッゲはマルクスの言う「民族相互のあらゆる面にわたる依存関係」が現時点ではらむ非対称性を問題とし、その倫理的意味を問うとしていると言える。ポッゲは以上のような世界についての構造認識＝道徳的認識から、世界の貧困問題を解決するために「地球資源分配金」（Global Resources Dividend）を提案する[6]。これは各国が資源の利用に応じて利用者に課税をし、その資源税を国際機関を通して貧困国に譲渡するというものである。天然資源に対するこうした税制の道徳的根拠は、資源分配の恣意性である。つまり、ある国が豊かな資源を所有していることも、また、別の国が乏しい資源しかもっていないことも、いずれもその国の責任ではないから、どの国もたまたま自国にあった資源に対して「正当な功績」（desert）を主張できないというものである[7]。こうしたポッゲの提案は、いかに倫理的、道徳的に正当であったとしても、その実現はきわめて難しい。ただ、ここで注目しておきたいことは、その実現可能性ではなく、こうした構想の背後にある理念や規範である。

第一にポッゲの構想は、近代社会の経済発展の基礎にあった天然資源の所有の恣意性を問題にしている。天然資源の私的所有、あるいは国家的所有の自明性を前提に、資源の市場交換によって、先進国は天然資源を事実上独占してきた。ポッゲはこうした従来の国際社会あるいは資本主義の常識を覆し、天然資源が地球社会の公共的な財産であると主張している。こうしたポッゲの認識は未だ形成されていない地球的な「公共的形態の総括」を構想するうえでの規範的な素材になりうると思われる。

第二にポッゲの構想は、人権という普遍的な規範の確立を目指したものである。ポッゲは「深刻な貧困と経済的不平等はまた民主的な統治と法の支配に関連した市民的および政治的な人間の権利が十分に実現されていないことの重要な原因となっている」（Pogge 2001, p. 8）と述べている。このように貧困の克服は人権の確立にとって不可避の課題なのである。ポッゲは人権を次のように抽象的に定義している。

「Xに対する人権の要求は、道理上可能な限り、いかなる強制力をもった社会諸制度もそれによって影響を被る全ての人間が、Xに対する確実なアクセスをもつように作られるべきという要求と同じである」（Pogge 2002 p. 46）。

ポッゲはこうした抽象的な人権が「異なった経済的、文化的コンテクストにおいて」多様な方法で実現されるということを認めているが、もっとも抽象的なレヴェルでの人権の普遍性への合意を確立することが地球的な課題であるとしている。

規範論というレヴェルであるが、ポッゲの議論はグローバリゼーションのもとでの新たな公共性の内実を構想するうえで有益なものであると言えよう。普遍的な正義は存在せず、ホッブズの言う「万人の万人に対する闘争」というアナーキーな世界としての国際社会から、地球全体の公共性が、その規範的な内容はなお対立的であるとしても、問われざるをえないという点に現代資本主義の一つの到達点をみることができるだろう。とりわけ、ポッゲも指摘している人権の普遍性は今日の地球社会の課題を鋭角的に示している。それは次のような歴史的な意義をもっている。

資本主義はすべての人間を共同体的関係から解放し、個人を商品所有者として設定する。商品所有者として「自由な個人」は、法的存在として平等であると考えられたのである。法的存在としての平等とは、国民国家におけるシティズンシップの平等、つまり、政治社会の構成員としての平等（その限りでの平等）を意味していた。そして、そのような政治社会の構成員としての平等性を担保する規範が権利である。周知のように権利は、当初、国家によって個人の自由を侵害されない自由権の制度化から始まる。やがて、二〇世紀以降、国家に一定の政策を要求する社会権が登場する。そして、グローバリゼーションは新たな権利を世界的に要求していると言える。

先に述べたように、権利は当初は政治社会のメンバーの規範であった。資本主義の生産の私的性格と公共的性格の矛盾が、日々、露呈していく過程は、資本主義の私的部分への公的規範の介入を必然的にもたらす。二〇世紀に整備された労働法制はそのような意義をもつものである。また、家族などの親密圏における権利も日々具体的な規範として要請されるに至っている。狭義の公共性の世界である政治の世界の規範と考えられていた権利は、資本主義システムが労働の社会化に伴って公共的性格を現出するにしたがって、新たに認知された公共的領域にまで拡張されていくのである。

グローバリゼーションはマルクスの指摘のように「民族的一面性や偏狭」を破壊する。これは共同体的関係の解体を意味している。グローバリゼーションは、以上の権利の拡張を世界的に要請している。共同体的人格的関係（庇護と隷属の共同性）の破壊は、バラバラな個人を析出する。グローバル化はこのバラバラな個人の世界的な流動化を推し進めると同時に、そのような個人の無権利性を露呈させていく。この無権利性の克服が世界的な課題とならざるをえない。各種の人権レジームや国連の人権擁護活動が脚光を浴びているのはこうした文脈においてである。

二〇世紀末から問われている権利は、抽象的な自由権や社会権にはとどまらない。「誰のいかなる権利か」が鋭く問われている。つまり権利主体の具体的な属性と主体のおかれた状況が問題になっているのである。「発展途上国で劣悪な労働を強いられている子どもの権利」とか「先進国の都市で売春を強いられている途上国の女性の権利」などといった権利の具体的な内実が常に問題となる。共同体的関係から解放された自由な個人の相互承認関係をグローバルに作りあげることが巨大な課題である。人権保障機関である国民国家が、大きく動揺する中では、人権保障の新たな国際的な枠組みの形成が求められる。監視機関としての国際機関の必要性とともに、一国内部の資本主義システムでも二〇世紀以降、進行した生産活動の中に権利を実現していくこともグローバルに進まざるをえないであろう。つまり、多国籍企業を中心とした企業の社会的責任を問う仕組みと社会的責任の生産過程への内実化が、進まざるをえないのである。

3　グローバルな公共性と暴力・人権

もとより、グローバルな公共性の内実をめぐる議論においては、人権のみが重要なわけではない。人権と密接に関連しているにしても、相対的に別個の課題として、地球環境問題、民族対立、テロリズム、大量殺戮兵器の管理問題、世界経済の不安定性などなど、膨大な地球的問題群が存在する。こうした問題を一つひとつ解決していくには気の遠くなるような努力が必要だろう。

また人権の未確立がグローバリゼーションのもとで鋭角的に問われ、人権の確立が声高に叫ばれても、人権についての世界的な規模での対立的な論争はますます激しさを増している。それはたとえば、人権はヨーロッパ的な価値であって、イスラム圏や儒教圏といった非西欧世界には適合しない価値であるといった文化相対主義的な観点からの議論である。(8) 文化を横断する普遍的な価値として人権への合意を形成するためには、セン（Amartya Sen）やヌスバウム（Martha Nussbaum）が近年精力的に展開している「潜在能力アプローチ」からする人間の普遍性のグローバ

ルな確認からスタートしないといけないのかもしれない。(9)

人権という規範の実効性を保証するうえで、考慮しなければならない問題を二点だけ指摘しておきたい。第一は人権と権力の関係である。人権の実効性を担保するためには、ある種の権力（立法的権力、司法的権力）の確立が必要である。しかし、事実として人権レジームは形成されているとしても、それが国民国家がもっているような権力性を有しているわけではない。他方、ウェストファリア・システム以降、国民国家の権力性の根拠であった暴力の拡散問題も深刻である。国民国家の暴力を超える二つの次元の暴力装置が重要な役割を担い始めている。一つは複数の国家が行使する事実上の公共的な暴力である。これは一般に「人道的介入」と言われる措置である。人権を守るということを理由に、国連が積極的に特定国家の「内戦」に介入することを正当な行為と捉えようとする議論も登場している。(10)もう一つはテロリズムに代表される暴力の拡散と暴力の民営化である。暴力の民営化については、サンドライン・インターナショナルに代表されるＰＭＣ（private military company 民間軍需企業）が各国、各地域に提供している軍事サービスは増加の一途をたどっていると言われている。こうした流れの中で国連ＰＫＯの民営化を主張する議論も登場している。暴力の市場化が公共的な機能をもちうるとは評価できないが、ウェストファリア・システムのもとでは考えられなかった、暴力装置の国際化と市場化が進んでいるのである。このことは近代国民国家の本質である権力＝暴力の質的な変化をもたらさざるをえないであろうし、人権の実質化をはかるうえでも、暴力の国際的管理が新たな次元で求められることになるだろう。

第二は、先に指摘したように国民国家システムの動揺が進み、国民国家を超えるガヴァナンスが混乱を伴いながらも登場した事実である。ガヴァナンスの第一は、ＥＵという国民国家の機能を一部吸収した超国家組織の誕生である。第二は、人権擁護、医療・福祉サービスの提供、環境保護などを目的とした各種ＮＧＯの国際的ネットワーク形成である。このネットワークは、以前は国民国家が独占的に握っていた公共財の提供を代替するだけでなく、国民国家の機能の変質をも進めている。新たなガヴァナンスの登場は、国民国家の権力の上部への統合と民間への委譲とを意味している。さらに、国民国家内部においても分権化が各国の政治課題となり、分権化改革が進められている。つまり、国民国家の権力のローカル化も進展している。こうした事態をヘルド（David Held）は再帰型国家と呼んでいる。

「国民国家型政府の役割や権力と権威および機能は、グローバル化のなかで変容している。政治的権威と権力が国家の上下に、また横にも拡散するなかで、権力移動が進行している。新しい型の国家がじょじょに登場し、政治活動のグローバルな脈絡の変化を考慮したガヴァナンスの新しい公共哲学も生まれている。ウェストファリアの指令型で統制型の国家観は、再帰型国家あるいはネットワーク型国家に換わりつつある。再帰型国家とは、グローバル、リージョナル、トランスナショナル、ローカルな支配とガヴァナンスのシステムの交点で自らの権力を再構成しようとしている」（ヘルド　二〇〇二、一八二ページ）。

ウェストファリア・システム＝近代国民国家システムにおいて「公共的形態化の総括」として権力を独占していた国民国家は、グローバリゼーションのもとで確実に変容しはじめている。一路、世界政府的なものの形成へとこれが進むわけではない。むしろ、国際的な公共性を総括すべき権力が階層的、あるいはネットワーク的に形成されつつあると考えられる。むろん、その新たな公共的なるものが平和的に構築されるわけではない。公共的なるものも権力である以上、その主導権をめぐる争いは、グローバル化が進めば進むほど激しくなる。しかし、その争いはある一国の勝利によって終わるものではない（軍事的超大国アメリカもすべてのグローバルな問題で主導権を握っているわけではない）。なぜなら、グローバリゼーションは、以上みてきたように、国民国家の権力を変質させながら進んでいるから、ある国民国家の権力が地球的に拡大することは考えられないからである。

ただ、ここで確認しておく必要があるのは、人権問題や環境問題などの問題群が地球的な矛盾として露呈したことも、それが地球的な問題として認識され、規範的な議論が活況を呈するに至ったことも、資本主義のグローバル化の産物だということである。そして、おそらくは、その解決も生産の社会的性格＝公共的性格という資本主義が事実として生み出した成果の意識的な利用なくしては不可能ということになろう。本章では国際的な公共性をめぐる規範的な議論のごく一部を紹介したにすぎない。「規範的なもの」をめぐる論戦は活況を呈しているが、それがいかなる解決をみるのかは現時点では定かでない。しかし、生産の社会的性格の露呈という現実的な資本の運動の方途の中に、「規範的なもの」の対立を克服し、グローバルな公共性を実現する現実的な基盤があることは間違いない。その点で規範論と経済学との真摯な対話と協同が必要なことは言うまでもないことであろう。

（1）　価値多元論とは近年、欧米の政治哲学において注目されている議論である。論者によって微妙に立場が異なるとはいえ、次の三点をおおよそ承認し、現代の規範問題の解明に進む議論である。その三点とは、①現代社会では価値の多様性が存在する、②多様な価値は時として共存できなかったり対立する場合がある、③対立する価値は時として通約不可能である。グレイの価値多元主義は以上の三点についてもっとも強い解釈にもとづいている。価値多元論の広がりについては（Baghramian and Ingram 2000；伊藤恭彦　二〇〇二；伊藤恭彦　二〇〇四）などを参照。

（2）　ナショナリズムを科学的に捉える視角として（岩間一雄　一九八二）を参照。

（3）　ロールズの政治哲学がもつ意義については（伊藤恭彦　二〇〇二）を参照。

（4）　貧困と倫理の問題については、たとえば（O'Neill 1974; Singer 1972）を参照。ポッゲらのグローバルな正義論は、理論的にはロールズの国際的正義論＝「諸人民の法」に対する批判的対応である。ロールズは『正義論』において提示した格差原理（社会的、経済的不平等は社会のもっとも恵まれない人の利益となること）を国際社会に適用することを拒否し、他方で「正しいまたはまっとうな政治的、社会的体制をもつことを阻んでいる好ましくない条件の下で生活する人々を援助する義務」（Rawls 1999b, p. 37）にグローバルな経済的正義を限定した。これに対してポッゲ（あるいはベイツ）は国際的な不正義の構造を改革することをグローバルな正義の課題と設定したのである。

（5）ベイツ（Charles Beitz）も「もし、現在、世界の諸社会が開かれており、充分に相互依存的なシステムであるならば、全体としての世界は、社会的協同の機構として描くことに適合的であろう」（Beitz 1999, p. 132）と述べ、現代の世界についての構造的認識を提示している。ベイツはこうした認識をベースに「大規模な制度的改革に向けた努力」として国際社会における正義を定式化しようとしている。その規範内容は、ロールズの格差原理のグローバル化と言えるもので、国際的な資源分配の不平等を是正しようというものである。

（6）ポッゲは（Pogge 1994）ですでに「地球資源税」（global resource tax）という構想を示している。ポッゲのグローバルな正義論の意義については（神島裕子　二〇〇二）を参照。

（7）ここでの「正当な功績」の否定はロールズの正義論の一つの応用である。ロールズは「私たちは社会における最初の出発点となる位置を占めるに値（desert）しないように、生まれつきの資質の分配における自らの位置を占めるにも値しないのである。私たちの能力を陶冶するための努力を可能とする優れた性格を私たちがうけるに値するということも疑わしい。というのは、そのような性格は相当に私たちが何の功績も主張することができない幼年期における幸福な家族とか社会的諸関係に依存しているからである。正当な功績という概念はここでは適用しない」（Rawls 1999a, p. 89）とし、人の生まれつきの資質の分配が恣意的であり、その恣意性にもとづいて様々な財の分配が決まることは正義に反する事態だと考えている。ベイツやポッゲはこうした分配の恣意性という問題を資源分配の恣意性に応用しているのである。

（8）グローバリゼーションのもとでの人権概念をめぐる対立については（施光恒　二〇〇四）を参照。

（9）ヌスバウムは「中心的な人間の機能的潜在能力」として生命、身体的健康、感覚・想像力・思考、感情、実践理性、仲間関係、他の種との関係、自らの環境（政治的、物質的）に対するコントロールをあげている（Nussbaum 2000）。センとヌスバウムの意義については（山森亮・神島裕子　二〇〇四）を参照。また、人間の普遍性の確認は、グローバルな公共性の担い手をどのように構想するかという問題とも連動するだろう。これはウェストファリア・システムのもとで骨の髄にまで染みこんだナショナリティをいかに対象化するのかという問題である。ナショナリティを超えコスモポリタンになるということは言葉ではたやすいが、「国益」とか「自国民が優先権をもつ」といった言説を乗り越えることは容易ではない（伊藤恭彦　二〇〇四）。この問題については立ち入らないが、グローバリゼーションのもとでの「自由な個人」の陶冶が課題とならざるをえないことは間違いがない。

（10）　人道的介入については（最上敏樹　二〇〇一；Buchanan 2004）を参照。

【引用文献】

B・アンダーソン　一九九七：『想像の共同体――ナショナリズムの起源と流行』白石さや・白井隆訳、NTT出版

有井行夫　一九九一：『株式会社の正当性と所有理論』青木書店

M. Baghramian and A. Ingram (eds.) 2000: *Pluralism: The Philosophy and Politics of Diversity*, Routledge

A. Buchanan 2004: *Justice, Legitimacy, and Self-Determination: Moral Foundation for International Law*, Oxford U. P.

藤原帰一　二〇〇二：『デモクラシーの帝国』岩波新書

J. Gray 1998: *False Dawn: The Delusions of Global Capitalism*, The New Press.（『グローバリズムという妄想』石塚雅彦訳、日本経済新聞社）

D・ヘルド　二〇〇二：『グローバル化とは何か――文化・経済・政治』中谷義和他訳、法律文化社

伊藤恭彦　二〇〇二：『多元的世界の政治哲学――ジョン・ロールズと政治哲学の現代的復権』有斐閣

――　二〇〇四：「通約不可能な価値の多元性とリベラリズム」『静岡大学法政研究』第八巻三・四号

――　二〇〇四：「リベラリズムとグローバリゼーション――リベラルなコスモポリタンは可能か」『思想』九六五号

岩間一雄　一九八二：「ナショナリズム論への予備的考察」岡山大学法学会『法学と政治学の現代的展開』有斐閣

神島裕子　二〇〇二：「国際的社会正義論の一試論――ジョン・ロールズとトマス・ポッゲ」『法学政治学論究』第五四号

神山義治　二〇〇〇：「マルクスにおける資本と国家」鶴田満彦・渡辺俊彦編著『グローバル化のなかの現代国家』中央大学出版部

国連開発計画　二〇〇三：『人間開発報告書　二〇〇三――ミレニアム開発目標（MDGs）達成に向けて』国際協力出版会

K・マルクス　一九五二：『共産党宣言』大内兵衛・向坂逸郎訳、岩波文庫

最上敏樹　二〇〇一：『人道的介入――正義の武力行使はあるか』岩波新書

A. Negri and M. Hardt 2000: *Empire*, Harvard U. P.（『帝国』水嶋一憲他訳、以文社、二〇〇三）

O'Neill 1974: "Lifeboat Earth", *Philosophy and Public Affairs*, 4.

M. Nussbaum 2000: *Women and Human Development: The Capabilities Approach*, Cambridge U. P.

大西仁 一九八一：「ナショナリズムとアナーキズム——ウェストファリア・システムにおける国際規範の一考察」日本国際政治学会編『国際政治』第六九号

T. Pogge, 1994: *Realizing Rawls*, Cornell U. P.

T. Pogge, 2001: "Priorities of Global Justice", in T. Pogge (ed.) *Global Justice*, Blackwell Publishing

——— 2002: *World Poverty and Human Rights: Cosmopolitan Responsibilities and Reforms*, Polity

J. Rawls 1999a: *A Theory of Justice*, Harvard U. P.

J. Rawls 1999b: *The Law of Peoples*, Harvard U. P.

施光恒 二〇〇四：「人権——グローバル化の進展のなかで——」有賀誠・伊藤恭彦・松井暁編『現代規範理論入門——ポスト・リベラリズムの新展開』ナカニシヤ出版

P. Singer 1972: "Famine, Affluence, and Morality", *Philosophy and Public Affairs*, 1.

S・サッセン 一九九九：『グローバリゼーションの時代——国家主権のゆくえ』伊豫谷登士翁訳、平凡社

A・スミス 一九九九：『ネイションとエスニシティ——歴史社会学的考察』巣山靖司・高城和義他訳、名古屋大学出版会

ユニセフ 二〇〇四：『世界子供白書 二〇〇四』財団法人日本ユニセフ協会

M・ウェーバー 一九八〇：『職業としての政治』脇圭平訳、岩波文庫

山森亮・神島裕子 二〇〇四：「福祉——他者の必要を把握するとはどういうことか——」有賀誠・伊藤恭彦・松井暁編『現代規範理論入門——ポスト・リベラリズムの新展開』ナカニシヤ出版

【マ行】

【ヤ行】

【ラ行】

【タ行】

【ナ行】

【ハ行】

【サ行】

索　引

【執筆者紹介】（執筆順）

神山義治（北海学園大学教授）
大西　広（京都大学教授）
小栗崇資（駒澤大学教授）
小林　豊（CRI 所長）
長島　隆（東洋大学教授）
細居俊明（高知短期大学教授）
山田定市（北海道大学名誉教授）
伊藤恭彦（静岡大学教授）

資本主義はどこまできたか――脱資本主義性と国際公共性――

2005年6月3日　第1刷発行　定価（本体3500円＋税）

編　者　21世紀理論研究会
発行者　栗　原　哲　也

発行所　株式会社　日本経済評論社
〒101-0051　東京都千代田区神田神保町3-2
電話 03-3230-1661　FAX 03-3265-2993
nikkeihy@js7.so-net.ne.jp
URL : http://www.nikkeihyo.co.jp
印刷＊藤原印刷・製本＊美行製本
装幀＊奥定泰之

乱丁落丁本はお取替えいたします.　Printed in Japan

ISBN4-8188-1757-0